臺灣歷史與文化 研究輯刊

十 九 編

第 19 冊

楊牧詩與中國古典的互文性研究

潘秉旻 著

花木蘭文化事業有限公司

國家圖書館出版品預行編目資料

楊牧詩與中國古典的互文性研究／潘秉旻 著 -- 初版 -- 新北
市：花木蘭文化事業有限公司，2021〔民 110〕
目 2+186 面；19×26 公分
（臺灣歷史與文化研究輯刊十九編；第 19 冊）
ISBN 978-986-518-467-4（精裝）
1. 楊牧 2. 新詩 3. 文學評論
733.08   110000682

ISBN-978-986-518-467-4

9 789865 184674

臺灣歷史與文化研究輯刊
十九編 第十九冊   ISBN：978-986-518-467-4

楊牧詩與中國古典的互文性研究

作　　者　潘秉旻
總 編 輯　杜潔祥
副總編輯　楊嘉樂
編　　輯　許郁翎、張雅淋　美術編輯　陳逸婷
出　　版　花木蘭文化事業有限公司
發 行 人　高小娟
聯絡地址　235　新北市中和區中安街七二號十三樓
　　　　　電話：02-2923-1455 ／傳真：02-2923-1452
網　　址　http://www.huamulan.tw 信箱 service@huamulans.com
印　　刷　普羅文化出版廣告事業
初　　版　2021 年 3 月
全書字數　159828 字
定　　價　十九編 23 冊（精裝）台幣 60,000 元

楊牧詩與中國古典的互文性研究

潘秉旻 著

作者簡介

潘秉旻，1991 年秋天出生，成長於多風的中部海線。臺中一中，臺灣師範大學國文碩士畢業，現為中學教師。研究領域為現代詩，兼涉散文創作。曾獲全球華文文學星雲獎，臺中文學獎，中興湖文學獎等，並入選年度詩選。作品散見報章副刊，《幼獅文藝》，及《文訊》等。

提　　要

　　本文以楊牧詩，以及詩中蘊含的中國古典為考察對象，藉熱奈特（Gérard Genette）五種「跨文本性」類型，檢視、探索兩者間的互文關係。而所謂「互文性」，不同於「原文本」對於後出「當前文本」的單向性影響；「互文性」講求原文本素材進入當前文本後，產生何種新變。及此新變又如何豐富原文本隱而未明的意義裂縫處。使得文本的意義網絡相互交織，進行雙向、甚至是多重的流動。

　　由此，本論文聚焦於楊牧詩與先秦文學、六朝文學、唐宋文學、古典人物範型等不同層面的跨文本關係。析理楊牧如何取材、承繼古典傳統；且如何與所處時代的語境、社會、文化互動，進而結合，產生「新變」之文本效果。此「新變」之效果，又映照詩人何種生命歷程、個人情志、與現世關懷。

目

次

第壹章 緒 論

第一節 研究動機與目的

> 傳統和歷史意識息息相關，而且我們可以說，任何人過了二十五歲假如還想繼續以詩人自居的話，歷史意識乃是他不可或缺的條件。〔註1〕
>
> ——楊牧《一首詩的完成》

楊牧超過半世紀的創作生涯，多次闡釋「傳統」在其作品中的影響與啟示。葉珊時期的詩作，即可見中國和西方古典意象的運用。如《水之湄》裡形容遠方情人的步履，以琉璃宮燈、維娜斯半身像、忘川等意象〔註2〕；《花季》時期有莊子物化、濠梁之辯，或如宋詞般柔麗的梧桐葉落〔註3〕；《燈船》裡以希臘的風采、半島的神話歌贈深院裏的哀綠依〔註4〕。這些作品或許僅得古典傳統的語彙，還未真正踏入文化根本殿堂，甚至觸及更深層的生命情態省思。但能見得傳統要素，實已在楊牧早期作品中紮根。1980年代，楊牧在《一

〔註1〕楊牧：〈歷史意識〉，《一首詩的完成》（臺北：洪範出版社，1989年2月初版），頁55。關於楊牧著作之參考注腳，筆者全部採用洪範出版社版本，皆列於本文後主要參考書目裏。為求方便，之後有關楊牧著作注腳，皆不再註記出版社與出版年月。

〔註2〕楊牧：〈山上的假期〉，《楊牧詩集I》，頁65

〔註3〕楊牧：《楊牧詩集I》，分別為〈寂〉頁189、〈夢寐梧桐〉頁215。

〔註4〕楊牧：〈歌贈哀綠依〉，《楊牧詩集I》，頁234。

首詩的完成》裡，以十八篇書簡式散文歸納，思索前半生關於詩的形式、內容、手段、目的等種種問題。其中〈歷史意識〉一章，援引艾略特〈論傳統與個人才具〉，強調詩人若揮別才氣與謬思眷顧的年少，支持他持續以詩人自居的方式，便是認識、把握過往傳統。

　　許多知名作家、學者，皆論及楊牧雖出身外文系，對於中國古典傳統卻有著高度把握。陳義芝從學院詩人兼容浪漫、古典、與現代的多角度，評析楊牧以學問作為後盾所開展的創作之道。以《尚書》、《詩經》、〈文賦〉所分別代表的「憂患意識」、「初民聲籟」、「詩語言音韻的調和精妙」切入楊牧詩作〔註5〕；郝譽翔則認為《奇萊後書》非僅為個人自傳，更是楊牧詩作機杼的解密之作，展示他如何出入「詩的抽象與現實人生」、鎔鑄「中國抒情傳統與西方詩學」〔註6〕。惜礙於篇幅侷限，兩人梳理的楊牧詩作稍嫌不足。如此便難以建構出楊牧歷史意識追尋的背後，其龐大的「典範」系統。

　　悠長的歷史脈絡裏，被推崇為「典範」的文學之作不可計數。若我們已能從楊牧的作品中，反覆體會他受到中國古典的影響，那麼我們是否能持續依循「歷史意識」的軌跡，再次爬梳楊牧詩作，尋找到更完整，楊牧所真正服膺的傳統，從而建構屬於他個人追尋的「典範意識」呢？如果答案為肯定，就應該全面地研究楊牧受那些傳統及作家的啟發與影響。這些歷史傳統，楊牧受到影響，與接受至何種程度？在實際詩作中，展現既有原本的「歷史意識」，又如何在古典之上進行轉化，使之富有自我生命精神與意涵的發揚？

　　謝旺霖曾言楊牧的詩藝，有相當程度是展現在「變」的要義上〔註7〕。於內是個人詩藝的突破與超越，於外即是面對傳統時所需具備的自覺。畢竟，真正的知識份子並非是全盤接受，且毫無異議的服膺於「古典」山腳下。富

〔註5〕陳義芝：〈住在一千個世界上——楊牧詩與中國古典〉，原發表於《淡江中文學報》第 23 期（臺北：淡江大學，2010 年 12 月），頁 99～128。現收入於《風格的誕生——現代詩人專題論稿》（臺北：允晨文化，2017 年 9 月），頁 109～143。

〔註6〕郝譽翔：〈抒情傳統的審思與再造——論楊牧《奇萊後書》〉，《國立臺北教育大學語文集刊》第 19 期（臺北：國立臺北教育大學，2011 年 1 月），頁 209～236。

〔註7〕謝旺霖：「我以為楊牧堅持的『浪漫』亦結合了『現代』，古典及傳統的面貌，且相當展現在『變』的中心要義上，這裏所謂的『變』，是一種個人的自覺，反思，追求突破和超越的精神，也是一種不斷在尋索新的表現與策略方式」，《論楊牧的「浪漫」與「台灣性」》（國立清華大學台灣文學研究所碩士論文，2009 年 7 月）。

麗的詩詞佳構，往往容易墮落為感官的刺激與炫技，蒙蔽原欲清明、超脫的
精神境地——則古典的加諸有何益處？——故楊牧曾說：「古典文學的研讀不
是為了使我們脫口能斷章取義，是為了教我們有好的典型可以仰望，好的楷
模可以追尋。」〔註8〕這是一切的前提、中心、與目的，所謂「永恆的古典的
教訓」。甚至，於這樣的理型中轉化與創新，在同一座山巒下，尋求其他跋涉
的幽徑，抵達山峰另一面，遙望全新的遠方。

> 若是古典文學只能提供短暫的喜悅，或驚駭和悸動，不能產生更高
> 層次的啟示，不能教我們發現藝術的理性和良心，不能教我們體會
> 一種永恆的教訓，並且以那教訓掌握現代詩創作的思維和言語，那
> 麼，古典文學當然就如偏執的和無知的人所控訴的，是已經死了或
> 終將快快地死了。〔註9〕

楊牧詩作創新求變的精神，首見於《花季》中的〈給憂鬱〉、〈給智慧〉，
以及《燈船》中的〈給命運〉、〈給寂寞〉、〈給時間〉、〈給雅典娜〉、〈給死亡〉。
詩人自剖當時寫作心緒：

> 我生澀的格律詩以智慧與濟慈來回為傾訴對象，時而分離，時而合
> 一，在散見的典故間游移，或沙士比亞的蟾蜍雲雀，或宋詞婉約的
> 宮牆柳，或伊莎朵拉・鄧肯，當然還充斥了濟慈不同凡響的意象和
> 觀念。但那時到底知道多少形上形下的人生奧秘？憂鬱可以設法捕
> 捉，感受；但智慧？哀愁在甚麼情況下真可以歸屬智慧？〔註10〕

昔時楊牧，以古典意象與古題入詩的手法依然存在，但已非單純使用表象的
古典語彙，來表達個人的私密之情。而是嘗試發展知性的論述，戒除慣性的
書寫模式，朝向更深遠的領域進行創造——「那是我真正自覺地開始寫詩，
當我有意，立志放棄一些熟悉的見聞，一些無重力的感歎類的辭藻或句式的
時候」〔註11〕。

這樣創發的自省意識，在第四本詩集《傳說》更加充分展現。在古典母
題上，透過一種人格典型的追尋與塑造，貫穿自我於異鄉求學的徬徨，及對
原鄉深切的思念，在其中建構自我認知的藝術系統。〔註12〕〈續韓愈七言古

〔註8〕楊牧：〈古典〉，《一首詩的完成》，頁76。
〔註9〕楊牧：〈古典〉，《一首詩的完成》，頁77。
〔註10〕楊牧：《奇萊後書》，頁221。
〔註11〕楊牧：《奇萊後書》，頁221。
〔註12〕楊牧：《楊牧詩集I》，頁3。楊牧自述：「第四本『傳說』和第五本『瓶中稿』

詩「山石」）、〈延陵季子掛劍〉、〈武宿夜組曲〉、以及《瓶中稿》中的〈林沖夜
奔〉，皆屬於對某種人格典型的探求，以己志對話、交流，甚至逆而取之，轉
化其史實，以求更貼近當下心志。援引古典元素，不因循苟且，而適時調整
原有的精神意涵，以不同的角度展示。這些皆是楊牧擁抱歷史意識，且自覺
於其中求變創新的態度。正如他所深切自省：

> 詩的創新突破，是秉承傳統的教訓而來；在寫作的實踐上新詩人容
> 或脫離了傳統文學的方法和模式，在精神上，他們在證明，創造乃
> 是維繫偉大的傳統於不墜的惟一的手段。〔註13〕

秉承傳統，如何在那龐雜的脈絡底下梳理，建立自我追索的古典系統？如何
以詩的創作實踐，將自我情志融入傳統古典，開展出新的面貌？這些課題，
是筆者期許自前人論述的視野上，再度找尋切入，立足的位置。

第二節　文獻探討

　　楊牧自 1956 年發表第一篇詩作以來，至今已過一甲子的創作歲月。隨著
詩人作品積累，研究與評論的資料亦蔚為可觀。筆者嘗試初步梳理，可分為
專書類（包含碩、博士學位論文）、單篇論文類、以及未依照論文體例書寫的
評論與報刊文章。且進行文獻探討時，將以觸及楊牧詩與中國古典關係的論
述為主，其餘為輔。

　　專書類部分，黃麗明《搜尋的日光──楊牧的跨文化詩學》，以一章節集
中論述楊牧詩作的「互文性」現象〔註14〕。黃麗明認為，漢語詩歌的「用典」、
「用事」特質，是「博取文詞權威的標注」；是「詩人學問淵通的展現」〔註15〕。

的詩大略都寫於美國，但我早已捨棄『燈船』時期的寫作方式，不再受外在
地理環境的影響，甚至不受外在人文環境的影響；我堅持著我所能認知的中
國世界，試圖在那世界裏建立不受干擾的藝術系統。」

〔註13〕楊牧：《隱喻與實現》，頁 6。

〔註14〕黃麗明：《搜尋的日光──楊牧的跨文化詩學》（臺北：洪範出版社，2015 年
11 月）。本書共有五章，分別為：一、論對話式抒情聲音；二、論互文性；
三、論時間的多重性；四、論歷史的另類敘述；五、論跨文化詩學。此外，
黃氏評析楊牧的「互文性」現象，從二角度出發：「文化內部的觀點（互文對
象來自漢語古典文學與白話文學，亦即縱的繼承）以及跨文化觀點（互文對
象來自外國語言和外國文學，即橫的移植）。」引自本書頁 93。

〔註15〕黃麗明：《搜尋的日光──楊牧的跨文化詩學》（臺北：洪範出版社，2015 年
11 月），頁 87。

此「互文性」現象非如 Harold Bloom 的「影響焦慮」論，認為詩人皆處於前輩作家的影響，與緊張對抗的關係中。相反的，漢語詩人樂於和文化傳統緊密結合，且在建構自我作品時，又能將舊詞予以創新的運用，形成「傳統」與「現代」兩者間的動態平衡〔註16〕。黃氏以楊牧《有人》詩集「新樂府」一輯為例，舉出詩人一系列樂府詩題的作品，不僅須放在漢朝樂府與唐朝新樂府的歷史脈絡下閱讀，且楊牧宣稱這些詩為事而作，讀者亦需理解作品如何回應當時代在地和全球的事態背景，如此才能體現「樂府」的本質精神，及傳統與當代間的交融、對話關係。

然而黃麗明論述楊牧詩作的「互文性」現象，僅有一章，故在詩作揀選上亦稍嫌不足。尤其黃氏引用的多是明顯能觀察的互文性，比方在詩題、詩行中明確出現的古典母題的徵引。但楊牧更多「隱而未顯」的互文性現象，則未有更深一層的闡述。再者，互文性理論自茱麗亞・克莉斯蒂娃（Julia Kristeva）提出以降，就被結構主義、符號學、解構主義、後殖民主義、女性主義、精神分析、文化研究等諸多理論流派所挪用，成為定義上龐雜不清的文學關鍵詞之一〔註17〕。在文本分析的使用上需慎選、區別，比方「結構主義」的互文性理論相較「解構主義」，即有本質上的不同；且「互文性」亦有「文本與文本間的互文關係」以及「文本與歷史文化背景間的互文關係」。兩者未必截然二分，可相互滲透，然而筆者認為仍有必要析理出不同的層次，以對照、深厚文本的分析。礙於篇幅限制，黃麗明並未特別區分，此亦是筆者期望加以開展的部分。關於互文性理論，及其中相異的意義脈絡，筆者將在第三節研究方法中加以說明。

〔註16〕黃麗明：《搜尋的日光——楊牧的跨文化詩學》（臺北：洪範出版社，2015 年11 月），頁 98。黃麗明認為：「楊牧詩的密度除了表現在文學用典，還可歸因於以獨到的手法調度了羊皮紙式的成規運用，從而衍生出多層次的意涵。其結果，不單是辯證的張力而已，更是對話的交換。更多時候，楊牧的重點並不在於以抹滅另一表義層為代價，建構出單一至高無上的意旨，而是保持兩者間的動態平衡，揭露其各自的獨特性。楊牧詩的標題、次文本相連繫於某些次文類、摘引和名字，勾起特定詩歌傳統或文學作品的記憶，在讀者身上創造某種文學成規的閱讀期待。詩人預設讀者的反應，建構了兩者間的共謀（complicity）；此種共謀的關係讓楊牧的作品在對話層次上得以維持動態。他具創意地操作文學傳統與讀者的文化回應，讓他們整合在一首詩當中，成為意義的參與者。」

〔註17〕李玉平：《互文性——文學理論研究的新視野》，（北京：商務印書館出版，2014 年 7 月初版），頁 1。

　　謝旺霖：《論楊牧的「浪漫」與「台灣性」》，由兩大面向「浪漫」與「台灣性」探索楊牧的文學世界。首先切入楊牧定義的「浪漫主義」四層意義，討論他如何於英國浪漫派詩人——濟慈，華滋華斯，拜倫，雪萊，葉慈的基礎上，承續精髓，且擴充、發揚之。並以此建構、實踐台灣文學的性格、面貌、與內涵。從面對被殖民的歷史情境，以及將台灣置於世界脈絡中的思考，再回歸台灣本土關於種族、政治、社會關懷等種種問題。從多元面向析理楊牧的創作，以及其中深刻的文化意識與使命。在第三章第二節：〈中西古典文學的鑑照與傳統精神的匯流〉，謝旺霖提到：「若就文學資源的面向上，楊牧至少融攝了浪漫，現代，和古典等三大領域，而就古典這層面，實包含了中西兩方的傳統。所以本節中，筆者擬以古典和傳統為命題，企圖討論古典文學與傳統精神對楊牧的影響為何？又楊牧如何去看待這些意義，復又如何落實於他的當代創作上？筆者以為，若要較整體對楊牧的文學世界做討論，這是自浪漫和現代外，不可率爾漏忘的重要面向之一。」〔註18〕此論正與筆者的研究目的緊密切合。

　　謝氏更進一步認為：「楊牧的古典性，大致可分為兩種主軸：第一部分是，歷史人物類型，如：〈延陵季子掛劍〉，〈林沖夜奔〉，〈鄭玄寤夢〉，〈馬羅飲酒〉，〈妙玉坐禪〉等。這些詩作多以人物角色為中心，雖是敘事詩的型態，其重點卻不在敘事，而是在人，尋找與古人彼此相知觀照生命的契合點。或者說楊牧雖是以第一人稱的『我』試圖去進入一個『他者』的世界，戴上『他者』的面具，表現出一個『非我』，但不管是『我』或『非我』可能都潛在著更廣大普遍的指涉——『我們』」；「第二個部分，則比較偏於作者本身的主觀取向。我們或許可再細分為兩類，一種是古題／體新製，一種是表達個人喜好和嚮往。前者，集中較多的是在《有人》這本詩集裏，如〈出門行〉，〈大子夜歌〉，〈烏夜啼〉，〈大堤曲〉，〈巫山高六首〉，〈關山月〉，〈行路難〉等。上述每首詩，楊牧都特引了古典詩句為副題，其中又多以唐詩為主，……觀察這些詩的內容和精神頗由古詩引句再延伸發展而來，但談的卻都是今時今事。重點已不再是字和氛圍的營造和構築，而是印證古今思想和情感的通貫。……另一種則是屬於直抒己見，表達個人對於古典的衷愛，如〈向遠古〉，楊牧提到，『為我的壓卷詩定音』就是『向遠古』；〈去矣行〉則形容，『我在書篋中尋覓／這樂府古題，從來不曾忘記／可是它似乎不在書篋只存在我的心』，似乎把

────────────

〔註18〕謝旺霖：《論楊牧的「浪漫」與「台灣性」》，頁71。

平面的文字意意與聲響，化嵌在抽象流動的詩人之心底；在〈南陔〉裏，楊牧更直接把自己對古典的鍾情，理想的嚮往，渲露無遺」〔註19〕。觀覽上述謝旺霖的論點，可發現幾點問題。首先，兩種主軸——「歷史人物類型」及「比較偏於作者本身的主觀取向」，在內涵上並非是位於對等平面的分類。相同情形，在「比較偏於作者本身的主觀取向」此類上，謝氏又細分為「古題／體新製」及「表達個人喜好和嚮往」，然而亦不甚精確。且細究楊牧的古典作品，幾乎都擁有傳統新製、賦予其現代意義的企圖；而即使是戴著面具，進入「他者」的戲劇獨白體，也都會透露出個人主觀的意念與取向。非如謝旺霖所述，如此截然二分。再者，根本問題在於，謝氏雖指出楊牧的中西古典為不可忽略的重要面向。然而僅用一節篇幅加以討論，同前述黃麗明，在詩例分析上亦稍嫌不足，且容易淪為表層字句的指認。例如謝氏提及古題／體新製於《有人》詩集裏集中較多，且援引為副題的古典詩句，又多以唐詩為主。然而後頭僅指認詩人引用哪些古典母題，無進一步闡述：此些母題如何各別與楊牧詩作交融、產生變化？楊牧又如何藉由創作涉入「今時今事」的同時，進而呈顯樂府詩「刺美見事」的批判精神？（畢竟楊牧所引〈出門行〉、〈大子夜歌〉、〈烏夜啼〉、〈大堤曲〉、〈巫山高六首〉、〈關山月〉及〈行路難〉，確實多出自唐朝詩人之手。然而它們還有一根本共通點——皆為唐以前即流傳悠遠的樂府古題——故「樂府」「感于哀樂，緣事而發」、與「觀風俗，知薄厚」的特點；及唐朝「新樂府」「寓意古題，刺美見事」的創作態度，如何為楊牧所承繼，進而新變、發揚，皆為謝氏疏漏、未深及的部分）。

但回到謝旺霖的論文重心，由於聚焦在「浪漫」與「台灣性」，故楊牧的古典意蘊只能作為背景交代，無法給予過多篇幅加以討論，有其論述上取捨、無能深入的理由。然而亦可得知，論者多能領略古典於楊牧創作上的重要性。但大部分皆視為論述上的背景交代、或是所論主軸的其一旁支，少有以全面視角，將楊牧詩與中國古典的關係作通盤考察。此即筆者研究理由之一。

單篇論文部分，何寄澎〈永遠的搜索者——論楊牧散文的求變與求新〉與〈「詩人」散文的典範——論楊牧散文的特殊格調與地位〉〔註20〕，是兩篇

〔註19〕謝旺霖：《論楊牧的「浪漫」與「台灣性」》，頁76～77。

〔註20〕何寄澎：〈永遠的搜索者——論楊牧散文的求變與求新〉，《臺大中文學報》（臺北：臺灣大學，1991年6月），頁143～176。〈「詩人」散文的典範——論楊牧散文的特殊格調與地位〉，《第一屆花蓮文學研討會論文集》（花蓮：花蓮文化中心，1998年6月），頁150～163。上述兩篇論文後來收錄於《永遠的搜

研究楊牧散文極重要的著作。尤其後者對於楊牧詩作的研究者，亦有相當啟發。何寄澎藉由楊牧自剖，以及個人見識，嚴格定義真正的詩人是「需要有理想的性格、堅強的意志、高尚的情操、卓美的人格」；是「明辨是非善惡、嚴別趨捨去就」；是「反叛權威、關懷生命、追求真理」。代表的典型即為屈原、淵明、杜甫、東坡。何寄澎認為楊牧心目中的詩人理型，即符合上述傳統詩人之高義。

單篇論文的「詩論」部分，張芬齡・陳黎：〈楊牧詩藝備忘錄〉，由「九種主題面向」〔註21〕開展論述楊牧詩作。其中「中國古典文學的融入」提及詩人的文體、用字、聲韻、風格，深受《詩經》、漢賦、與六朝駢文的影響。在面對這些龐雜的典故時，楊牧無意複述原有情節，而是將其引入現代語境，展開新的對話空間。此觀點為筆者指引研究路徑，值得再三探索、省思。

賴芳伶〈《時光命題》暗藏的深邃繁複〉，提及楊牧：「句法參差自由，修辭飽滿又處處縫隙，語意游移閃爍於動靜有機的結構中」。而此中隱含了「時間」多層次的複雜力量，有限與無限的交互作用。賴芳伶以兩兩辯證、並生的關係，指出楊牧《時光命題》期間的詩作「過去／未來，記憶／遺忘，希望／幻滅，瞬息／永恆，具體／抽象，深情／虛無，愛慾／死亡……」〔註22〕等出入虛實、若有似無的特質。顯示詩人對於人性、宇宙等超越問題的質疑。

賴芳伶〈有限的英雄主義，無盡的悲劇意識——楊牧〈卻坐〉與〈失落的指環〉的深沉內蘊〉，由《涉事》裏的兩首詩作，指出楊牧作品多有「獲取現代性和古代性持續平行狀態」的企圖。對於悲劇英雄、西方中世紀傳奇、中國人文古典，懷有特殊情懷。且欲結合這樣跨文化的人物精神，賴芳伶便指出：「〈卻坐〉一詩，將西方中世紀的武士精神與中國《詩經》的『求女』情節，甚至隱含了詩裡的敘述者的感懷，一起置於一個『並時』的敘述平面上，這麼做其實亦壓縮了『異時』，使它們成為此詩篇系統中的一個結構，而互為

索——台灣散文跨世紀觀省錄》（臺北：聯經出版社，2014 年 6 月出版）。
〔註21〕張芬齡、陳黎：〈楊牧詩藝備忘錄〉，收錄於林明德編，《台灣現代詩經緯》（臺北：聯合文學，2001），頁 239～265。其中提到的九種面向分別是：「抒情功能的執著」，「愛與死，時間與記憶」，「中國古典文學的融入」，「西方世界的接觸」，「常用的詩的形式」，「楊牧詩中的自然」，「本土元素的運用」，「家鄉的召喚」，「現實的觀照」。
〔註22〕賴芳伶：〈《時光命題》暗藏的深邃繁複〉，《興大中文學報》第十四期（臺中：中興大學，2002 年 2 月），頁 23。

張力」〔註23〕。這樣異質元素的交融，亦體現在楊牧接續的詩集《涉事》。〈楊牧〈近端午讀 Eisenstein〉的色／空拼貼〉〔註24〕裏，賴芳伶提到〈近端午讀 Eisenstein〉亦涉及殊異時空中，傳統民俗概念的結合——將屈原殉道的情操，與白蛇為愛困頓的悲劇，以「蒙太奇」手法拼貼並置，鎔鑄出宗教般「色／空」輪迴無盡，「苦樂」與「悲歡」周而復始的哲學思維。

賴芳伶〈孤傲深隱與曖昧激情——試論《紅樓夢》和楊牧的〈妙玉坐禪〉〉，藉由德勒茲「游牧精神」的觀點，闡釋以語言為基礎的「自我」，僅是一個流動、浮游的符號。因此既空洞，卻也擁有意義的多重性與無窮性。由這樣的理論特點，切入分析「妙玉」冀求「坐禪」超越血肉之慾，卻又反困於情慾之中的複雜、矛盾性格。並舉出楊牧承繼《紅樓夢》情節，以一己之意逆取妙玉之志，想像、寫作〈妙玉坐禪〉時，亦戴著「面具」發聲，嘗試進入妙玉的情境感受，鬆懈原有的主體意識。賴芳伶進一步提到：「徹底一點說，詩人甚至甘願成為自己的叛徒，背叛的不僅是既有的階級屬性，或許還包括了生理性別……種種。」〔註25〕藉由寫作者與筆下人物間的流動、變化，再次應證德勒茲「游牧精神」的觀點。

上述三篇文章，一來賴芳伶操作西方理論以分析時，能在理論／文本間獲取一動態平衡。理論的說明、使用恰到好處，非捨本逐末，迷失於繁瑣系統中，而忽略重點依然在文本的深入剖析。筆者作為學術研究的新手，賴芳伶的操作方式值得作為借鑑；另外，賴氏提到楊牧詩多有對立、辯證的內蘊及特質，以及藉由將「異時」之物並置於「共時」的敘述平面上，使其在詩篇結構中，成為一種「張力」。這些亦提供筆者重要的切入、及關注面向。

劉正忠〈楊牧的戲劇獨白體〉，析理詩人作品中，戲劇獨白體的特質，透過「假面」襲取古人的身分發言，不僅揣摩他們當下的世界觀與時代課題，使得古典與現代性相互鎔鑄。更指出「戲劇獨白體」可視作「交流平臺」，讓「自我經驗」與「他人經驗」處於平等的對話關係。前述的「假面」，劉正忠

〔註23〕賴芳伶：〈有限的英雄主義，無盡的悲劇意識——楊牧〈卻坐〉與〈失落的指環〉的深沉內蘊〉，《興大人文學報》第三十二期（臺中：中興大學，2002 年 6 月），頁 79。

〔註24〕賴芳伶：〈楊牧〈近端午讀 Eisenstein〉的色／空拼貼〉，《中外文學》第 31 卷第 8 期（2003 年 1 月），頁 217～233。

〔註25〕賴芳伶：〈孤傲深隱與曖昧激情——試論《紅樓夢》和楊牧的〈妙玉坐禪〉〉，《東華漢學》第 3 期（2005 年 5 月），頁 311。

指出：「當詩人採用『別人』的面貌說話，已經跨出了傾聽他者的一步。但若過於相信『我』可以整全他人的經驗，而強求其通貫，最後呈現的可能還是『另我』，而無法帶出『做為他者的真正他者』。」劉正忠以〈班吉夏山谷〉為例，指陳楊牧進入阿富汗友人的情境，傾訴蘇聯入侵的故事時，不僅揣摩「他人之口」與「他人之眼」，更嘗試進入「他人身體」，去體驗其痛苦〔註26〕。以「假面」襲取古人發言，早期楊牧「戲劇獨白」的聲音難免時有躍出、篡奪詩中角色聲音的狀況〔註27〕。然而隨著此一體式的發展與探索，楊牧最終尋得一平衡點，使他人聲音與自我聲音，在「戲劇獨白體」的平臺上，獲得對等交流的空間。劉正忠的論點，與前述黃麗明專書時，提及楊牧詩作的「互文性」運用並非抹殺表層意義，而可視為一種對話的交換，保持兩者間的動態平衡〔註28〕，實有異曲同工之處。意即古典與現代在交融創新的當口，又如何保有兩者自身特質，亦是筆者在往後論文欲探詢的重點。

　　丁旭輝：〈楊牧現代詩中的樂府書寫〉，以歷時性方式，考察楊牧自1969年至2005年間以「樂府詩」為題材的29首詩作。丁氏根據分析結果指出：「楊牧的樂府書寫多數以古題樂府或新題樂府之舊題為題（筆者注：意指沿用唐代所出現的新題樂府），指涉其可能的想像、內蘊、本事，其具體內容與詩中意欲闡發的精神、感懷有些是充滿古典風味的，有些則完全是現代的；少部分的樂府書寫則是秉持因事立題、雅有所謂的原則自作新題（筆者注：所謂新題，意即古題、及唐代新樂府所未有之題，為楊牧因事立題之作，如〈班吉夏山谷〉〔註29〕），並凸顯諷喻性、時事性的新樂府精神，用以評議時事，並標示以『樂府』之名。……細究其創作理路與理念，其所謂『新』，當為『現代』、『創新』之意，所謂『新樂府』，當即為『現代樂府』之意。他試圖以古代的樂府精神、題目寫作當代的新型態樂府，延續古典樂府之生命」〔註30〕。此結論頗契楊牧創作之道。然而丁旭輝在文本分析的過程中，不免

〔註26〕劉正忠：〈楊牧的戲劇獨白體〉，《臺大中文學報》第三十五期（2011年12月），頁303～318。

〔註27〕葉維廉曾以〈流螢〉一詩為例：「詩人沒有完全讓主角的獨特個性佔有該詩，詩人自己的聲音——包括他自己對某些文字的耽愛——往往篡奪詩中主角的聲音。」葉維廉：〈跋〉，收錄於葉珊：《傳說》（臺北：志文出版社，1971年3月初版），頁135。

〔註28〕參考前文注16。

〔註29〕楊牧：《楊牧詩集II》，頁474～477。

〔註30〕丁旭輝：〈楊牧現代詩中的樂府書寫〉，《樂府學》第七輯（2012年4月），頁234。

也出現幾點問題。例如，楊牧〈關山月〉[註31]，丁氏指出：「在不離古題之本事、本意下，發展之、增益之，以一個樂府古題的歷代追詠、續作者的身分，使得樂府古題內容更加豐富，表達更為細膩，想像更為活潑，生命更為暢旺」[註32]；又指〈大子夜歌〉[註33]、〈巫山高〉[註34]兩首詩是較不成功的。前者詩意較為淡薄；後者則是語言、風格不具備樂府風味[註35]。但在「不離古題之本事、本意下」，所發展出的「續作」，果真能擁有更加豐富的內容嗎？抑或，「語言、風格不具備樂府風味」，可作為判斷續作不成功的準則嗎？想必定非如此。一個成功的續作，在承繼傳統的同時，亦能揭露古典語境中隱而未顯的聲音，賦予其現代意義。僅延續古題之本事、本意，絕非是延續古典生命的方式。此為丁旭輝論述上有失偏頗之處。筆者往後亦將對此詳加處理。

　　鄭智仁〈寧靜致和——論楊牧詩中的樂土意識〉，從五個層面[註36]探索楊牧詩作中的樂土形象。其中「浪漫主義的搜索想像」一節，指出詩人朝向「英雄主義」追尋的線索。如早在 1966 年譯出西班牙詩人羅爾卡（Federico Garcia Lorca，1898～1936）的詩集《西班牙浪人吟》，且陸續寫作〈禁忌的遊戲 1～4〉、〈民謠〉、〈西班牙一九三六〉等詩作，以追懷這位抵抗強權而遭殺害的詩人。筆者認為這項「英雄主義」追尋的線索，亦可中國古典《詩經》以降隱含抵抗威權、反戰意識的文學作品，進行對話與開展的空間。

　　奚密〈楊牧：台灣現代詩的 Game-Changer〉，提及楊牧六十年代中至七十年代中的詩文本與其他相關的文學實踐，不僅奠定其詩壇地位，更影響後出的新生代詩人。其中提及早期葉珊便往往透過「面具」[註37]的鋪陳，來顯

〔註31〕楊牧：《楊牧詩集 II》，頁 461～463。

〔註32〕丁旭輝：〈楊牧現代詩中的樂府書寫〉，《樂府學》第七輯，頁 228。

〔註33〕楊牧：《楊牧詩集 II》，頁 438～442。

〔註34〕楊牧：《楊牧詩集 II》，頁 450～460。

〔註35〕丁旭輝：〈楊牧現代詩中的樂府書寫〉，《樂府學》第七輯，頁 230。

〔註36〕鄭智仁：〈寧靜致和——論楊牧詩中的樂土意識〉，《台灣詩學學刊》第二十號（2012 年 11 月），頁 127～160。其中論述的五個面向分別為「浪漫主義的搜索想像」，「抒情政治與文化關涉」，「歸返家園」，「靜，一切的峰頂」，「和棋：理想的生命秩序」。

〔註37〕奚密：〈楊牧：台灣現代詩的 Game-Changer〉，《台灣文學學報》第十七期（2012 年 12 月），頁 1～26。其中奚密提到：「葉珊的浪漫往往透過多種「面具」來鋪陳，例如：浪人、水手、露宿者、搜索者、異鄉人、小沙彌、甚至臨刑前的犯人（〈偶然〉，1957 年）。」

示幽微的內心世界。且在七十年代關傑明、唐文標的現代詩論戰時，楊牧便深切反思現代詩的西化問題，且親身向中國古典取經，在「縱的繼承」的基礎上，予以轉化，賦予傳統新的意義。

曾珍珍〈生態楊牧——析論生態意象在楊牧詩歌中的運用〉〔註38〕提及詩人的生態寓言書寫，並舉〈盈盈草木書〉此一組詩，說明適合用來觀察楊牧如何將《詩經》的賦比興手法加以轉化、進行現代語境的書寫。亦云《完整的寓言》裏，楊牧追法莊子「巵言日出，和以天倪」的語言哲學理念，呼應著中國天人合一的哲學傳統。

綜觀以上篇章，論述多有精闢入理處。然而在分析上，或詩例有限、或開展面向不足，便難以呈顯楊牧詩與中國古典關係的整全面貌。筆者期望在上述前人的基礎上，能有一番新的開拓。

此外，亦有不少書評與報刊文章。雖篇幅短小，論述的面向較為疏略，但其中不乏精準點出值得拓展的研究路徑。陳芳明〈孤獨深邃的浪漫象徵——楊牧的詩與散文〉，認為楊牧的文學思維，大抵可依循「介入」與「超越」這兩條軌跡辨識。但無論是對世間情愛、公理的追索，或集中於內心世界的形上探險，此雙軌發展斷不可分割，現實與心靈，是互為表裡的辯證。陳芳明亦提及：「讀他（楊牧）的詩，彷彿經歷一種冒險。雖然楊牧不是像超現實主義者那樣酷嗜自動語言的表現，他的詩作是屬於飛躍性的意象演出。詩行之間，往往需要讀者親自參與。在聯想切斷的地方，在思維懸宕的地方，有賴讀者使用想像的虛線或輔助線予以銜接。」〔註39〕然而細究之，沒有一部文學作品不需要讀者親自的參與和詮釋。陳芳明在此著重提出，亦證明楊牧的文學較之他者，實有更深奧，難解處。詩人對中、西古典的運用，有時在詩題、副標、或正文中明顯徵引注記。有時這些掌故被包裝，隱晦安插在詩篇的脈絡，造成讀者理解，詮釋的困難。筆者分析楊牧詩作所使用的「互文性」理論，其一源自熱奈特（Gérard Genette）《隱跡稿本‧二級文學》中的「承文本性」（或翻譯為超文性）。意即後出的 B 文本是自 A 文本中「縱向的派生」，然而 A 文本的元素並不切實出現於 B 文本。以此嘗試分析、破解楊牧詩中

〔註38〕曾珍珍：〈生態楊牧——析論生態意象在楊牧詩歌中的運用〉，《中外文學》第31 卷‧第 8 期（2013 年 1 月），頁 161～191。

〔註39〕陳芳明：〈孤獨深邃的浪漫象徵——楊牧的詩與散文〉，《深山夜讀》（臺北：聯合文學，2001 年），頁 174。

「隱性」的古典因子。關於「互文性」理論與筆者嘗試取用的部分，將於第三節研究方法說明。

第三節　研究方法

一、互文性概念的流變

截至目前，楊牧共出版十四本詩集，十四本散文集，另有文學評論，詩劇，翻譯，編選等二十餘種作品。本文的研究範圍將定於楊牧已出版的十四本詩集，以「互文性」理論，分析詩作裏的中國古典傳統。並搭配楊牧的散文與評論集，從中取得相關論點和印證。

本文使用的「互文性」（Intertextuality）理論，首先自語用學的角度觀察，含有「引申」的概念（conception extensive）。以蒂費納・薩莫瓦約（Tiphaine Samovault）之語，互文性便是「一個詞有著自己的語義、用法和規範，當它被用在一篇文本裏時，它不但攜帶了它自己的語義、用法和規範，同時又和文中其它的詞和表述聯繫起來，共同轉變了自己原有的語義、用法和規範。」〔註40〕

「互文性」（Intertextuality）理論，最早由法國哲學家茱麗亞・克莉斯蒂娃所提出。但「互文性」真正從語言學概念轉變為文學創作、乃至於文學分析的方法，過程中有著極大波折與歧異。主要原因，乃克莉斯蒂娃提出「互文性」概念後，「互文性」就被結構主義、符號學、解構主義、後殖民主義、女性主義、精神分析、文化研究等諸多理論流派所挪用。成為文學理論和文化研究領域最為常用，而使用又最為混亂的關鍵詞之一〔註41〕。

李玉平《互文性──文學理論研究的新視野》的分類方式，將互文性研究區分為「意識形態」與「詩學型態」兩種路徑。而這兩種路徑，亦可再簡潔定義為「廣義互文性」與「狹義互文性」。泰海鷹於〈互文性理論的緣起與流變〉，曾對二者做過論述：

> 大致分成兩個方向：一個方向是解構批評和文化研究，另一個方向
> 是詩學和修辭學；前一個方向趨向於對互文性概念做寬泛而模糊

〔註40〕（法）蒂費納・薩莫瓦約著，邵煒譯：《互文性研究》（天津：天津人民出版社，2003年1月初版），頁4。

〔註41〕李玉平：《互文性──文學理論研究的新視野》，頁1。

的解釋，把它變為一個批判武器，這一方向的代表是美國耶魯學派
的解構批判，並最終與美國文化批評、新歷史主義、女權主義相匯
合；後一個方向趨向於對互文性概念做越來越精密的界定，使它成
為一個可操作的描述工具，這一方向的代表是法國的詩學理論家
熱奈特和新文體學家里法泰爾。學術界一般把前一個方向稱為廣
義互文性，把後一個方向稱為狹義互文性，我們還可以分別稱之為
解構的互文性和建構的互文性，前者是克莉斯蒂娃本人理論的邏
輯延伸和擴展，尤其加入了德里達解構論的成分，後者則明顯脫離
了克莉斯蒂娃最初的意識形態批評意圖，發展成了一種建設性的
文學研究方法。〔註 42〕

在各自爬梳兩種路徑的「互文性」理論後，筆者將從中選擇適切的部分，以
作為楊牧詩作分析之用。

「意識形態」的廣義互文性理論，代表人物為茱麗亞・克莉斯蒂娃（Julia
Kristeva）和羅蘭・巴特（Roland Barthes）。據李玉平之言：「克莉斯蒂娃的互
文性概念具有宏闊的社會歷史視野，將社會、歷史、文化統統納入互文性的
視野。」〔註 43〕而克氏的著作〈封閉的文本〉裏，將「互文性」定義為：「一
篇文本中交叉出現的其他文本的表述，已有和現有表述的易位」〔註 44〕，並
在《符號學，語意分析研究》中進一步闡釋：

> 橫向軸（作者──讀者）和縱向軸（文本──背景）重合後揭示這
> 樣一個事實：每一個詞語（文本）都是眾多文本的交匯，從中至少
> 可以讀出另外一個詞語（文本）來。……任何文本都是由引語的鑲
> 嵌品構成的，任何文本都是對其他文本的吸收和轉化。〔註 45〕

在橫向軸上，互文性將文本作者與接受者（讀者）聯繫一起；在縱向軸上，則

〔註 42〕泰海鷹：〈互文性理論的緣起與流變〉，《外國文學評論》，2004 年第 3 期，頁
22。

〔註 43〕李玉平：《互文性──文學理論研究的新視野》，頁 14。

〔註 44〕茱麗亞・克莉斯蒂娃（Julia Kristeva）：《符號學，語意分析研究》，Seuil 出版
社，1969 年，頁 115。轉引自（法）蒂費納・薩莫瓦約著，邵煒譯：《互文性
研究》，頁 3。

〔註 45〕茱麗亞・克莉斯蒂娃（Julia Kristeva）：《符號學，語意分析研究》，Seuil 出版
社，1969 年，頁 145。此部分譯文，參考、轉引自（法）蒂費納・薩莫瓦約
著，邵煒譯：《互文性研究》，頁 4。及李玉平《互文性──文學理論研究的
新視野》，頁 17。

打破文本既有的內部完整性，與社會、文化等背景融為一體。當橫向與縱向交錯，便成為龐大的網絡系統。對克莉斯蒂娃來說，「文本是不能孤立於產生它們的更大的語言和社會文本的，因此，所有的文本中都包含著各種各樣的意識形態結構，充盈著各種話語的衝突和鬥爭」；「文本體現的不再是靜止的清晰的意義，而是各種話語意義的對話與衝突。文本不僅關注組成自身的各種社會成本，同時它也關注側身其中的社會和歷史語境」〔註46〕。克氏認為，沒有所謂全然獨創的文本，每個文本內容必定含有另一文本的痕跡。任何文本的創造，皆是在其他文本的要素中，進行轉換與吸收。如此常態的互動過程與現象，即是互文性。在文本並非封閉系統的前提下，自然不能外於所處的社會、文化、與歷史背景。這些「背景」是可以和文本交融，一同被分析。意即，文本的定義被擴大，一切抽象的文化與歷史背景，皆屬於文本的範圍。柯思仁與陳樂曾據此加以闡述：

> 那些既有文本，不僅僅是指由文字組成的文學文本，也包括文化、社會、歷史等等文本：這些文本生成了我們所面對的這個文本，也成為這個文本的一部分。……從互文性的角度來說，一個文學文本，是存在於各種先前既有的文學文本（如前人所寫的小說、詩歌、戲劇等）、非文學的文本（如歷史資料、新聞、廣告等）、社會觀念與意識形態（什麼是好的和壞的、對的和錯的等）等等交織起來的一個巨大繁複的互動性的網絡。〔註47〕

簡言之，文本多元、開放的意義，也使其本身充滿不定性。在文學作品的解讀上，自然造成詮釋的紛雜。克莉斯蒂娃承繼、發展了巴赫金的對話主義，首先提出互文性概念，亦多次於個人著作中論述。然而始終未給互文性一個準確的定義，使得後來互文性的意義龐雜，使用上充滿歧異。

　　在理解羅蘭・巴特（Roland Barthes）的「互文性」理論前，有必要對其「文本」概念先行爬梳：

> 文本與作品不應互相混淆。作品是一件完成了的、可以計量的、佔據一定物理空間的（譬如，放置在圖書館的書架上）物品。文本是一個方法論的場域。因此，我們無法對它進行計量，至少傳統的方

〔註46〕李玉平：《互文性——文學理論研究的新視野》，頁18～19。
〔註47〕柯思仁、陳樂著：《文學批評關鍵詞：概念・理論・中文文本解讀》（新加坡：八方文化創作室，2008年8月初版），頁42。

法無法奏效。我們全部能夠說的只是某部作品中有（或者沒有）文本。「作品可以握在手中，而文本存在於語言中。」〔註48〕

文本既是存在語言中，則「文本」本質上即是一種「意義的複數」〔註49〕。因為巴特否認語言的「能指」與「所指」間，可以構成一個穩固的符號。「他認為能指與所指間發生了斷裂」〔註50〕，能指在尚未抵達所指之前，就轉向了其他能指，造成意義的不斷「延異」（Différance），意即「文本」的意義是永遠不可企及。故「文本」顛覆了「作品」靜止、穩定的狀態，同時也解消了作者的權威。

從巴特的文本理論，可自然與互文性連結、對照。既然文本意義不斷「延異」，則文本便不再是封閉的客體。而是在一個多維空間中，由多種寫作相互組成，而這些組成文本的編織物，則來自文化的無限個源點。〔註51〕巴特同克莉斯蒂娃，認為「互文」來源於社會、文化、和歷史背景，卻更進一步闡釋作者居中的地位——乃是虛無、死亡的。

> 作者的死亡否定了作者作為創作活動的主體，從而也否定了作者對於文本意義的專制和壟斷。傳統的作者已經蛻變為一個現代寫作者，他不再寫作文本，不再賦予文本「神學」意義，他只是在互文性的多維空間裡對已有文本進行紀錄和彙編，是一種純粹的謄寫動作（而非表現動作）。文本的閱讀不再是探索作者的意圖，而是傾聽由他者聲音、他者言語、他者文本組成的一曲交響樂。……借助互文性，文本變成了一系列沒有所指的能指。文本是由其他文本編織而成的，而作為互文本的其他文本也並非文本的所指，因為它們本身也是互文性的產物，它們能給我們提供的只是更多的能指。〔註52〕

〔註48〕李玉平：《互文性——文學理論研究的新視野》，頁20。
〔註49〕李玉平：《互文性——文學理論研究的新視野》，頁21：「按照巴特的解釋，『複數的意義』是若干意義的雜揉交合，從而呈現出一種朦朧和多義，但是每一意義還是可辨別的，最終還是可以予以區分的；『意義的複數』卻是文本能指的遊戲，它總是從一個能指滑向下一個能指，在無限的意指鍊中，靜止的意義遭到破壞，我們能捕捉到的只是意義被不斷『延異』的『蹤跡』（德里達語）。文本的『複數』取消了一切中心和確定性，剩下的只是無限的意義流轉、擴散、和增殖。」
〔註50〕李玉平：《互文性——文學理論研究的新視野》，頁20。
〔註51〕李玉平：《互文性——文學理論研究的新視野》，頁22。
〔註52〕李玉平：《互文性——文學理論研究的新視野》，頁23～24。

從上述引言，可發現巴特的互文性理論，實有濃厚的「解構主義」色彩。作者的主體性被解消，僅為單純的編織與謄寫者。且文本僅是一系列無法抵達「所指」的「能指」碎片所構成，充斥虛無，造成重重的閱讀障礙。故「意識形態」的互文性理論，從克莉斯蒂娃及巴特以降，凸顯了「後結構的、解構的、激進的、批判的、顛覆的、革命的意義」〔註 53〕。這也使得「意識形態」路徑的互文性，難以發展為一套可供傳授、研究的文本分析理論。一來是著重文本與背景社會、文化、歷史的關係，因此發展過程中融匯大量解構主義、社會學、精神分析等理論，造成系統龐雜〔註 54〕；二來是在解消文學主體性，強調文本「意義」的不斷延異與難以指涉，最終將使得互文性理論遠離文學所具體關懷的現實。

二、熱奈特五種「跨文本性」類型

互文性理論由廣義的角度收束，關照文學意義的生成與解讀，開啟「詩學形態」的狹義路徑，則需自熱奈特（Gérard Genette）1982 年出版的《隱跡稿本・二級文學》談起。文中提出五種「跨文本性」類型〔註 55〕：

（一）互文性（intertextuality）

據熱奈特解釋，狹義的互文性定義乃「一文本在另一文本中的實際出現」〔註 56〕，還可再細分為三種表現形式——最明顯的手法，即傳統的「引語」應用（無論是帶引號、注明或不注明具體出處）；再者則是「抄襲、剽竊」；最後一種是「暗示」（allusion），即「寓意」的方法。

（二）副文本性（paratextuality）

第二種則是組成文學作品中「正文」的部分，和只能稱作是它「副文本」

〔註 53〕李玉平：《互文性——文學理論研究的新視野》，頁 12。
〔註 54〕關於「廣義的互文性」與「狹義的互文性」比較，若從「文本類型」做區分，李玉平另有闡述：「狹義互文性聯繫的文本僅限於文學文本，而廣義互文性卻包括非文學的藝術作品、人類的各種知識領域、表意實踐，甚至把整個社會、歷史、文化等等都看作文本。」此文見〈互文性新論〉，《南開學報》第 3 期（哲學社會科學版）（2006 年），頁 115。
〔註 55〕熱奈特，《隱跡稿本，二級文學》，Seuil 出版社，1982 年。本文引述的熱奈特理論，參照熱奈特（Gérard Genette）著，史忠義譯：《熱奈特論文選・批評譯文選》（河南大學出版社，2009 年 2 月）。以及（法）蒂費納・薩莫瓦約（Tiphaine Samovault）著，邵煒譯，《互文性研究》（天津人民出版社，2003 年 1 月）。
〔註 56〕熱奈特（Gérard Genette）著，史忠義譯：《熱奈特論文選・批評譯文選》，頁 57。

（類文本）之間的關係，一般說來此類關係較疏遠、不清晰。據熱奈特之語，副文本即：「標題、副標題、互聯型標題；前言、跋、告讀者、前邊的話等；插圖……，包括作者親筆留下的還是他人留下的標誌，它們為文本提供了一種（變化的）氛圍」〔註57〕。且為讀者的閱讀提供許多導向的線索，「作者的題獻、題記、序言、後記等，確是解讀作者意圖的互文性要素」；「重申作者意圖的重要性是熱奈特互文性理論的主要特點。他指出，副文本性的任務就是『要確保文本命運與作者目的的一致』。」〔註58〕

（三）元文本性（metatextuality）

指一篇文本和它所評論的文本之間的關係。熱奈特說明：「人們常把元文本性叫做『評論』關係，連結一部文本與它所談論的另一部文本，而不一定引用該文（借助該文），最大程度時甚至不必提及該文的名稱」。〔註59〕

（四）承文本性（或超文性）（hypertextuality）〔註60〕

《隱跡稿本》所著重談論的對象。若第一種「互文性」是「一篇文本在另一篇文本中切實地出現」，是屬於「共存」的關係。則「承文本性」則是「派生」關係，意即作為後出的 B 文本並不切實出現 A 文本的元素。依熱奈特的解釋：「即 B 絕不談論 A，但是沒有 A，B 不可能呈現現在的生存模樣，它誕生於一種活動過程的結尾，我把這種活動過程暫時稱作『改造』，因此，B 或多或少明顯地呼喚著 A 文本，而不必談論它或引用它」〔註61〕。

（五）統文性（architextuality）

相較前面四種類型就著文本的「內容」而言，第五種則是由「體裁」著手。熱奈特說明：「這裡指的是一種純粹秘而不宣的關係，最多由副文本提示一下（正式提示，如《詩集》、《評論集》、《玫瑰小說》等書名中，或次正式提

〔註57〕熱奈特（Gérard Genette）著，史忠義譯：《熱奈特論文選‧批評譯文選》，頁58。

〔註58〕李玉平：《互文性——文學理論研究的新視野》，頁42。

〔註59〕熱奈特（Gérard Genette）著，史忠義譯：《熱奈特論文選‧批評譯文選》，頁60。

〔註60〕本文為了行文與翻譯的統一，避免與計算機終端、聲音、圖像、Flash動畫等網路文學的「超文本」造成混淆，以下凡引用熱奈特的「超文性」皆改成「承文本性」。

〔註61〕熱奈特（Gérard Genette）著，史忠義譯：《熱奈特論文選‧批評譯文選》，頁61。

示，讓「小說」、「敘事」、「詩」等字眼與書名一起出現在封面上），是純粹的類屬關係。當它秘而不宣時，有可能出於拒絕強調明顯關係的原因，或恰恰相反，意在避免任何從屬關係。無論何種情況，文本本身都不會了解宣稱自己的體裁本質……嚴格地說，決定文本的體材性質不是文本自身的事，而是讀者、批評家和大眾的事」〔註62〕。

然而誠如熱奈特所言，這五種類型並非各自封閉，而是相互交流、影響的。且可以看出「詩學形態」的互文性理論，迥異於「意識形態」路徑：

> 「熱奈特的廣義文本並非像巴特或克莉斯蒂娃那樣激烈地張揚文本的不穩定性和多元性，而是一種具有實用主義色彩的結構主義」〔註63〕。熱奈特的互文性研究將廣義文本的歷史性和社會性淡化為背景，「剔除了互文性衝突、冒犯、顛覆和其他反傳統的層面」〔註64〕，轉而關注文本的美學與形式層面，對互文性的各種詩學形態進行了竭澤而漁式的全面分析。

可知熱奈特是重申作者意圖的重要性、追尋文本解讀的實用性，乃至於文本確定意義的〔註65〕。

綜合上述，可簡言之：「廣義的互文性」與「狹義的互文性」相異之處有二。前者解消文本主體與意義，後者則是積極的肯定與建構；前者的文本類型擴及人類意識所及的面向，包含社會、文化和歷史層面。後者的文本，則單就具體書寫而成的「文學文本」。

將「互文性」理論的兩種發展脈絡爬梳後，筆者將以熱奈特詩學形態的「五種跨文本性」類型為基準，作為本文主要的研究方法。而將理論範圍限縮於「狹義互文性」的主因，乃楊牧詩作的特質，與「後結構」或「解構主義」的立場，仍有相當區別。並非說楊牧作品完全沒有後現代去中心、拼貼等特色，然而僅為極少數。故選擇以熱奈特理論為主幹。

在此仍要說明一點。筆者並未採用「廣義互文性理論」，除了其理論特色

〔註62〕熱奈特（Gérard Genette）著，史忠義譯：《熱奈特論文選·批評譯文選》，頁60。
〔註63〕Graham Allen, Intertextuality, London and New York: Routlege, 2000, p.100. 轉引自李玉平《互文性——文學理論研究的新視野》，頁40。
〔註64〕Mark Juvan, History and Poetics of Intertextuality, p.129. 轉引自李玉平：《互文性——文學理論研究的新視野》，頁40。
〔註65〕李玉平：《互文性——文學理論研究的新視野》，頁43。

屬於「解構」，異於楊牧詩作本質。再者，便是立基於文化、歷史等抽象文本，在研究上難以切入、操作。然而我們必須承認，文學作品的出發與最終目標，在抒發作者個人性情之際，仍要起到針砭現實、映照歷史的作用。楊牧在《有人》詩集的後記說道：「為事而作和為文而作其實是完全不衝突的。我的詩為人而作。」〔註66〕故分析楊牧詩作的同時，無可避免仍須面對文本與文化、歷史間的交互關係。對此，筆者仍會將此種互文性現象納入討論，但不過於擴張、渲染文本與其背景間的關聯；仍會小心將楊牧詩與中國古典的互文性，收束在具體文本間。

第四節　研究步驟

一、深化理解熱奈特「五種跨文性」類型

　　熱奈特曾指出「五種跨文本性」類型非各自封閉，而是相互交流、影響。故文本分析的操作上，可能會碰到同一文本，卻同時適用數種跨文本性的情形。如何適切判斷、析理，便有待筆者更深入理解熱奈特理論，及參考前人如何運用，以求從中獲得啟發。另外，「跨文本性」理論與其說是文本分析的「工具」，實際上，更接近為了方便分析，在前置工作上所進行的「分類法」。意即，當研究者透過文本細讀，發覺楊牧詩與中國古典的跨文本關係後，僅屬於初始研究步驟的完成。若將此步驟視作研究結果，則文本分析容易淪為字句表層的指認。「古典」傳統如何在楊牧詩中承繼，且結合現代語境，產生「質變」的過程及效果，依舊有賴研究者對於文本的深入細讀與詮釋。比起「工具」，「五種跨文本性」類型更像是「門檻」和「指標」，導引研究者邁向較符合作者意圖的「文本本意」。熱奈特作為狹義互文性的提出者，作者意圖、文本的確定意義，即是他理論的核心要旨。

二、整理楊牧詩作裏的中國古典要素

　　精讀楊牧迄今出版詩集，從中整理出含有中國古典要素的作品。依據這些要素，連結、閱讀相關原典古籍。需說明的是，中國古典裏與楊牧詩互涉的作品，筆者將以中國文學史的朝代分類方式，依序以「先秦文學」、「六朝文學」、「唐宋文學」等作為劃分，成為論文章節。畢竟，既要全面考察楊牧詩

〔註66〕楊牧：《楊牧詩集Ⅱ》，頁530。

中的互文之作，以朝代分類，較能看出系統性的涵攝。從另一角度，也可觀覽楊牧對於中國古典全方位的掌握程度。又，筆者非以熱奈特理論作為章節劃分，誠如前述：熱奈特五種「跨文本性」類型並非各自封閉，而是相互交流、影響的。即使是單一作品，當其內蘊豐厚，就可能同時涵有多種跨文本關係。若以「理論」區分章節，將會出現同一作品多次出現在相異篇章的情形，造成文本論述上的割裂。此即筆者選擇以作品為主體，劃分章節的因素。

第貳章　楊牧詩與先秦文學

第一節　楊牧詩中的古典發端

　　第壹章提及，楊牧於葉珊時期的三本詩作——《水之湄》、《花季》、《燈船》，即可見中國古典意象的高密度運用。本章雖定位在「楊牧詩與先秦文學」的互文關係考察，然而為了論述的完整性，在以熱奈特（Gérard Genette）五種「跨文本性」類型，分析楊牧詩中的古典追求之前，筆者將先跳脫本章框架，利用此節，溯源楊牧詩中的古典發端，挖掘昔時葉珊如何掌握中國古典意象〔註1〕。

　　在首本詩集《水之湄》裏，葉珊說心念之人的名字，是東非洲來的滿園

〔註1〕葉珊於 1972 年始改筆名為楊牧，約是第五本詩集《瓶中稿》之中期（1970 年
　　　～1974 年）。然而此節筆者所論葉珊時期的詩作，僅止於第三本《燈船》。詩
　　　人於《燈船》自序言：「這本書的出版結束了我從東海大學到金門到愛荷華大
　　　學的一段時期，正好讓我開始另外一個新生活。」此處新生活即指赴柏克萊
　　　加州大學就讀博士班。筆者本節論述以此為分界，原因乃楊牧受業於陳世驤
　　　這一段歷程，針對中國古典文學的見解，於他實有巨大轉變。楊牧以下自剖
　　　或可為證：「中國古典文學本來就是存在的，但隨著各人觀察古典文學的態度
　　　底不同，它存在的面目也不同。在國內讀古典文學直覺地以它為『舊文學』，
　　　直到遇見陳先生，我才了悟三千年前的詩騷箴言也都永恆地『其命維新』。」
　　　而「其命維新」不斷「創發」、「進步」之理念，對於楊牧過往鎔鑄古典於現
　　　代詩創作的方式，亦產生新的思考與啟發。是故，筆者本節以此為界，著重
　　　《水之湄》、《花季》、《燈船》等三本詩集，析理此前尚未因學術的高度刺激、
　　　而開展出新風格的葉珊。上述引文分別引自楊牧：〈燈船自序〉，《楊牧詩集I》，
　　　頁 613；以及楊牧：〈柏克萊——陳世驤先生〉，《掠影急流》，頁 35。

茜草〔註2〕；以琉璃宮燈、維娜斯半身像、忘川等意象〔註3〕，形容遠方情人的步履；更有手執長劍，隨先知挾著可蘭經，行經馬達加斯加、爪哇、婆羅洲、和土耳其等風土的描繪〔註4〕，這些詩作交織中國與多元的異國意象之使用。若聚焦在中國古典，會發現葉珊於取材、「意象」的運用上，彼此間有著高度相似性。

在〈秋的離去〉，葉珊形容情人的「笑意」「自十一月故里蘆葦的清幽」中隱去〔註5〕；〈山上的假期〉描述「我」因遠離情人而去，「那一年／也不知道那是大麥／亦是蘆葦」〔註6〕，而有此失神、朦朧、幻夢般不辨大麥與蘆葦的狀態；〈斷片〉中描繪一「撥蘆採花的人」，誤闖傳說部落的歷程〔註7〕。〈山火流水〉裏，詩人如是敘述愛情：

> 讓我沉默，為你的笑容做一日蘆葦
>
> 不化為鯤，不化為鵬
>
> 我們的戀啊，像流水
>
> 沖激，緩下
>
> 又在人影下打著小小的蝴蝶結〔註8〕

蘆葦是生於沼澤、河流沿岸的多年生草本植物。文學作品中的蘆葦意象，自《詩經》時代即已出現。〈蒹葭〉一詩，各章開頭皆以「蒹葭」起「興」，帶出伊人身處河水環繞的高地與沙洲間，思慕之人遍訪而不能得之的情景。葉珊此詩「蘆葦」與「流水」等意象，可與〈蒹葭〉相互映照。「為你的笑容做一日蘆葦」，「蘆葦」既代表對情愛追求的嚮往，亦隱含追尋而不可得之意。此處以「一日」形容，表愛情的短暫，同時結合蘆葦生長之時序，更有秋懷般的黯淡和淒涼。「不化為鯤，不化為鵬」，典故出自《莊子·逍遙遊》。原典中，鯤化為鵬表示擺脫形而下束縛，進入超越的精神境地。然而為了情愛，詩人竟不願為之，甘心沉默，做一日短暫、柔弱的蘆葦。捨棄永恆選擇當下的愛戀，此中隱含的張力，展現詩人年少對於情愛的不渝追求。〈淡水海岸〉亦彰

〔註2〕楊牧：〈心中悶著你的名字〉，《楊牧詩集I》，第一卷《水之湄》，頁61。
〔註3〕楊牧：《楊牧詩集I》，第一卷〈山上的假期〉，頁65。
〔註4〕楊牧：《楊牧詩集I》，第一卷〈默罕穆德〉，頁27。
〔註5〕楊牧：《楊牧詩集I》，第一卷〈默罕穆德〉，頁4。
〔註6〕楊牧：《楊牧詩集I》，第一卷〈默罕穆德〉，頁64。
〔註7〕楊牧：《楊牧詩集I》，第三卷《燈船》，頁297。
〔註8〕楊牧：《楊牧詩集I》，第二卷《花季》，頁133～134。

顯同樣熱烈的情調:「若我離開這海岸/思念即化為江河/船纜繫著,繫住了我的憂愁──/讓我在那棵樹幹上刻劃名字/天地於斯,心緒於斯/秋後我將親手拭去」〔註9〕。其中,天地於斯、心緒於斯,顯然脫胎自古典句法。隨著詩篇鋪展,詩人寫道:「潮來的時候/那人在古畫中/騎著毛驢,踏著桐葉/樹葉搖著,蘆花白著」〔註10〕,蘆葦意象再次顯現,與之並列的另一樹種──梧桐,亦頻繁出現於葉珊詩作。例如:〈黑衣人〉前半節,詩人將暴雨前的烏雲擬作黑衣人,緊接著下半章:

　　我把掛在窗前的雨景取下

　　把蒼老的梧桐影取下

　　把你取下〔註11〕

此首小詩精妙處,將本不能移動的雨景和梧桐影,比擬為掛在窗前的畫作或卷軸,「取下」一詞,使原本靜態的畫面活絡。且進一步細究,自敘述者「我」的視角出發,「取下」亦可釋為「記取」,把雨景、梧桐影、把你取下,隱含著將眼前珍貴的一切「納入記憶」中。此即詩語言多義性的展示。

　　梧桐的古典意義繁複〔註12〕,葉珊於詩作取材上,偏向擷取情愛意義的表述、抑或寓有秋景蕭瑟的面向。如〈秘密〉:

　　啊,你有箇秘密,鎖在最深的庭院裡

〔註9〕 楊牧:《楊牧詩集I》,第二卷《花季》,頁143。

〔註10〕 楊牧:《楊牧詩集I》,第二卷《花季》,頁148。

〔註11〕 楊牧:《楊牧詩集I》,第一卷《水之湄》,頁68。

〔註12〕 提及雨景和梧桐等古典意象,定會連結白居易〈長恨歌〉裏:「春風桃李花開日,秋雨梧桐葉落時」,關於唐明皇與楊貴妃的愛情悲劇,及中唐以降由此衍生的文學作品。例如元代白樸雜劇《梧桐雨》、清代洪昇傳奇《長生殿》。與前述蘆葦相同,梧桐形象的描述起源甚早。《詩經》〈大雅·卷阿〉提到:「鳳凰鳴矣,于彼高岡,梧桐生矣,于彼朝陽」,展示君臣上下和諧的太平盛世;《莊子·秋水》裏記述鵷鶵飛往北海,「非梧桐不止,非練實不食,非醴泉不飲」,有志向悠遠、孤高貞潔之意。六朝、唐宋以降,詠梧桐的詩作繁多。鮑照〈山行見孤桐〉:「幸願見彫斲,為君堂上琴」,先藉由山行所見桐樹,點出秋日蕭瑟之氛圍。再以桐樹喻己,期盼有天能彫斲成琴,為君所用;李白〈秋登宣城謝朓北樓〉,有「人煙寒橘柚、秋色老梧桐」的淒迷秋景描繪;杜甫〈秋興〉:「香稻啄餘鸚鵡粒,碧梧棲老鳳凰枝」,藉著鸚鵡和鳳凰,襯托香稻、碧梧二物之豐饒美麗,隱喻過往青春年歲之美好;溫庭筠〈更漏子〉:「梧桐樹,三更雨,不道離情正苦。一葉葉,一聲聲,空階滴到明」,則將深閨婦女的憂思,和雨打梧桐的外境相結合,情景交融為淒清的氛圍。上述參考自周明儀:〈古典詩文中的桐樹意象與文化意涵〉,《明新學報》第32期(2006年08月),頁35~50。

梧桐，葵花，相思豆，當秋風起時

我在靜靜的午後，叩你古老的門

愛是一把鑰匙，春天來了

在心底，鋪著暖暖的風和惱人的雨〔註13〕

此詩情景，令人聯想馮延巳〈蝶戀花〉：「庭院深深深幾許」〔註14〕具有的神秘性，以及封建婦女受縛於禮教，和外在環境隔絕之苦悶；亦有李清照〈聲聲慢〉中：「梧桐更兼細雨，到黃昏、點點滴滴」〔註15〕的惘然悲愁。葉珊在悽苦氛圍之上進行轉化，深閨女子所心繫之人，彷彿終於聽聞其願，在寧靜午後，帶著愛的鑰匙，叩門來到。使情愛不僅只是煩憂，亦帶著暖暖的甜蜜。

除了上述蘆葦、梧桐等植物，「橋」作為古典詩歌廣泛歌詠的意象，也頻繁出現在葉珊詩作中。前述〈秘密〉一詩，葉珊如是形容情人底心深藏的「秘密」：「那是春天來時／橋上鋪滿飛絮和紅花／一箇疲倦的旅人踩過——／為了過河——他輕輕地踩過」〔註16〕；〈青煙〉裏描述傷春之意：「突然煙散了，我們從橋下走過／想念夭亡的春季」〔註17〕；〈馬纓花〉中坐在纓樹下流淚的人，「第二天，踏著白霜／沿著清冷的河岸，過橋，逝去」〔註18〕；〈微雨牧馬場〉敘述笛聲飄揚的異鄉荒遼中，有著：「淺水穿流過你最愛的／芭蕉林，和閃爍的橋樑」〔註19〕；〈江南風的雙眉〉，葉珊說在假日的榆樹園石牆內：「深處有綠水濺打低低的木橋」〔註20〕。說旅人即將啟程回歸故里：

你說，歸程已鋪好煙花

滿城風雅，滿鄉瀟洒

只等你繫鈴的白馬一旦過橋

過橋，在或許的午後

而少年邂逅的溫泉谷

〔註13〕楊牧：《楊牧詩集I》，第二卷《花季》，頁200～201。

〔註14〕南唐‧馮延巳：《重校陽春集馮正中年譜》（臺北：世界書局，1970年5月再版），頁5。

〔註15〕唐圭璋編：《全宋詞》（北京：中華書局，2009年3月重印），頁932。

〔註16〕楊牧：《楊牧詩集I》，第二卷《花季》，頁201～202。

〔註17〕楊牧：《楊牧詩集I》，第三卷《燈船》，頁237。

〔註18〕楊牧：《楊牧詩集I》，第三卷《燈船》，頁281～282。

〔註19〕楊牧：《楊牧詩集I》，第三卷《燈船》，頁288。

〔註20〕楊牧：《楊牧詩集I》，第三卷《燈船》，頁286。

　　　卻永遠墨綠如酒甕

　　　小橋渡向飛瀑，帶些醉意

　　　尋覓你江南風的雙眉〔註21〕

此處「橋」含有兩種意義。身為旅人的少年，既有一座橋指引歸程的方向，亦有另一座維繫旅途中，他所邂逅的、那伊人所處的溫泉谷。故里與戀人、鄉關思慕和兒女情長之拉扯、抉擇遠去或者留下，此為詩裏「橋」所營造出的矛盾張力。

　　「橋」除了是乘載歷史、風土、離別之意與羈旅愁緒的有形建物外〔註22〕，同時，亦可作為抽象意義、代表「男女之間愛情的樞紐」，古典中最著名者，當屬作為牛郎與織女愛情媒介的「鵲橋」。除了前述〈江南風的雙眉〉，橋作為「愛情樞紐」的意義，還可見於〈日暖〉一詩：

　　　林中有條小路，一段綠鬱的獨木橋

　　　日暖時，讓我們去，帶著石蘭和薜荔

　　　走入霧中，走入雲中

　　　在軟軟的陽光下，隨我來

　　　讓我們低聲叩問

　　　偉大的翠綠，偉大的神秘

　　　風如何吹來？

　　　如何風吹你紅緞輕繫的

〔註21〕楊牧：《楊牧詩集I》，第三卷《燈船》，頁286～287。

〔註22〕「橋」與古代人民的生活關係緊密。不僅作為重要的交通樞紐，同時標誌著所在地的風土民情，與歷史軌跡。唐代張籍〈成都曲〉：「錦江近西煙水綠，新雨山頭荔枝熟。萬里橋邊多酒家，遊人愛向誰家宿？」藉由歌詠成都鬧市著名的萬里橋，結合錦江、煙水、荔枝等意象，共同刻畫出當地的人文風情；橋亦乘載離別、相思、抑或羈旅之人的情懷。杜牧〈寄揚州韓綽判官〉：「青山隱隱水迢迢，秋盡江南草木凋。二十四橋明月夜，玉人何處教吹簫」。藉著描繪揚州二十四橋之景色，寄託思念故友之情；溫庭筠〈商山早行〉：「晨起動征鐸，客行悲故鄉。雞聲茅店月，人跡板橋霜」。由雞鳴、茅店、板橋、寒霜等物景，勾勒旅人在月尚高掛的清晨，即動身趕路的景況。寓有旅途之艱，與思鄉之切；而橋同時作為建築之屬，亦可為歷史的興亡註記。劉禹錫〈烏衣巷〉：「朱雀橋邊野草花，烏衣巷口夕陽斜。舊時王謝堂前燕，飛入尋常百姓家」。通篇寓情於景，說明人事與衰交替之無常。景物依舊的烏雀橋，則是一切繁華與傾頹的見證者。由上述，可知「橋」的意象於古典文學裏，實富含豐厚意義。上述參考自張晶、周曉琳：〈試論中國古代文學的橋意象〉，《新學術》（2009年），頁106～109。

> 長髮，以神話的姿態
>
> 掀撩你繡花的裙角？
>
> 隨我來，日暖時，水湄是林，林外是山
>
> 山中無端橫著待過的獨木橋〔註23〕

現實中的「獨木橋」缺乏穩固扶手，甚至立基粗糙，僅是簡陋橫木，用以跨越河岸兩端。過橋者稍一不慎，隨時皆有落水可能。用以形容愛情，它既可作為連結男女之情的樞紐，亦是一同邁向情感標的的媒介；同時也隱喻正處於曖昧中的感情，有其顛簸與不確定性。「走入霧中，走入雲中」，霧和雲的朦朧特質，更增添感情發展上的未知。即使如此，相戀的二人依然要往前邁進，叩問「偉大的翠綠，偉大的神秘」，即是叩問戀情。其中「石蘭」和「薛荔」頗值得玩味，敘述者「我們」攜帶此二類植物，使人聯想《九歌·山鬼》裏：「若有人兮山之阿，被薛荔兮帶女蘿」〔註24〕；及「被石蘭兮帶杜衡，折芬馨兮遺所思」〔註25〕，對於神女裝束外貌的描繪，彷彿「我們」的戀情就如同香草般純潔美好。

此詩末句「無端」二字甚是精妙。「獨木橋」作為愛情樞鈕，同時隱含發展過程。以「無端」形容，正是「情不知所起」的最佳寫照。另一值得探析處，葉珊從未明說橋的盡頭彼方為何，反倒是在末二句以電影運鏡的手法，羅列「水湄」、「林」、「山」、等景致。一系列視角最終落點於「我們」曾待過的「獨木橋」，而非彼方終點，似乎寓意情愛仍處於不穩固的發展階段；亦或許在詩人眼裏，相較於終點，「我們」如何一同行經的「過程」，才是最重要的。

除了前述，葉珊還有下列雅致的古典語彙。〈行過一座桃花林〉，詩人形容小園裏的細雨，宛如三月紛飛的柳絮〔註26〕；〈給智慧〉中，詩人描述擺脫寂寞和憂鬱後，尋找、邁向智慧的路程：「讓我獨自在雨地行走／穿過煙柳，穿過拱門，穿過一切宋代的美／然後，我們將在橋頭相遇」〔註27〕。「拱門」、「雨地」、「煙柳」、「橋頭」等意象所交織而成「宋代的美」，彷若賀鑄〈青玉

〔註23〕楊牧：《楊牧詩集Ｉ》，第三卷《燈船》，頁244。

〔註24〕宋·朱熹、清·姚鼐等：《五家楚辭注合編》（上）（臺北：廣文書局有限公司，1972年4月初版），頁194。

〔註25〕宋·朱熹、清·姚鼐等：《五家楚辭注合編》（上），頁195。

〔註26〕楊牧：《楊牧詩集Ｉ》，第二卷《花季》，頁164。

〔註27〕楊牧：《楊牧詩集Ｉ》，第二卷《花季》，頁161。

案〉：「若問閒情都幾許？一川煙草，滿城風絮，梅子黃時雨」〔註28〕般的意境，細雨柳絮連綿翻飛；抑或是南唐馮延巳〈鵲踏枝〉：「河畔青蕪堤上柳，為問新愁，何事年年有？獨立小橋風滿袖，平林新月人歸後」〔註29〕，眼前的綠柳小橋，在夜風吹拂中，似乎皆刷上一層淡淡愁緒。這些詩句，皆隱約呼應著宋詞的意境與氛圍。

承上述〈給智慧〉，葉珊敘述在滂沱雨水中：「一扇紅門飄著／飄著恐懼，飄著寂寞和憂鬱」〔註30〕；〈給時間〉，詩人形容時間的流逝，像是一位陌生者的腳步，「穿過紅漆的圓門，穿過細雨」。皆有意透過雨水搭配「紅門」意象，營造庭院閨中的神秘、憂悒氛圍。如〈次日〉出現「珠簾外的春光」、「香奩的病愁」等描繪〔註31〕；〈落在肩上的小花〉則顯明指出閨中婦女的愁思：「那牆內的人／正在簾裏梳頭，慵懶地／可是小病初癒？紅豔的羅帶／掉在地上，金釵也掉在地上」〔註32〕。從此些面向，可發現葉珊所援引的中國古典意象，多偏好於營造情愛思念的意境與表述。且這些意象多為歷代文人所大量取材、使用。意即，前述「蘆葦」、「梧桐」、「橋」、「細雨」、「柳絮」、「紅門」……等，未嘗不是中國文學作品裏普遍的、共通的，而非葉珊獨特擁有的。這代表，在文本的「互文性」詮釋上，可連結的前人作品無以計數，詮釋可能落為一無止盡的搜索過程。其一因素，在於這些「意象」有著源遠流長的書寫傳統。甚至在此龐大的傳統網絡裏，詮釋者會有無能追溯互文來源的狀況——「因為文化傳統的影響無處不在，有時並非是某一具體文本的引用、和互文關係」〔註33〕。

前述熱奈特（Gérard Genette）五種「跨文本性」，其一的「互文性」理論內容，已與茱麗亞‧克莉斯蒂娃（Julia Kristeva）和羅蘭‧巴特（Roland Barthes）以降，包含文本與文本背景社會、文化、歷史的「廣義互文性」不同。於熱奈特，「互文性」乃：「一文本在另一文本中的實際出現」〔註34〕，其意義被限定於嚴謹、狹窄的範圍內。「狹義互文性」的精神，便是在有限、可追溯源頭

〔註28〕唐圭璋編：《全宋詞》，頁 513。
〔註29〕南唐‧馮延巳：《重校陽春集馮正中年譜》，頁 3。
〔註30〕楊牧：《楊牧詩集 I》，第二卷《花季》，頁 160。
〔註31〕楊牧：《楊牧詩集 I》，第三卷《燈船》，頁 271～272。
〔註32〕楊牧：《楊牧詩集 I》，第三卷《燈船》，頁 290～291。
〔註33〕參考自程錫麟：〈互文性理論概述〉，《外國文學》第 1 期（1996 年），頁 77。
〔註34〕熱奈特（Gérard Genette）著，史忠義譯：《熱奈特論文選‧批評譯文選》（河南大學出版社，2009 年 2 月），頁 57。

的「原文本」與讀者此刻正在閱讀的「當前文本」〔註35〕間,能取得一個可操作、說明兩者「互文關係」的工具。然而葉珊時期的詩作,即此刻正接受閱讀的「當前文本」,我們可透過詩中的意象、語詞,隱約感知、尋索其與中國古典的關係,卻難以明說源頭的「原文本」究竟有哪些。每一意象、詞語的出處,最終皆導向另一與其相似的詩例,這種現象非熱奈特五種「跨文本性」類型可描述、解釋〔註36〕。再者,互文性的研究價值與精神,在於「原文本」進入「當前文本」後,產生何種變化與新意。李玉平云:

> 兩個文本之所以具有互文性關係,它們之間一定有某種相同之處,即相互指涉、相互映射的部分。但是,互文性的研究價值並不在於「同」,而在於「異」——「同中之異」。亦即,原文本的一部分進入當前文本,這一部分必須獲得不同於原文本的新的意義,這樣才有研究的價值。當原文本的一部分進入當前文本時,產生了哪些新的意義?這些意義與所進入文本其餘部分的意義形成了怎樣的對話關係?新的意義和對話關係是怎樣生成的?其中有無規律可循?這些問題才是互文性研究所關注的。〔註37〕

根據前述分析,楊牧於葉珊時期的前三本詩集,我們肯定詩人擷取中國古典意象的敏銳,用以表達年少私密的情愛和思緒。然而這些作品大多僅得古典傳統的語彙,還未真正踏入文化根本殿堂,與其辯證對話、觸及更深

〔註35〕關於有「互文關係」的二文本,該如何區別、稱呼,學者多有歧異。不過,目前普遍共識為:把被研究或被閱讀的具體文本叫做「文本」、「主文本」、「中心文本」或「當前文本」,把當前文本所徵引、召喚、暗示、仿效、改造、重寫的其他文本叫做「互文本」。上述參考自秦海鷹:〈互文性理論的緣起與流變〉,《外國文學評論》第3期(2004年),頁29。又,筆者為避免論述時混淆,再參考李玉平之說,將「互文本」統一稱作「原文本」;並交集秦海鷹與李玉平的說法,選用「當前文本」。

〔註36〕熱奈特的五種「跨文本性」類型分別為:「互文性」(intertextuality)、「副文本性」(paratextuality)、「元文本性」(metatextuality)、「承文本性」(hypertextuality)及「統文性」(architextuality)。作為狹義的互文性理論,熱奈特更多聚焦在可指涉、確切的文本和文本間的互文關係。實際上,楊牧早期的三本詩集,也有明確指涉古典的互文作品。例如:〈水之湄〉之於《詩經·蒹葭》;《花季》裏的〈招魂〉指涉《楚辭》、〈給憂鬱〉詩題之下引用歐陽脩〈秋聲賦〉、〈夢寐梧桐〉詩題之下引用張炎〈清平樂〉;《燈船》〈憂愁的風〉詩題之下引用杜甫詩句。上述六首顯明指涉古典的作品,將於後文論述。本節分析的葉珊詩作,為躍出「跨文本性」理論之外,然而在意象和詞語上,隱約呼應著古典語境的氛圍。

〔註37〕李玉平:《互文性:文學理論研究的新視野》,頁60。

層的生命情態省思〔註38〕。但詩人的藝術成就絕非一蹴而成，「葉珊」作為楊牧前身，標誌著詩藝追求的啟程、及一個時期的風格展演，仍值得論者關注。

第二節　楊牧的學術研究與創作實踐

1966 年，楊牧就讀柏克萊加州大學，入於陳世驤先生門下，跟隨陳氏研讀《詩經》、《楚辭》、《文心雕龍》及唐詩，且持續鑽研中世紀英國文學與古希臘文學。楊牧博士論文從比較文學的角度出發，分析《詩經》裏相異詩篇卻有若干相同、相似的套語使用狀況，從中分類、歸納不同的套語系統背後，隱含何種「主題化」之意涵，從而賦予「興」另一定義與觀察角度。這些論述見於《鐘與鼓：《詩經》的套語與詩歌口述傳統》。

除了上述《鐘與鼓》博士論文，楊牧陸續另有關於《詩經》的單篇論述。其中觀點新穎者，乃根據《詩經》裏有關周人的戰情記述，而賦予徐復觀所揭示的周朝「憂患意識」以新的闡釋觀點。

楊牧於東海大學時期，雖是外文系學生，依然浸淫於中國古典，毫無中、西文學的壁壘之分。他自大二選修徐復觀「中國哲學思想史」，其後陸續聽講「老莊」、「韓柳文」等課程。與徐復觀的交流對話，及對於徐氏學問的感佩、紀念，見於〈上徐復觀先生問文學書〉、〈回憶徐復觀先生〉等文。而楊牧初步體會「周人的憂患意識」，即在徐復觀思想史課堂。日後徐氏將課堂資料擴展改寫，於 1963 年付印出版《中國人性論史先秦篇》。楊牧曾在文章回憶，東海畢業後近二十年，此書他閱讀幾次，雖然未能窺見徐氏的學術堂奧，思想和精神仍深受影響〔註39〕。

〔註38〕筆者此一結論可呼應註解（1）之說明，亦有楊牧自剖為佐證。在 1970 年出版的第四本詩集《傳說》前記，詩人如是自述：「這將近五年的時間（意指《燈船》和《傳說》的出版間隔），在我寫詩的生涯裏說來，變遷很大，探索最廣，今日與昨日的衝突也最大。就我個人說來，我時時所最願意了悟的，難免也還是昨日的放逐，與今日的肯定。可是這個五年似乎見證了最稀罕的肯定，我幾乎沒有一刻能夠執著一種風格一種觀點一種技巧，總是在瞬息變化中不斷地駁斥，否決，摧毀──摧毀自己的過失。這在從『水之湄』到『花季』的時期發生過，在『花季』到『燈船』的時期也發生過，但都沒有這五年的經驗顯得那麼冷酷而徹底。」意即，楊牧前三本詩集仍有詩藝上的蛻變與嘗試。只是和《傳說》後的轉變相比較，便無明顯突出。

〔註39〕楊牧：〈回憶徐復觀先生〉，《掠影急流》，頁 69。

　　楊牧在〈周文史詩〉一文曾針對「憂患意識」進行闡發。他舉出《詩經》大雅裏的五首詩：〈生民〉、〈公劉〉、〈綿〉、〈皇矣〉、〈大明〉，顯然包含一部「史詩」構成特質。分別歌頌后稷、公劉、太王、文王、武王等開國立基的先公。楊牧提到這些詩不僅榮耀英雄人物，「也在提醒參加祭祀的人，要他們警覺在繁榮與成功中所難免產生的安逸和怠惰」；「警惕生於安逸的後起者，須小心避免驕橫自大」；「須知人生在世絕無完全避免橫逆之可能」〔註40〕——此即「憂患意識」之要義，為楊牧根據五首大雅詩篇，於徐復觀〔註41〕的立意之上再行補充。而「憂患意識」精神若進一步闡釋，可見武王伐紂之舉，於〈大明〉篇中竟無一處直接描繪征戰場面。可知對周朝領導人、抑或後代記述的詩人來說，軍事上的光彩並不值得鼓舞，重點乃征伐結束之後，領導人能以前朝暴政覆滅為借鑑，建立新的秩序。〈論一種英雄主義〉，楊牧亦提到中國的英雄形象乃抑武揚文：「武功的誇示從來就不如文治的宣揚重要。就武王替天行道討伐商紂來說，儒家認為這項聲討一直到偃干戈制禮樂才算完成」〔註42〕。是故《詩經》中的戰爭詩有意略去戰情描繪，將尚武精神自英雄形象中割除。〈古者出師〉也提及：「中國古代詩人最關心的是祥和寧靜的生活方式……，對百神象徵和先人教誨的肅敬」〔註43〕。這些皆可視為憂患意識內涵的延伸。

　　而上述內涵具體實踐於個人創作，可見楊牧 1968 年 11 月所作〈武宿夜

〔註40〕楊牧：《隱喻與實現》，頁 294。
〔註41〕徐復觀「周人的憂患意識」，旨要為：周人雖仍承續殷商原始宗教系統，但在周人的領導人物中，卻有了一種新精神——「憂患意識」之躍動。蓋原始宗教信仰裏，人在自然中感知自我渺小，而生發「恐怖」、「絕望」之情。在這樣的氛圍裏，常人乃解消自身主體性，服膺於自然神——「天命」之前。然而在憂患意識的萌發之下，人漸由自然神轉向省思自身行為與精神狀態，體現在周初「敬」、「敬德」、「明德」等觀念。依徐復觀語，「敬」是自覺反省的心理狀態、「敬德」是行為的認真、「明德」是行為的明智。此照察、指導自己的行為，對自己的行為負責，正是中國人文精神最早的出現。而經過人文精神的轉化，常人對原始宗教的態度，亦從自然神幽暗、神秘的氣氛中擺脫。「天命」可以透過省思自我行為，而加以把握。對周人的領導人物來說，對「天命」的「敬畏」，開始擴及作為政治對象之人民，人民的意向即是天命的意向——「上帝不是為了事奉自己而選擇政治的領導人，乃是為了人民而選擇可以為人民作主的人」。引自徐復觀：《中國人性論史》（臺北：臺灣商務印書館，1988 年 11 月），頁 28～29。
〔註42〕楊牧：《失去的樂土》，頁 255。
〔註43〕楊牧：《隱喻與實現》，頁 243。

組曲〉。據詩人〈武宿夜前後〉〔註44〕一文自述，此詩為當初就讀博士班學期間，從事《尚書・武成》的古典訓詁研究之際，所延伸完成的作品：

1
一月戊午，師渡於孟津

2
只聽到雪原的鐘鼓
不停地喧噪，而我們
已經受了傷
樹也受了傷，為征伐者取暖。惟有
征伐自身不惋惜待涉的河流
兵分七路
這正是新月游落初雪天之際
我們傾聽赴陣的豐鎬戰士
那麼懦弱地哭泣
遺言分別繡在衣領上，終究還是
沒有名姓的死者——
孀寡棄婦藝麻如之何？當春天
看到領兵者在宗廟裡祝祭
宣言一朝代在血泊裡
顫巍巍地不好意思地立起

3
莫為雄辯的睡意感到慚愧
慚愧疲勞在渡頭等你
等你沉默地上船蒼白地落水
落水為西土定義一名全新孀婦
孀婦莫為凱歸的隊伍釀酒織布〔註45〕

楊牧首節選取〈武成〉後半「既戊午，師逾孟津」，以武王伐紂，軍隊渡過孟津為此詩開頭。「一月戊午，師渡於孟津」，簡短一句背景交代，無多餘征戰場景的描繪，遙相呼應前述《詩經》中的戰爭詩，皆有意略去戰情的刻畫。第

〔註44〕楊牧：《人文蹤跡》，頁17～32。
〔註45〕楊牧：《楊牧詩集I》，頁375～376。

二節起始亦以省筆敘述,「雪原鍾鼓」不停喧噪,暗示兩軍交戰的緊湊。緊接明筆描述作為戰士的「我們」已經受了傷、樹也受了傷,可知戰亂之下,生民萬物皆不能倖免於禍害。值得注意的是,樹受了傷,依舊「為征伐者取暖」的形象,頗有自然之母無私包容、奉獻的意味。亦揭示戰場之上,唯有同樣身受殘酷處境的彼此,才有可能同情、理解彼此的苦痛。下句:「惟有/征伐自身不惋惜待涉的河流/兵分七路」頗有「後設」意味。即使赴陣受傷的豐鎬戰士「那麼懦弱地哭泣」,無能、也不願再戰,然而戰爭從來不是單一個人可以抉擇、改變的事件。當跳脫個人,凝視這超越、抽象的「殺伐」本身,其彷彿宿命,注定邁向毀滅,而從不惋惜、憐憫宿命壟罩下的個人,那些「遺言分別繡在衣領上,終究還是/沒有名姓的死者」。

在敘事視角上,可發現第二節的「我們」,由豐鎬戰士轉移至旁觀的「我們」;場景亦由戰場轉移至戰士故鄉,聚焦孀婦在失去丈夫之後,自力營生種麻的情景。緊接寫到領兵的周武王祭祀於宗廟,「宣言一朝代在血泊裡/顫巍巍地不好意思地立起」,此處「不好意思」甚是精妙,扭轉本該光彩鼓舞的戰功,與「血泊」呼應,頗有諷刺張力。詩人所欲表達的反戰意識,亦在此獲得最大彰顯。

析理至此,我們已可用熱奈特(Gérard Genette)五種「跨文本性」〔註46〕的文本關係,進一步考察〈武宿夜組曲〉。首先需作說明,熱奈特的五種跨文本性類型,彼此之間可單獨成立、分別來看,譬如「當前文本」與「原文本」間可以僅有「互文性」的「引語」共在關係,而並無其餘四類關係;但更多時候,由於「當前文本」和「原文本」關聯密切,就可能同時擁有複合的跨文本關係。就〈武宿夜組曲〉來看,至少隱含了「互文性」的「引語」共在關係,以及「承文本性」的「派生」關係。

熱奈特的狹義「互文性」(intertextuality)定義乃「原文本」在「當前文本」中的實際出現,最明顯的手法,即傳統的「引語」應用(無論是帶引號、注明或不注明具體出處)。在〈武宿夜組曲〉中有兩處,「一月戊午,師渡於孟津」,明顯出自《尚書·武成》:「既戊午,師逾孟津」。此處彰顯「引語」的基本效果,它將讀者的閱讀視野帶往「原文本」《尚書·武成》,並透過〈武成〉

〔註46〕五種關係分別為「互文性」(intertextuality)、「副文本性」(paratextuality)、「元文本性」(metatextuality)、「承文本性」(hypertextuality)、「統文性」(architextuality)。

連結武王發紂的爭戰過程，於是此刻的「當前文本」便復現了這一歷史場域。然而並非所有引語皆能將「原文本」的場域完整帶回「當前文本」。細看〈武宿夜組曲〉的第二處引語：「孀寡棄婦蓺麻如之何？」出自《齊風·南山》篇第三章：「蓺麻如之何？衡從其畝」〔註47〕。白話之意即：「該如何種麻？先將田畝土壤縱橫治理」。然而據《鄭箋》，此詩乃譏刺齊襄公與妹文姜淫邪亂倫之事〔註48〕。「蓺麻如之何？衡從其畝」，是為了帶出「取妻如之何？必告父母。既曰告止，曷又鞠止？」〔註49〕此責問齊襄公為何仍要糾纏已婚的文姜。回到「當前文本」，〈武宿夜組曲〉中的「蓺麻如之何？」並無帶有「原文本」譏刺兄妹亂倫的隱喻，此處「引語」僅留下「該如何種麻」的表層字面意義，將其連結孀婦、棄婦面對喪夫後，獨力營生的刻苦與惶惑，這是引語意義的全新轉化。雖說跨文本性理論講求原文本的一部分進入當前文本時，產生哪些新的意涵，但亦講求「當前文本」與「原文本」有何連結、對話的關係。楊牧此處「蓺麻如之何」有了新的語境轉化，但實也失去和「原文本」的連結關係。若從批評角度視之，並非是良好的「引語」創作運用。

〈武宿夜組曲〉的另一「跨文本性」，為「承文本性」（hypertextuality）的「派生」關係。何為「承文本性」？若前述「互文性」是「原文本」在「當前文本」中的實際出現，是屬於「共存」的關係；則「承文本性」便是作為後出的 B 文本（當前文本），並不切實出現 A 文本（原文本）的元素。據法國學者薩莫瓦約（Tiphaine Samovault）之語：

> 熱奈特的確分清了過去被混淆的兩種關係，把它們各自劃歸互文性和承文本性，他的理由是，前者指兩篇文本的共存（甲文和乙文同時出現在乙文中），而後者指一篇文本的派生（乙文從甲文派生出來，但甲文並不切實出現在乙文中）。〔註50〕

首先，「互文性」與「承文本性」的基本分別，在於「當前文本」中是否存有「原文本」的「引語」。然而這並非絕對的判別標準，在「承文本性」裏，「當前文本」仍可保留少量引用。熱奈特對此補充：「承文本避免引用過多，卻絕

〔註47〕裴普賢編著：《詩經評註讀本》（上）（臺北：三民書局，1983年1月初版），頁362。

〔註48〕裴普賢編著：《詩經評註讀本》（上），頁362。

〔註49〕裴普賢編著：《詩經評註讀本》（上），頁362。

〔註50〕（法）蒂費納·薩莫瓦約（Tiphaine Samovault）著，邵煒譯：《互文性研究》，頁20。

非完全不用引語」〔註51〕。是故：當「承文本性」關係的文本中同時擁有「引語」，則它亦同時具有「狹義互文性」的「引語共在」關係；反之，具有「共在」關係，則不一定含有「承文本性」。熱奈特進一步說明，「承文本性」包含「原文本」的刪節、擴寫、改編、甚至是翻譯，而形成「派生」後的「當前文本」〔註52〕；這種「派生關係」隱含對「原文本」深入精髓、神韻的「摹仿」，此摹仿並非單純的抄襲。他並舉出喬伊斯的《尤利西斯》，便是對《奧德賽》深入的摹仿、改造，將《奧德賽》的情節搬到 20 世紀的都柏林〔註53〕。但值得注意的是，熱奈特雖試圖定義「承文本性」的「派生關係」，然而不免遺留些許模糊地帶。其後另有學者加以闡釋，巴赫金（Bakhtin）指出「摹仿」是對「原文本」的文體或藝術風格——舉凡作者的觀察、思考、語言使用風格、語言深處的組織原則——的深入吸收、轉化〔註54〕。法國學者讓·米利（Jean Milly）亦指出：

> 仿作者從被模仿對象處提煉出後者的手法結構，然後加以詮釋，並利用新的參照，根據自己所要給讀者產生的效果，重新忠實地構造這一結構。〔註55〕

在經過巴赫金與讓·米利的進一步補充後，「承文本性」的「派生」關係，已有些清楚的特徵可供掌握。巴赫金提到「語言使用風格」、「語言深處的組織原則」；讓·米利提出「手法結構」。兩者合觀，可知「派生」關係著重點，應在於對原文本的「敘事結構」、「語言和章法安排」等深入的理解、提煉、與轉化。

　　回頭觀覽〈武宿夜組曲〉，除了「互文性」的「引語共在」，亦隱含「承文本性」的「派生」關係。第二章中段，可看到時序由「這正是新月游落初雪天之際」，推移至「當春天／看到領兵者在宗廟裏祝祭」，這段時間線並非是無來由的設計。對比《尚書·武成》的開頭：「惟一月壬辰，旁死魄，越翼日癸巳，王朝步自周，于征伐商。厥四月，哉生明，王來自商，至于豐。乃偃武修

〔註51〕熱奈特（Gérard Genette）著，史忠義譯：《熱奈特論文選·批評譯文選》，頁64。

〔註52〕王瑾：《互文性》（桂林：廣西師範大學出版社，2005 年 12 月），頁 118。

〔註53〕熱奈特（Gérard Genette）著，史忠義譯：《熱奈特論文選·批評譯文選》，頁61～62。

〔註54〕王瑾：《互文性》，頁 118～119。

〔註55〕轉引自（法）蒂費納·薩莫瓦約（Tiphaine Samovault）著，邵煒譯：《互文性研究》，頁 47。

文，……」〔註56〕明確點出武王伐紂的啟程為「一月壬辰」，正值冬日，「旁死魄」，意即初二新月黯淡無光；中間征戰歷時三個月，回程為「厥四月」，正是春日之時，而後武王「丁未，祀于周廟」。承上述，可知楊牧此詩的敘事結構，正是派生自〈武成〉紀錄的時間線。

又，第三章描繪孀婦面對歸來兵士所持的態度：「莫為凱歸的隊伍釀酒織布」，「凱歸」一詞正切中此詩的「反戰意識」。原來孀婦並非無情於委頓、疲倦的士兵；孀婦所抗議、不願為其釀酒織布之人，是那些仍視戰爭勝利為榮耀的「凱歸」隊伍，其中的判別昭然若揭。此處還可詮釋為：歸來的行伍中並無婦人思念的親人，她僅盼得「孀婦」的身分；她無人可以關懷、付出，為其「釀酒織布」。此亦烘托出戰爭的殘酷與禍害。

最後一提：前述說到就武王伐紂此事，需到偃干戈、制定禮樂才算完成。楊牧也提到，《詩經》中歌頌戰事告終的頌詩，都隱含一強烈的企望。即是建造新秩序，施行天下以大德。具體以「禮樂」及「農稼」的方式彰顯，比方《周頌・時邁》、《周頌・思文》，皆顯明提倡戰後的農事耕作〔註57〕。《尚書・武成》裏亦記載武王「偃武修文」、「重民五教，惟食喪祭。惇信明義，崇德報功。垂拱而天下治」〔註58〕等建立新秩序之體現。楊牧〈武宿夜組曲〉實也承繼、隱含征戰的「終結儀式」——若無孀婦「釀酒織布」此一代表「農稼」的寓意，則伐紂起義不算結束、此詩也不算完成。楊牧深入《詩經》與《尚書・武成》的章法結構，予以重現，這是另一處承文本性的「派生」關係。

但饒富意味的是，在楊牧此詩語境，「孀婦」聲音的出現，揭示了死生離別的殘酷。而代表征戰「終結儀式」的「農稼行為」——即「釀酒織布」，自孀婦角度觀之，便失去了意義。最後的農稼儀式失去意義，使得「戰後新秩序」的開啟蒙上一層陰影。在統治者看來，建立新秩序有其迫切性；然而，戰爭的傷痛果真能迅速復原？自失去親人的平民角度思考，似乎並非如此。上述可視為楊牧在原文本結構上的更進一步思索、轉化。〈武宿夜組曲〉體現楊牧對師承學術的發揚，此詩書寫動機起於《尚書・武成》的學期論文計畫，然而內容卻是深深遙迄陳世驤《詩經》學，與徐復觀「周人的憂患意識」。

〔註56〕屈萬里：《尚書集釋》（臺北：聯經出版社，1983 年 2 月初版），頁 321。
〔註57〕楊牧：〈論一種英雄主義〉，《失去的樂土》，頁 257。
〔註58〕屈萬里：《尚書集釋》，頁 322。

第三節　古典愛情母題的轉化與再造

上一節，我們觀覽楊牧如何透過學術真理的掌握，結合詩歌章法與哲學思想，賦予古典文本《尚書・武成》新的現代闡釋面貌。此節續論楊牧詩與《詩經》的跨文本關係，探討詩人如何藉由《詩經》文句或章法，抒發個人情志。

《詩經》的《雅》、《頌》分別為朝廷讌饗之樂，以及統治者述祖德、祭鬼神之樂章。最能表現先民哀樂生活情緒，當屬《風》。其中歌詠男女質樸戀情，或起於戰亂的征夫思婦之怨，三千年來不僅做為中國文學創作的典型範式，更是超越時空限制，為人類普遍的同情共感。既然是普遍共感，楊牧又如何進行轉化，創造出別於古典的現代語境？

首先觀覽楊牧於葉珊時期的〈水之湄〉，依詩題，可知與〈蒹葭〉：「所謂伊人，在水之湄」，有著互文關係。依照熱奈特理論，正切合跨文本性中的第二類：「副文本性」（paratextuality）。所謂副文本性，即是組成文學作品中「正文」的部分，和只能稱作是它「副文本」（類文本）之間的關係。副文本包含：標題、副標題、作者的題獻、題記、序言、後記等。而根據熱奈特所述，副文本性的功能為「要確保文本命運與作者目的的一致」〔註59〕。意即，副文本是作者留給讀者的線索，確保文本本意在閱讀過程裏，能確切為讀者領略、掌握，不至於被誤解。

〈水之湄〉〔註60〕開頭自敘：「我已在這兒坐了四個下午了／沒有人打這兒走過──別談足音了」，說明詩人已在水岸邊等待多日，然而意中人卻還未到來。對於懷抱豐沛情意的人來說，每分每秒的等待過程，皆是難以面對的煎熬。「鳳尾草從我褲下長到肩頭了／　　不為甚麼地掩住我」，此處鳳尾草的生長代表時間的推移，然而鳳尾草不可能短期內長至人的肩頭──可知在詩人內心的圖像時空裏，時間極其漫長，思念過於惱人，「一日不見，如三歲兮」般。另外，楊牧此處有一巧心設計，「不為什麼地掩住我」與前一行相比低了二格，在直排印刷上，營造出人被鳳尾草掩蓋的視覺效果，也加深無人聞問的寂寞形象。

第三章，詩人描述蒲公英的花粉飄到斗笠上，接著寫道：「我的斗笠能給你甚麼啊／我的臥姿之影能給你甚麼啊」，呈現等待過程中，詩人除了深感落寞，實也藉機反省自身，究竟具備哪些條件與能力，可為意中人「你」帶來美

〔註59〕李玉平：《互文性──文學理論研究的新視野》，頁42。
〔註60〕楊牧：《楊牧詩集I》，第一卷《水之湄》，頁39～40。

好願景。然而「斗笠」暗喻所擁有的物質條件過低；「臥姿之影」則隱含詩人心之所嚮，非物質層面的滿足，更可能是精神上對於美、對於藝術的追求。但「能給你什麼啊」的自我懷疑語氣，直指這些廉價的物品與價值觀，似乎不足以吸引意中人，以及撐持一段未來的戀情。最後一章，在四個下午的寂寞等待後，似乎唯一準時赴約的，僅有身旁川流不息的河水，「四個下午的水聲比做四個下午的足音吧」，應指此義。然而終究非是意中人的到來，淙淙水聲再如何清幽，此刻皆嫌刺耳、惱人，都是些「急躁的少女」無止盡的爭執。末句「哪！誰也不能來」，則是詩人等待落空，難掩惱羞，拒斥外在，乃失望之情的直截表露。

　　〈水之湄〉與〈蒹葭〉有著詞語上的互文關係，但我們可發現，楊牧不僅只承繼〈蒹葭〉愛情母題，其中更有轉化的企圖。〈蒹葭〉敘述追尋意中人而不可得之悁悵，全詩三章，形式上為典型的迴還複沓。然而女子「在水一方」、「在水之湄」、「在水之涘」，細觀之，場景依舊有動態的轉換。對比〈水之湄〉，詩人「我」皆處在河岸邊，並無變動；〈蒹葭〉「伊人」的性別未明確指涉，楊牧則顯明交代；再者最大不同，〈蒹葭〉裏的思慕之人採取主動追尋的態度，而〈水之湄〉一反古典情境，描繪等待者處於被動的心理獨白。從這些場景和敘事角度的切換、易位，可觀察楊牧轉化古典文本的過程。

　　距〈水之湄〉完成後二十年，1978 年楊牧以《詩經》〈南陔〉〔註61〕完成同題詩作。謝旺霖說此詩乃楊牧表露自身「對古典的鍾情，理想的嚮往」〔註62〕。他提到所謂「一個古典學術的追求者不在乎／身外的事務，」畢竟是「偽裝」的姿態，因為詩人理想的古典學術絕非閉門造車。謝旺霖指出詩中所引張衡的〈四愁詩〉，以及對但丁的推崇，皆顯示楊牧企圖匯集、追求中西方人文傳統精神中，包含德行、言語、政事為一體的文學典範價值〔註63〕。陳義芝則從楊牧結識夏盈盈的經歷，認為此作品是「戀愛中詩人的自我揭密」〔註64〕。詩中「我」即楊牧自陳，「你」則為夏盈盈。這時二人各據天涯南北，而她所處的南方：「或許是黃薔薇大草原的中央」，或許是「海岸寬闊的三角洲」，陳義芝指出：「草原或海洲未必為空間實景，應是內心圖像，也無妨連結女體

〔註61〕楊牧：《楊牧詩集II》，頁 200～202。
〔註62〕謝旺霖：《論楊牧的「浪漫」與「台灣性」》，頁 77。
〔註63〕謝旺霖：《論楊牧的「浪漫」與「台灣性」》，頁 78。
〔註64〕陳義芝：〈住在一千個世界上──楊牧詩與中國古典〉，《風格的誕生──現代詩人專題論稿》，頁 139。

遐思」〔註 65〕。上述分析，無論是文學理想的追求，或是個人私密情愛的揭露，皆展現楊牧詩藝與思想上的多面性。

　　此詩與〈南陔〉同題共作，亦屬互文現象。然原詩有目無辭，若由詩題進一步論述互文關係，將相對薄弱。《詩經·小雅·南陔序》曰：「〈南陔〉，孝子相戒以養也」〔註 66〕，暗指原辭應和孝子思歸養親之意相關。然而既有目無辭，無妨現代詩人各領才情，各自陳述。楊牧取南陔「南方高地」的字面義而展開自剖，雖承襲愛情母題，仍有經過轉化後的現代語境，例如第二章：

> 我對著滿院子的綠草讀書
>
> 努力偽裝我究竟並不在想
>
> 陽光照亮一朵顫抖的蒲公英
>
> 我將保持我冷靜從容的態度
>
> 一個古典學術的追求者不在乎
>
> 身外的事務，聽任綠草越長
>
> 越長，在窗外陪伴我默默讀書〔註 67〕

「偽裝」、「冷靜從容」、「不在乎」，為詩人一再強調、描繪的自身形象。然而外在景致卻是：「陽光照亮一朵顫抖的蒲公英」，「陽光」何嘗不是暗喻美好溫暖的戀情，「顫抖的蒲公英」則應是詩人內心情感的投影與波動。這是象徵化的現代技法，將詩人內與外、多情與冷酷的矛盾對比，明確彰顯。尤其此章倒數三行，詩人自述不在乎身外的事務，然而他還是注意到了窗外綠草「越長／越長」〔註 68〕。綠草具象化了時間的緩慢推移，更暗指詩人冷靜外表下，實則雜亂、叢生的思緒，亦是另一處的內、外映照。

　　第三章有兩處熱奈特所定義的「引語共在」關係。首先詩人提到張衡的〈四愁詩〉〔註 69〕，緊接下一行，則引自但丁十四行詩〈新生〉的義大利

〔註 65〕陳義芝：〈住在一千個世界上——楊牧詩與中國古典〉，《風格的誕生——現代詩人專題論稿》，頁 139～140。

〔註 66〕漢·鄭玄箋，唐·孔穎達疏：《毛詩正義》（臺北：新文豐出版公司，1977 年），頁 342。

〔註 67〕楊牧：《楊牧詩集 II》，頁 200～201。

〔註 68〕關於「長」字讀音，筆者認為有兩種。其一是兩字皆讀為「彳ㄤˊ」，僅形容綠草的生長變化；筆者傾向另一種：第一作「ㄓㄤˇ」，表動詞生長之義。第二字讀為「彳ㄤˊ」，表副詞修飾前面動詞。採取後一種相異音讀，為了強調綠草生長的「動態感」。

〔註 69〕張衡〈四愁詩〉共四章，每章七句，開頭皆以「我所思兮……」起始：「我所

原文〔註 70〕。引語強調進入當前文本後，產生何種新意或詩藝上的效果。首先，「引語」的使用如同「嫁接」，使得當前文本的完整性出現缺口。由此而生的效果，便是造成讀者閱讀時的中斷。中斷可能帶來文本意義理解上的斷裂，然而此處兩則引語，其本意皆與情愛表述相關，與此詩內容相呼應。是故閱讀的停頓、經過讀者反覆琢磨引語意義，反而加深引語和當前文本間的連結，豐富了此詩內蘊。再者，引語的使用對作者而言，可「藉前人之口，抒發己意」，這種形式產生一種婉曲的效果。前文提到楊牧於詩中的形象，為內與外、多情與冷酷的矛盾對比。而外在既是「冷靜從容」，透過引語表露自身情感，同時將自我隱藏在引語之後，這亦是內在與外在的相互掩映。

最後，若從結構章法切入，亦可發現楊牧呼應古典文本的巧思。首章詩人說意中人「你」去到了南方，在無法想像的地方定居，「或許是黃薔薇大草原的中央」，或許「在海岸寬廣的三角洲」。此不知身於何方的飄忽感，亦在末章加強描繪。「你」所去到的不可能確定的地方，「像午夜驚醒的／十字星，掩藏在夢的後面／憂慮的前面，在春天滿滿的／綠草叢，在一首逸詩」〔註71〕，「你」處於夢、憂慮、綠草叢、逸詩這些虛實相映的所在，縹緲難尋。正如〈蒹葭〉伊人「在水一方」、「宛在水中央」；「在水之湄」、「宛在水中坻」；「在水之涘」、「宛在水中沚」的朦朧閃爍。亦如張衡〈四愁詩〉自東、南、西、北四方位出發，言所思之人在「太山」、「桂林」、「漢陽」、「雁門」，難以捉摸親近。上述章法透過迴還複沓的形式，帶出意中人所處「空間」的轉移、變動，營造迷離、難以企及的氛圍。這是楊牧此詩呼應前人章法結構，為「承文本性」的派生關係。

楊牧透過《詩經》，除了表述對文學理想的追求與情愛的嚮往，亦藉由轉化古典情境，省視家鄉花蓮與自身的情感關係。例如寫於 1984 年的〈俯視〉〔註72〕，副標為「立霧溪一九八三」。曾珍珍說此詩「是一首纏綿激越的情詩」，

　　　　思兮在太山，欲往從之梁父艱，側身東望淚沾翰。……我所思兮在桂林，欲往從之湘水深，側身南望涕沾襟。……我所思兮在漢陽，欲往從之隴阪長，側身西望涕沾裳。……我所思兮在雁門，欲往從之雪雰雰，側身北望涕沾巾。……」。

〔註70〕但丁原文為："Tutti li miei penser parlan d'Amore"。楊牧將其譯為：「我所有的思維都訴說著愛」。引自：鄭樹森編：《世界文學大師選》（臺北：洪範出版社，1999 年 1 月初版），頁 25。

〔註71〕楊牧：《楊牧詩集 II》，頁 202。

〔註72〕楊牧：《楊牧詩集 II》，頁 406～410。

特別之處，在於詩人「這些模山範水的詩句所形塑的其實是一具『伊人』——立霧溪女神——的身體」〔註73〕，這是打破物、我間的隔閡，透過詩人有情之眼的觀察，家鄉山水從而融入了「情人」的內蘊。曾珍珍亦指出，「立霧溪河谷」與「女陰」連結的象徵手法，更可能源自楊牧博士論文撰寫期間，研究《詩經》套語所獲得之啟發〔註74〕。這是詩人結合研究，體現於創作的另一明證。

　　1996年的〈仰望〉〔註75〕，副標為「木瓜山一九九五」，為楊牧受聘於東華大學，回返花蓮所作。與〈俯視〉呼應，皆以有情之眼，賦予景緻人格化的情人形象。此詩有兩處熱奈特跨文本性的「引語共在」關係，其一，楊牧將《詩經》：「髧彼兩髦，實維我特」〔註76〕入詩，原句出自《鄘風·柏舟》。〈柏舟〉講述少女反抗母命，追求婚姻自主。而女子「實維我特」、所心愛之人，便是那「髧彼兩髦」、頭髮垂於兩側的年輕小夥子。楊牧此處引語承繼原文裏，女子對於情愛的堅貞。值得注意的是，若〈俯視〉為詩人以男性視角，向下俯瞰「女體」立霧溪；〈仰望〉則是詩人轉換為女性視角，向上仰看男性人格化的木瓜山。除了山的高聳之形與男性性徵本可呼應之外，此詩開頭，楊牧亦以「少年氣象」形容木瓜山山勢之犀利、陡峭；說山的林相：「兩個鬢角齊線自重疊的林表／頡頏垂下，蔥蘢，茂盛」〔註77〕，呼應〈柏舟〉中的男子形象；再者，詩人自述由於畏懼山之高，不能前往。而他想像中的山林深處為：

　　想像露水凝聚如熄滅的燈籠

　　鳥喙，熊爪，山豬獠牙，雷霆

　　和閃電以虛以實的聲色，曾經

〔註73〕曾珍珍：〈從神話構思到歷史銘刻：讀楊牧以現代陳黎以後現代詩筆書寫立霧溪〉，《城鄉想像與地誌書寫：第二屆花蓮文學研討會論文集》（花蓮：花蓮縣文化局，2000年），頁35。

〔註74〕曾珍珍指出：「太魯閣屬山谷地形，楊牧在由其博士論文改寫出版的《鐘鼓集》（The Bell and the Drum）中，曾解析詩經中以『谷』作為起興所指涉的原型象徵意涵，他摘引老子《道德經》中的名句：『谷神不死，是謂玄牝。玄牝之門，是為天地根。若存，用之不勤』為例，讓谷作為女陰的象徵昭然若揭，多年後寫立霧溪谷而有此影射是極其自然的。」曾珍珍：〈從神話構思到歷史銘刻：讀楊牧以現代陳黎以後現代詩筆書寫立霧溪〉，《城鄉想像與地誌書寫：第二屆花蓮文學研討會論文集》，頁35～36。

〔註75〕楊牧：《楊牧詩集III》，頁224～227。

〔註76〕裴普賢編著：《詩經評註讀本》（上），頁173。

〔註77〕楊牧：《楊牧詩集III》，頁225。

　　在我異域的睡夢中適時切入——

　　多情的靂——將我驚醒，聽

　　細雪落上枯葉，臺階，池塘〔註78〕

「鳥喙」、「熊爪」、「山豬獠牙」，這些剛硬、兇猛的動物部位，可連結男性的陽具性徵；而雷霆、閃電「切入」「我」的睡夢之中，亦暗示交歡場景。這些皆印證詩人易位、自女性視角出發，看待男性人格化的木瓜山。

　　另一例證，亦是此詩第二處的引語共在關係：

　　縱使我躊躇不能前往

　　你何嘗，寧不肯來，準確的心跳

　　脈搏？〔註79〕

與前述相較，楊牧此處引語較為隱晦，為《鄭風·子衿》的化用、擴寫。原文：「縱我不往，子寧不來？」〔註80〕描繪女子的渴切思念，希冀愛人能盡快來到身邊。楊牧此處化用，乃呼應此詩前文：「然則高處或許是多風，多情況的／縱使我猶豫畏懼，不能前往」，盼望木瓜山能回應自我多情的嚮往。

　　若跳脫熱奈特「跨文本性」類型所能界定、解釋的範圍，我們仍可從其餘詩作，發現楊牧受《詩經》體式影響的影子。例如寫於 1971 年 1 月的〈夜歌之二：雪融〉〔註81〕，其中所呈顯的章法格律，詩人自陳與夙夜抄寫《詩經》，寫作思維因而受初民聲籟之影響，未始無關〔註82〕。而筆者認為，幾乎與之同期、作於 1970 年歲末的〈夜歌之一：如何抵抗樹影〉，應也受《詩經》抄寫之影響，在音律上有著若干呼應。詩中大量「ㄥ」、「ㄢ」、「ㄤ」、「ㄣ」的陽聲韻尾，若透過朗誦，聲音在鼻腔共鳴，可進而產生延長、宏亮的效果。使詩意獲得進一步的拓展：

　　如此你便也已經

　　驅逐了他們。若是他們甚且

　　湧進了你的屋

　　且以昔年的風雨

　　威迫一張床，不如饗他們以新釀

〔註78〕楊牧：《楊牧詩集 III》，頁 226。

〔註79〕楊牧：《楊牧詩集 III》，頁 226～227。

〔註80〕裴普賢編著：《詩經評註讀本》（上），頁 334。

〔註81〕楊牧：《楊牧詩集 I》，頁 479～482。

〔註82〕楊牧：《楊牧詩集 I》，〈瓶中稿後記〉，頁 622。

或篆煙——據說入侵的樹影

最怕的還是酒和先秦〔註83〕

楊牧云此詩為「雪屋幽夢之作」〔註84〕，此處「他們」即指冬日雪中的「樹影」。詩中描繪樹影佔領窗前、步步進逼，甚至已湧進屋內，可釋為冷冬嚴寒侵襲的具象化。而「新釀」呼應末句「酒」；「篆煙」呼應「先秦」，亦能指涉先秦的典籍或文學。詩人寫道：「據說入侵的樹影／最怕的還是酒和先秦」，暗指對抗嚴寒的方式，應是飲酒取暖，以及投入典籍的研究——此處當指《詩經》。結合前述陽聲韻尾所造成的「宏亮」音律效果，也為「詩人」與「樹影」間的對抗，增添交鋒上的震撼、動盪感。

本節詩作析理至此，可觀覽楊牧如何賦予古典文本《詩經》以新的現代面貌，藉此在作品中開啟互文性的連結與對話關係，厚實創作的內蘊。

第四節 「招魂」的現代意義啟示

除了《詩經》，先秦文學中的《楚辭》，亦是楊牧於東海求學期間，即接觸的古典文本。然而據他自述，就讀博士班、受業於陳世驤先生的時期，才是他較有系統地自比較文學的角度，深入研究《楚辭》〔註85〕。我們可發現

〔註83〕楊牧：《楊牧詩集I》，〈瓶中稿後記〉，頁557。

〔註84〕楊牧：《楊牧詩集I》，〈瓶中稿後記〉，頁622。

〔註85〕楊照採訪，王妙如記錄整理：〈一位詩人的完成——專訪楊牧〉，《中國時報》第37版（1999年12月18日至23日）。另外，1968年，楊牧就讀博士班期間，發表了〈衣飾與追求〉與〈說鳥〉兩篇文章。前者將屈原《離騷》與史賓塞（Edmund Spenser）的《仙后》對比，指出「衣飾」此外在附加品，和一個人的內在精神是息息相關的。故屈原穿戴香草，象徵保有、增進人臣所應具的各種美德；《仙后》中的亞瑟王保護他身旁各自代表某一美德的武士，亦等於是保護他自己身上的披掛和點綴品。而這兩部作品亦有可相對應的核心動機，《離騷》求女意象，強調人臣對君王的責任和義務，然而也可自另一角度觀之，它是愛情和政治交織的文學；亞瑟王的冒險，是為了追求仙后格羅瑞安娜，動機是促成男女的結合。〈說鳥〉則是討論屈原和史賓塞，皆在各自作品的求愛場景裏，使用「斑鳩」作為愛情的媒介意象。只是兩部作品迎來不同結局：史賓塞的詩中人物求愛成功，屈原卻失敗。原因之一，為屈原拒絕斑鳩的鼓吹，卻選擇兇猛的蛇鷹——「鷙」作為他的鳥媒。楊牧在此有一精闢注解：「屈原選定了鷙，拒斥了鳩，或許因為世人皆樂鳩而惡鷙，使他自比為遭嫉的蛇鷹。他的命運幾乎和鳩相似，國人皆曰可殺，他是社會的毒鳥，眾人皆醉惟他獨醒，……他寧為不群的鷹，為社會所誤解，不願為佻巧的斑鳩，取寵於天下。」上述兩篇文章收錄於楊牧：《失去的樂土》，頁225～242；

楊牧此時詩作，隱約含有《楚辭》奇異幻想的元素。例如寫於 1969 年〈第二次的空門〉〔註 86〕，詩人自第一人稱角度，敘述「我」與鬼魅相戀、進而為其行兇、逃亡的過程。與前述〈武宿夜組曲〉相比，同有戲劇獨白體的敘述特色。其中描繪主角逃亡時：「據說我曾為你提刀行兇／料想那必是出關以前的事了／而我已淡忘……只依稀記得／逃亡時是浮雲送我到了隘口／告辭後還赧紅了面孔兀自坐在山頭」，此藉由浮雲行動的意象，與《九歌·大司命》：「廣開兮天門，紛吾乘兮玄雲」〔註 87〕；《九歌·少司命》：「入不言兮出不辭，乘回風兮載雲旗」〔註 88〕；以及〈遠遊〉中：「載營魄而登霞兮，掩浮雲而上征」〔註 89〕，皆有呼應之處。

　　若以熱奈特五種「跨文本性」類型檢視，楊牧寫於 1962 年東海大學時期的〈招魂〉〔註 90〕，正切合跨文本性中的「副文本性」（paratextuality）〔註 91〕。細觀〈招魂〉，可發現詩裏許多中國古典意象的鋪排：「孤雁」、「古渡的吹簫人」、「紙錢」、「殘碑廢塔」、「墓穴」、「幽古的芬芳」……等。甚至第三章起，古典語彙的出現愈加頻繁，將讀者帶往一個特定的語境：

> 猶記得長安城裡豪雨的午後
> 雷紋商嵌的香爐
> 裊裊飛昇的篆煙
> 春草綠上了你默默的石階
> 雨停之後，就是你亙古的安睡
> 你夢著龍，夢著鳳，你夢著麒麟
> 無邊落木，隨霜花以俱下
> 回東方來，季候的迷失者啊
> 歌臺舞榭鎖著兩千年吳越的美學
> 當細雨掩去你浪人的歸路

　　　以及頁 243～250。
〔註 86〕楊牧：《楊牧詩集 I》，頁 369～370。
〔註 87〕宋·朱熹、清·姚鼐等：《五家楚辭注合編》（上），頁 166。
〔註 88〕宋·朱熹、清·姚鼐等：《五家楚辭注合編》（上），頁 176。
〔註 89〕宋·朱熹、清·姚鼐等：《五家楚辭注合編》（上），頁 457。
〔註 90〕楊牧：《楊牧詩集 I》，第二卷《花季》，頁 194～196。
〔註 91〕副文本包含：標題、副標題、作者的題獻、題記、序言、後記等。是作者留給讀者的線索，確保文本本意在閱讀過程裏，能確切為讀者領略、掌握，不至於被誤解。

　　　你蒼白的吹簫人啊

　　　山海寂寂，長江東流如昔〔註92〕

首先，讀者視野自龐大的歷史脈絡裏，被收束、帶往古昔的「長安城」中，詩人似乎隱約意指長安城中的某一朝代、事件、抑或人物。在末章，線索漸漸明朗，根據「無邊落木」、「長江東流如昔」，我們可推斷楊牧——昔時葉珊，正是化用杜甫「無邊落木蕭蕭下，不盡長江滾滾來」的詩句，這亦是熱奈特「引語共在」關係裏，較為隱晦的引用、和擴寫。自此，可知詩人正是以杜甫為創作、人格理想的典型，連結〈招魂〉底下的副標題：「給二十世紀的中國詩人」，可知葉珊正透過此詩，向當時代的創作者表明己志。而「回東方來，季候的迷失者啊」，更隱含一種呼籲，盼望新詩寫作者應以古典傳統為創作依歸。若結合現代詩的歷史發展，或許更能印證葉珊此處的含意。1950 和 1960 年代，為臺灣現代主義詩風蓬勃發展的時期。1956 年，紀弦在《現代詩》第 13 期發表〈現代派信條釋義〉，提出「六大信條」，其中第二條：「新詩乃是橫的移植，而非縱的繼承」，引發詩壇廣泛爭議。遂有其後多次與覃子豪筆墨往返的論爭〔註93〕。此外，另各有余光中、林亨泰兩位不可忽視的要角。其中，余光中對於蘇雪林及言曦等人對新詩的攻擊，發表多篇捍衛之文〔註94〕。而 1960 年代後，創世紀詩社接續紀弦現代派及藍星詩社之聲勢，發揚幽微、飄忽、游離、非具象的「超現實風格」，持續為臺灣現代主義詩風鼓吹衝鋒號。〔註95〕由此觀之，葉珊寫作此詩，正處於眾聲喧嘩的氛圍。當時雖可能因輩分較小，他未明確介入上述各種主義的論爭與表態。然而回頭觀覽〈招魂〉，詩句中仍隱約透露，葉珊選擇回歸傳統的創作信念。

〔註92〕楊牧：《楊牧詩集I》，第二卷《花季》，頁 194～196。

〔註93〕有關此次筆墨論爭，覃子豪首先於 1957 年 8 月推出的《藍星詩選》季刊，以〈新詩向何處去〉質疑紀弦的現代派主張。紀弦隨即發表〈從現代主義到新現代主義〉、及〈對於所謂六原則之批判〉兩篇文章作為回應。覃子豪再發表〈關於「新現代主義」〉，回擊紀弦的答覆。兩人對於現代詩「西方主義的模仿問題」（即「橫的移植」或「縱的繼承」）、與詩的本質究竟為「抒情或知性」……等等議題，有過詳盡論辯。詳參陳義芝：《聲納——台灣現代主義詩學流變》（臺北：九歌出版社，2006 年 3 月 10 日初版），頁 51～56。

〔註94〕余氏發表的四篇文章，分別為〈文化沙漠中多刺的仙人掌——對於言曦先生「新詩閒話」的商榷〉、〈新詩與傳統〉、〈摸象與畫虎〉、及〈摸象與捫蝨〉。對於現代詩重視創造的現代精神、多元揉合與吸收的特質，多有肯定闡述。詳參陳義芝：《聲納——台灣現代主義詩學流變》，頁 83～90。

〔註95〕陳義芝：《聲納——台灣現代主義詩學流變》，頁 100～103。

　　若說此詩與杜甫詩有「狹義互文性」的「引語共在」關係，而回到〈招魂〉標題，還可獲得前文提到的另一類「副文本」關係。《楚辭》〈招魂〉，學者多認為是屈原所作，以招客死秦國的楚懷王之魂，其中亦隱含屈原對懷王的忠貞之心。故葉珊的〈招魂〉，實可進一步詮釋：若說詩的「正文」隱含以杜甫的作品成就、忠君憂國及關切現實的人格典範為追求的目標，「副標題」則是再一次的強調、闡釋──同樣的人格典型，還可上溯到屈原；再者，若說詩的「正文」隱含葉珊對當時代詩人的呼籲，表明創作不能完全脫離古典傳統。「副標題」則是又一次的引導、鞏固讀者詮釋，使其不至於偏離作者原有意圖──如同屈原揭示上下四方之險惡，祈求懷王之魂早日歸來。葉珊應也暗指外求其餘形式以作為創作規準，終究是險途，期盼那些外求的詩人們能早日迷途知返。是故：「回東方來，季候的迷失者啊」，此句亦與屈原的殷切語氣，有著呼應、對照。

　　總結葉珊此詩，不僅與屈原〈招魂〉相互映照，承繼古典文本的同時，更在原有意義上進行轉化。「招魂」之義已不限於企盼亡君之魂的歸來，於葉珊，「招魂」是他處於現代詩正當眾聲喧嘩、求新變異的過程裏，所作的省思與抉擇；是象徵他對於創作的明志與依歸。

　　楊牧寫於 1974 年的〈水神幾何〉，與《楚辭》亦有互文關係。首章敘述水神乘船而來，不正面描繪容貌，詩人僅說：「神之來，若有／鐘聲飄過湖面／隨即沉寂──」〔註96〕；說神的：「滿肩是月光／船頭船尾是濃霜」〔註97〕。皆是從側面烘托水神的神祕與典雅。這樣的敘述技法，亦在後頭頻繁出現。例如第二章，引用曹植〈洛神賦〉文句，描摹水神的體態與面容：「其形也，翩若驚鴻／婉若遊龍，榮曜秋菊／華茂春松。」〔註98〕；第三章提到水神的歌聲：「其聲也／細微若花在霧中開合／若魚網緩緩沉默／若柳葉被月光拂擊／若霜降落。」〔註99〕一連四個譬喻，將抽象的歌聲之美，賦予具象化的型態。上述從聲、形各個面向切入，輔以周遭景緻襯托水神的姿容，含蓄而不落俗套，可見詩人驅使文字之功。

　　回到第二章，說神看似乘船前來，實非如此：「來也來也，終不見／她滑

〔註96〕楊牧：《楊牧詩集 II》，頁 50～51。
〔註97〕楊牧：《楊牧詩集 II》，頁 51。
〔註98〕楊牧：《楊牧詩集 II》，頁 52。
〔註99〕楊牧：《楊牧詩集 II》，頁 53。

近，卻在遠處／夷猶，蹇誰留兮中洲？」〔註100〕詩至此，可知這是一位女性形象的水神，然而她卻在遠處的水灘中猶疑，不知等待何人。此處有一「引語共在」關係，原文本為《九歌・湘君》開頭：「君不行兮夷猶，蹇誰留兮中洲？」〔註101〕然而，〈湘君〉是自女巫角度，敘述對男神到來的期盼；楊牧則予以轉化，將企盼的對象換作女神。第三章中段亦有另一處「引語共在」：「聞佳人兮召予／將騰駕兮偕逝／逐室兮水中……」〔註102〕，原文本出自《九歌・湘夫人》〔註103〕，和〈湘君〉相較，〈湘夫人〉則是男覡憧憬湘夫人即將降臨。特別的是，楊牧詩中引語的安排，是藉由女神之口所唱出之辭，意即，若和原文本男覡角度對照，這又是另一次敘事口吻的切換。如此，楊牧此詩意蘊則更深一層：詩人「我」祈求女神的降臨，但女神歌曰：「聞佳人兮召予／將騰駕兮偕逝／逐室兮水中……」，究竟「佳人」意指詩人，抑或女神心另有所屬？使她反覆猶豫、不得前來？皆給予讀者另一層想像空間。

提及女神一再猶疑、徘迴於水灘之中。除了前述：「來也來也，終不見／她滑近，」緊接第二章後半，也有相同的複沓形式：「來也來也／終不見她滑近，」以及第三章後半：「來也來也，終不見她／滑近，」雖語句相同，但詩人從字句停頓處予以區別，語氣上便產生變化。例如：「終不見她滑近」，語氣連續，隱含敘事者熱切盼望的心緒；然而「終不見她／滑近」，語氣分行斷裂，可隱約感知等待落空、急切心緒漸漸消弭之後，由此而生的失落與惆悵。

綜觀此作，女神遲疑、不近的形象，以及敘事者等候落空，與〈湘君〉、〈湘夫人〉裏，女巫和男覡迎神不至的情況，隱約有著互文、映照的關係。然而持平而論，楊牧此詩除了上述敘事口吻的切換，予讀者另一層想像空間外，全詩大多承繼〈湘君〉與〈湘夫人〉的敘事氛圍，並無在古典意境上，進行更深的現代語境轉化。

同樣寫於1974年的〈情詩〉〔註104〕，則是一首文字使用較為舒緩、隨興，氛圍詼諧的作品。首章：「金橘是常綠灌木／夏日開花，其色白其瓣五／長江以南產之，屬於／芸香科」，簡潔介紹金橘的屬性。緊接第二章，詩人細數其餘從屬芸香科的物種：「花椒」、「山枇杷」、「黃檗」、「佛手」、「檸檬」，以

〔註100〕楊牧：《楊牧詩集II》，頁51。
〔註101〕宋・朱熹、清・姚鼐等：《五家楚辭注合編》（上），頁146。
〔註102〕楊牧：《楊牧詩集II》，頁53。
〔註103〕宋・朱熹、清・姚鼐等：《五家楚辭注合編》（上），頁160。
〔註104〕楊牧：《楊牧詩集II》，頁59～61。

及「還有你」。由植物轉移到「還有你」，此處點綴甚是精妙，因為你就如同芸香科植物，外型雅致、可食用、藥用，多功能且兼具觀賞性。甚至，「名字也好聽，譬如／九里香，全株可以藥用」；更擁有感人的背景故事：「受命不遷生南國兮／故事也好聽（坐在／燈前吃金橘）后皇嘉樹／以喻屈原」，此處引用屈原《九章・橘頌》〔註105〕，為「引語共在」關係。楊牧此處徵引，直取原文本意義，增添此詩中芸香科植物、以及「你」的美好。並無太多原意上的轉化。

前述說此詩帶點詼諧趣味，因為自第五章開始，詩人本身的自剖，和屬於芸香科的「你」，有著南轅北轍的差異。「我」屬於「楝科」，又叫紅柴，不僅名字土，且「樹皮剝落不好看」、「也並沒有好聽的故事」。雖然：「木質還可以，供支柱／作船舵，也常用來作／木錘。」扣合到詩題〈情詩〉，可知是男方向心儀女子的表露，但雙方似乎有著身分地位上的落差。此詩末句：「憑良心講／真是土」，將男子愛慕中，所夾雜的自慚形穢心緒，展現無疑。然而換個角度觀看，「我」與「你」相較，即使如此不堪，「我」依舊鼓起勇氣，向你坦露先天的不足與駑鈍。這是此詩積極，且可愛之處。

本節詩作分析至此，我們進一步得知「副文本性」於詩作詮釋上的重要性。

在〈招魂〉一詩，即使「正文」裏無一處與《楚辭》互文的部分，然而僅透過「詩題」此一「副文本」，便足夠使讀者更確切掌握作者本意，不至於誤讀。從而領略詩作更深一層的意蘊，理解楊牧（昔時葉珊），正是以傳統詩人的人格典型為追求目標，抒發創作的依歸與情志。在〈水神幾何〉與〈情詩〉中，亦陸續考察到「引語共在」關係。其中，除了少數敘事視角的切換外，楊牧少有進一步的現代語境轉化。然而閱覽〈情詩〉略帶詼諧、趣味的氛圍，也發覺，有時古典的使用不必得承載厚重意義。亦讓我們觀覽到楊牧詩作輕鬆、幽默的面向。

〔註105〕朱熹、姚鼐等：《五家楚辭注合編》（上），頁407。

第參章　楊牧詩與六朝文學

第一節　〈文賦〉理論的發揚

　　楊牧受六朝文學之啟發，最早可追溯至第三本詩集《燈船》。昔時楊牧自西洋音樂與英國詩的技巧中淬煉，試圖於詩作裏表現「樂章」的美妙和深奧。在此試驗中，重新發覺到詩的可能性：「我很自然地從唐宋詞轉開，費了將近一年的光陰專心圈點默讀漢朝，三國和南北朝的作品。曹植，左思，陶潛，庾信，阮籍一班人對我的影響事實上遠勝於少陵，太白。而更重要的是我一時期對六朝文的醉心；我並無意寫作駢文，但駢文的純文字美證明中國語文最可觀的延伸性……」〔註1〕。此後，若說六朝文學中，何者曾讓楊牧反覆自學術真理，以及創作上進行雙軌並進的發揚，則首推陸機之〈文賦〉。

　　1983年，楊牧完成《陸機文賦校釋》，以兩位恩師著作：陳世驤〈文賦〉英譯本"Literature as Light Against Darkness"以及徐復觀《陸機文賦疏釋初稿》為基礎。且表示，受陳世驤啟發〈文賦〉閱讀後二十年間，因教學研究需要，幾乎每年都將〈文賦〉溫習一過〔註2〕。有關〈文賦〉對於楊牧學術與創作之影響，陳義芝有極為深刻的論述〔註3〕。其中，他認為楊牧風行廣遠的《一首詩的完成》係接續《陸機文賦校釋》，不可能不受到〈文賦〉：「論作文之

〔註1〕楊牧：《楊牧詩集I》，頁610。
〔註2〕楊牧：《陸機文賦校釋》，頁VI。
〔註3〕詳參陳義芝：〈住在一千個世界上——楊牧詩與中國古典〉第五節，《風格的誕生——現代詩人專題論稿》，頁123～128。

利害所由」此一精神志向感動。並舉出：

> 試看陸機〈文賦〉中的論點，所謂「佇中區以玄覽，頤情志於典墳」，
> 楊牧發揚於〈歷史意識〉篇、〈古典〉篇；「遵四時以歎逝，瞻萬物
> 而思紛」，楊牧發揚於〈大自然〉篇；「傾群言之瀝液，漱六藝之芳
> 潤」，楊牧發揚於「現代文學」篇、「外國文學」篇；所謂「謝朝華
> 於已披，啟夕秀於未振」，正是楊牧說的：「將我們的用心回溯更遠，
> 於似乎不必要不可能的地方，發現一些新的訊息，一些挑戰」，「學
> 習如何割捨一些次要，迴避一些末流」，「潛心古典以發現藝術的超
> 越」。〔註4〕

根據陳義芝的論點，《一首詩的完成》「傳授青年以創作的甘苦經驗，無疑是
一輝映前賢的現代『文賦』」〔註5〕。則此中我們可發現一互文關係。根據熱
奈特五種跨文本性類型，第三類「元文本性」（metatextuality）為：「人們常把
元文本性叫做『評論』關係，連結一部文本與它所談論的另一部文本，而不
一定引用該文（借助該文），最大程度時甚至不必提及該文的名稱」〔註6〕。
《一首詩的完成》某些敘述段落雖借用〈文賦〉語句，但處在楊牧旁徵博引
的東、西方作品與典故當中，並不特別顯著。然而跳脫實質的原文徵引，對
照前述陳義芝的觀點，楊牧對〈文賦〉的發揚，立足當代語境，從而申論各個
面向的創作內涵，正是擴充其義，明其隱而未顯之處，賦予古典〈文賦〉積極
的現代啟示。故從另一角度觀察，亦屬於「元文本性」中，一部文本與另一部
文本以「評論」為連結關係的互涉。所謂「評論關係」誠如熱奈特之義，不一
定得於當前文本裏引用被評論的原文本。因理解、認同原文本觀點，進而應
和、發揚，此過程即屬於評論行為。《一首詩的完成》與〈文賦〉間的互文關
係，應可作如是觀。

陳義芝亦舉例楊牧《陸機文賦校釋》出版當年（1985）所作〈秋探〉〔註
7〕，說此詩句中之韻，編織更迭，主意象是一位剪樹園丁，而實無園丁，表

〔註4〕陳義芝：〈住在一千個世界上——楊牧詩與中國古典〉第五節，《風格的誕生
　　　——現代詩人專題論稿》，頁111。

〔註5〕陳義芝：〈住在一千個世界上——楊牧詩與中國古典〉第五節，《風格的誕生
　　　——現代詩人專題論稿》，頁111。

〔註6〕熱奈特（Gérard Genette）著，史忠義譯：《熱奈特論文選・批評譯文選》，頁
　　　60。

〔註7〕楊牧：《楊牧詩集II》，頁354～355。

意之精審、語言之鮮妍，令人驚絕；說詩的後半部紅、青、紫、黃等物色相宜，呈現明確的秋景，且將不見蹤影的園丁喻為晨風，意念翻空出奇，且於形文、聲文、情文的表現上相得益彰，正是〈文賦〉：「暨音聲之迭代，若五色之相宣」的具體創作實踐〔註8〕。若據此脈絡考察，楊牧起筆〈文賦〉校釋的工作，約在 1982～83 年間，而後 1984 年發表於臺大《文史哲學報》、1985 年由洪範付梓出版。這段時間應當另有詩作，是受校釋工作所啟發、進而影響內蘊。例如〈文賦〉：「佇中區以玄覽」，楊牧於陳世驤英譯本及徐復觀疏釋的立意上，進一步闡發：

> 徐先生於「中區」闡發極詳，著重作者所處的「時代活動的中心」，勾勒出文學創作和現實生活社會的密切關係；陳先生則較強調文學創作者的抽象或甚至可以說是形上的地位——詩人所處不僅只在時代活動中心，猶在精神宇宙之中心，以人情世故的荒漠迷茫為背景；故文學之太初太道，是有意志而無意志的，則其發生乃是超越的舉拔，鍊入歷史社會的關懷之中。疏守中國傳統所限定於文學的固定位置，載道，反映時代，並且直接迅速地參與歷史社會；譯則擴大文學超然的精神以及無限的潛在本質。按李善曰：「中區，區中也」，大可稱宇宙時代之範疇（cosmos），小可指作者為自己限制的特定小世界（microcosm），久立區中深思遠覽，猶創作前之沉潛冥默，接近《文心雕龍‧神思篇》「寂然凝慮，思接千載；悄然動容，視通萬里」之義，以小世界趨大宇宙，反扣時代的精神。疏譯合觀，去文學發動的真理不遠。〔註9〕

「載道，反映時代，並且直接迅速地參與歷史社會」，楊牧此段注解，頗呼應出版於 1986 年詩集——《有人》的書寫歷程。按《有人》包含卷首〈有人問我公理和正義的問題〉及其中九首統編為「新樂府輯」的詩作，可說是楊牧少見為時事遭遇即刻觸動、以詩表白的寫實精神。《有人》後記，楊牧自剖，除了〈有人問我公理和正義的問題〉以外，同樣因環境和外在現實衝擊而產生的詩作，還有仿詠懷古蹟體的〈關山月〉，以及揣摩一點切身現實，並進而渲染想像的〈行路難〉。另外，記述阿富汗與蘇聯戰爭的〈班吉夏山谷〉，楊牧

〔註8〕陳義芝：〈住在一千個世界上——楊牧詩與中國古典〉，《風格的誕生——現代詩人專題論稿》，頁 125～128。

〔註9〕楊牧：《陸機文賦校釋》，頁 12～13。

自陳「是閱報失神即刻寫下的作品」，詩人所受震撼、與迫切陳述的心緒，可見一斑。當時阿富汗游擊隊死傷慘重，楊牧從而憶起過往一位阿富汗友人，且道樂府詩固然沒有〈班吉夏山谷〉此題，但既然是「為事而作不為文而作」，乃嘗試歸之於新樂府輯中〔註10〕。上述四首詩皆作於1982～84年間，若綜觀《新樂府輯》其餘諸作，書寫時間亦多切合上述〔註11〕，此與楊牧從事〈文賦〉校釋工作的時間有所重合。詩作所體現的積極介入現實之精神，正是楊牧所說「錬入歷史社會的關懷之中」，即「佇中區以玄覽」之其一要義（注：有關《新樂府輯》作品，筆者將於下一章〈楊牧詩與唐宋文學〉析論）。

至於另一要義，則是有關創作者抽象、形而上的地位。此跳脫一般具象描繪，從而在詩中契入廣袤空間與時間向度，以冷凝、淡漠視角思索神與人、永恆與剎那……等抽象之命題，為楊牧晚年詩風特顯之處（筆者將於此章第四節詳加論述）。若同上述，將時間聚焦於楊牧進行〈文賦〉校釋期間，會發覺，亦有詩作正應和陳世驤所強調，由現下世界趨向宇宙般的超然精神。例〈人間飛行〉，詩人自喻為「一尷尬的不明飛行體」，處在「逸出星雲的另一個宇宙」，慢飛、探尋於彗星和廢棄太空艙之間。且穿梭時光來到遙遠的亙古，探求、思索有關生命的起源、抽象的遺傳律、自然的約束、神論和道德、愛情和慾望等命題〔註12〕。〈春歌〉裏，詩人如是形容初春殘雪中的紅胸主教：「像遠行歸來的良心犯／冷漠中透露堅毅表情／翅膀閃爍著南溫帶的光／他是宇宙至大論的見證」。「宇宙至大論」象徵一切現象萬物裏，可觀與不可觀的秩序。楊牧此處將鳴禽喻為至大論的見證者，頗有辯證意味——能準確遵從時序，南來北往的候鳥，彷彿就像在渺小軀體內置入了宇宙循環的真理。詩的後半，詩人自陳：「比宇宙還大的可能說不定／是我的一顆心吧」，並詢問鳴禽飛行途中，憑藉什麼為嚮導？紅胸主教則透過擬人化自述：「憑藉著愛的力量，一個普通的／觀念，一種實踐。愛是我們的嚮導」〔註13〕。將抽象、難解的宇宙秩序，收束在一個普遍、親近的觀念裏。從而呼應前頭，無論是宇宙至大論之見證、抑或大於宇宙的心靈，皆是以小世界映照大宇宙的超拔精神。同樣的敘事精神，亦出現於〈秋歌〉。全詩共分四章，

〔註10〕楊牧：《楊牧詩集II》，頁527～528。
〔註11〕《新樂府輯》中九首詩，唯〈悲歌為林義雄作〉作於1980年，〈大堤曲〉作於1981年。
〔註12〕楊牧：《楊牧詩集II》，頁363～370。
〔註13〕楊牧：《楊牧詩集II》，頁376～378。

皆以「大半的星座」起始。試看第二章：

> 大半的星座
> 大半的星座就如我們所預期的
> 在宇宙的空虛整理著鼎盛的隊伍
> 根據神話與詩的啟示計算三等星和二等星和
> 一等星的距離，並嚴格地把自己排列起來
> 且按照固定的比例發光，而人們將假裝悲傷
> 走向散戲後的街頭用心傾聽蕭條的鐘鳴
> 在破損的記憶裏有歌和淚的平仄耿耿遞用
> 踢著路上的落葉挑那逆風的方向前進
> 當大半的星座正以不平凡的光度輕呼
> 照滿我們臃腫的都市
> 如一面泡了水的鼓〔註14〕

「整理著鼎盛的隊伍」、「根據神話與詩的啟示」、「嚴格排列」、和「按照固定的比例」，這些語句呈顯天宇運行的規律。然而此刻的人世，卻是「假裝悲傷」、「蕭條的鐘鳴」、「破損的記憶」、與「臃腫的都市」。對應首章描繪的人間現象：「喧騰一些情緒」；「依偎，愛著，埋怨，猜忌著」；「在歌和淚的抒情風格裏懷疑對方的誠意」，可知此詩前兩章皆以天宇的寧靜、和諧，對照世間的喧囂、失序、與醜陋。但後兩章筆調一轉，失序的人世隨著季節遞嬗，漸漸重回了軌道。第四章：

> 大半的星座確實
> 確實都已經如期回到規定的位置
> 像文旦和香瓜一樣疊架在變化的溫差和急遽
> 溶解的濕度上，並且散發著稻田轉作的氣味
> 覆在電視節目的天線上並橫加掃描，且
> 各別佔領了一段廣告時間，以永恆的圖案在
> 此刻這已經相當黑暗的日子裏於我們重新肯定的
> 這地球上當大半的星座都已經完全成熟
> 人們從農地和林班，從遠洋的拖網漁場
> 回歸那都市如水果落到風乾繃緊的鼓上

〔註14〕楊牧：《楊牧詩集 II》，頁 380。

　　所有的鳥都在籠外唱歌

　　臉微笑在鏡子裏〔註15〕

回到規定位置的星座，像疊架的文旦和香瓜，此刻天宇和人世不再是絕然二分的世界。兩者由看似對立、而後漸漸彌合。「當大半的星座都已經完全成熟」，「成熟」一詞運用精妙，將宇宙運行的秩序連結人間秋穫的豐收，天與地最終渾然為和諧的一體。此既應和文學的超然精神，也隱含詩人「思接千載」、「視通萬里」的高度想像。而〈秋歌〉同前述〈春歌〉，詩人的創作感發，更是〈文賦〉「遵四時以歎逝，瞻萬物而思紛；悲落葉於勁秋，喜柔條於芳春」的實際寫照。這些皆是楊牧透過創作，發揚、映照〈文賦〉的例證。

第二節　楊牧詩與陶詩的「同題」互文關係

　　楊牧詩與陶淵明的互文關係，最早可追溯至 1972 年所作〈一種寥落〉〔註16〕。除了副標題的「（仿陶）」，內文首句：「又總是菊和山的事情」，即顯明點出陶淵明的隱逸特質。緊接：「莫非是因為／神曾經移駐於斯」、「臨流顧其形影之辯論」，這些詩句更顯著呼應〈形影神三首并序〉。1977 年的〈微微有雨〉〔註17〕共三章，各章都以「微微有雨」起頭，且第二行皆變換句式，以「有雨微微」對應，如此迴環的四言形式，頗似詩經的複沓章法。然而細究之，此詩與陶淵明〈停雲〉〔註18〕也有隱微的互文關係：「靄靄停雲，濛濛時雨」、「停雲靄靄，時雨濛濛」，除了結構上的相似，亦多了內文意境上的呼應。

　　其後三十多年，楊牧詩作幾無與陶淵明發生互文。直到 2013 年的《長短歌行》，輯二當中 11 首詩，竟有 10 首與陶淵明「同題」互文。除了〈有會而作〉作於 2012 年，其餘 9 首皆作於 2010～2011 年間〔註19〕。此中便產生幾個有趣的問題：其一，楊牧在短時間內與陶淵明「同題共作」的動機和出發點為何？其二，除了同題共作，楊牧詩作內文是否與原文本——陶淵明的作品——另有互文的關係？

〔註15〕楊牧：《楊牧詩集 II》，頁 381～382。

〔註16〕楊牧：《楊牧詩集 I》，頁 548～549。

〔註17〕楊牧：《楊牧詩集 II》，頁 184～185。

〔註18〕王叔岷：《陶淵明詩箋證稿》（臺北：藝文印書館，1999 年 4 月初版），頁 1～9。

〔註19〕〈停雲〉、〈時運〉、〈榮木〉、〈九日閒居〉作於 2010 年；〈連雨一〉、〈連雨二〉、〈阻風〉、〈歸鳥〉、〈形影神〉作於 2011 年。引自楊牧：《長短歌行·輯二》。

　　以熱奈特的跨文本性類型檢視,「同題」的互文,屬於第二類型的「副文本性」(paratextuality)。在第貳章曾提及,副文本的功能為「要確保文本命運與作者目的的一致」〔註20〕。意即,副文本是作者留給讀者的線索,確保文本本意在閱讀過程裏,能確切為讀者領略、掌握,不至於被誤解。然而,當我們循著「詩題」追溯到陶淵明的詩作,會發覺,本該引導讀者解讀、確保讀者詮釋後意義與文本本意契合的「副文本」功能,似乎在此處喪失作用——楊牧詩作意蘊,竟與陶淵明作品幾無任何呼應、契合的跡象。

　　首先觀覽〈停雲〉、〈時運〉與〈榮木〉,一來是三首詩在《長短歌行》中的排序,和現存的陶淵明詩文集編排相同。再者,楊牧三首詩皆作於2011年;而考察陶淵明年譜,三首詩亦同樣作於404年,時值陶淵明四十歲〔註21〕。因此,若從詩集編排和創作時間的間距等外緣因素考察,楊牧是契合陶淵明的。問題乃在內文部分,〈停雲〉〔註22〕序曰:「停雲,思親友也。樽湛新醪,園列初榮。願言不從,歎息彌襟。」意即,此詩所作時間,正值初春繁花盛開、新酒初醸的美好時節。然而作者思念親友的相聚之願卻無能實現,故難掩胸中抑鬱之情。其中:「八表同昏,平路伊阻」、「八表同昏,平陸成江」,形容所思之人位在難以企及的他方;而各章末句:「良朋悠邈,搔首延佇」、「願言懷人,舟車靡從」、「安得促席,說彼平生」、「願言不獲,抱恨如何」,皆呼應詩序所言,難以和親友相會暢談的憂愁。楊牧〈停雲〉〔註23〕首章開頭:「風的意志顯著衰歇,浮游/天地間,」風的衰歇,和「停雲」代表凝聚不散的烏雲之意,二者猶可呼應。然而後頭「黯然隱晦的火星群」、以及「微末的不明飛行體」等意象,即遠超出陶淵明詩的意境。至於第二章的「蝃蝀」意象,出自《詩經‧鄘風‧蝃蝀》〔註24〕。蓋蝃蝀即指彩虹,古人迷信彩虹的出現,意味陰陽失合,從而導致婚姻的錯亂。故〈蝃蝀〉此詩為譏刺不從父母媒妁之言的淫奔之女〔註25〕。楊牧寫道:「惟有我們一度相與認同的蝃

〔註20〕李玉平:《互文性——文學理論研究的新視野》,頁42。
〔註21〕陶淵明的〈停雲〉、〈時運〉與〈榮木〉,每首四章,皆為四言形式,三首詩作於404年。引自楊勇:《陶淵明集校箋》(臺北:正文書局,1999年1月初版),頁429。
〔註22〕王叔岷:《陶淵明詩箋證稿》,頁1～9。
〔註23〕楊牧:《長短歌行》,頁38～39。
〔註24〕裴普賢編著:《詩經評註讀本》(上)(臺北:三民書局,1983年1月初版),頁195～198。
〔註25〕裴普賢編著:《詩經評註讀本》(上),頁197。

蝀依舊／在東，潛伏於山谷的真空／日光惺忪引退，與／海水繾綣／疏離」似乎已完全脫離《詩經》蘊含的譏刺本意，僅取蝃蝀作為「彩虹」此表層意義，描繪一自然景物的變化。

陶淵明〈時運〉〔註26〕序曰：「時運，游暮春也。春服既成，景物斯和，偶景獨游，欣慨交心。」詩人自云在暮春獨遊，自然景物的和美令他心感喜悅，但亦有「盛世難追」此一難以排遣的慨嘆、孤獨感，縈繞在他心中。詩文提到：「山滌餘靄，宇曖微霄」、「有風自南，翼彼新苗」、「洋洋平澤，乃漱乃濯」、「邈邈遐景，載欣載矚」，無論是山中的雲氣霓虹、南風吹拂的新苗、滿漲的春水……等，皆呼應詩序所言「景物斯和」之美，也與詩題「時運」表「陰陽四時運行，各得其所」〔註27〕的意義相互映照。而「但恨殊世，邈不可追」、「黃唐莫逮，慨獨在余」，則顯明意指陶淵明自身的悲慨了。回到楊牧〈時運〉〔註28〕，除了首章春風裏的秧苗、清溪中的魚鱗等意象，頗呼應陶淵明詩的景緻描繪外，首章末尾：「惟獨我垂首坐對薄薄的暮寒／認真尋覓，卻找不到／如何回應宇宙賦我以浩蕩的主題」，此高度個人化、對於抽象真理的追尋，亦難以發現與陶淵明的互文跡象。

再者，〈榮木〉〔註29〕序曰：「榮木，念將老也！日月推遷，已復九夏。總角聞道，白首無成！」蓋榮木即木堇，生於仲夏。詩人感於時光更迭，木堇再次盛放，自身卻即將衰老，一事無成。然而自詩文裏，我們卻看到了陶淵明不同於既定觀念中，躬耕田畝的隱者形象。末章：「先師遺訓，余豈云墜？四十無聞，斯不足畏。脂我名車，策我名驥。千里雖遙，孰敢不至？」是遵循儒家精神，不畏年老，積極進取功名的形象。此為詩人自勉，實也為陶淵明多元面向的展現。觀覽楊牧〈榮木〉〔註30〕，首章言「它」在窗外，於「插翼的歌聲裏／快速上升」。從詩意上判斷，「它」應具體指涉窗外生長的樹木。緊接，詩人筆鋒一轉：「其奧秘仍然不是我所能／盡知，卻在殘夢那一頭繁瑣生長／以洪水的形勢洶湧朝向預言的現場／如天使失誤一時終必再起」，顯然又遁入個人化的抽象思維中。第二章「超越的視聽」、「亢倉子能以耳視而目

〔註26〕王叔岷：《陶淵明詩箋證稿》，頁 9～17。
〔註27〕古直注箋：「《莊子・知北遊篇》：『陰陽四時運行，各得其序。』『時運』二字蓋本此。」引自王叔岷：《陶淵明詩箋證稿》，頁 10。
〔註28〕楊牧：《長短歌行》，頁 40～41。
〔註29〕王叔岷：《陶淵明詩箋證稿》，頁 17～24。
〔註30〕楊牧：《長短歌行》，頁 42～43。

聽」的《莊子》典故；以及末章：「錯亂的感官無時／不試探著宇宙天光沛然莫之能禦的／秩序，弗顧陰陽鑿鑿迭代的規律」，這些承續首章的抽象思維，顯然，也無法顯明指出和陶淵明原詩究竟如何互涉、對話。

第三節　楊牧詩與陶詩的「神似」關係

　　初步比對楊牧《長短歌行》裏與陶淵明互文的詩作，除了「詩題」可觀察二者間的關聯外，內文部分，楊牧和陶淵明原詩幾乎無任何互涉。在暫時尋覓不到突破口以切入、分析的狀態下，筆者跳脫《長短歌行》詩集，嘗試搜索楊牧尚未集結、首度發表於報章副刊的作品原貌。發現〈時運〉、〈榮木〉、〈九日閒居〉同日刊載於自由時報副刊，楊牧另有一題：〈和陶詩三首〉作為統攝〔註31〕。若追溯中國古典文學，可知「和詩」亦有深厚的傳統源流。即使將範圍限縮在陶淵明，也可發現，自唐代「學陶」風氣開始鼎盛，在宋代可說達到巔峰的狀態〔註32〕。陶詩的擬作、和作、或是深受陶淵明人格與藝術風格影響的作品，皆蔚為大宗〔註33〕。此中又以蘇軾一百多首「和陶詩」，無論是數量、詩藝表現、或是受後代評論及研究之關注，皆罕有他人能夠企及。李貞慧：〈典範、對位、自我書寫：論蘇軾集中的《和陶擬古》九首〉，深入剖析蘇軾如何與陶詩對話，呈顯「追和」的意義。值得

〔註31〕楊牧：〈和陶詩三首〉，《自由時報》第D9版（2011年4月11日）。

〔註32〕羅秀美指出，唐代審美觀不同於六朝追求「形似」，而是講求「形」、「神」兼具，認為作品必需能夠完滿的表現作家的性情。加之唐代昌盛的隱逸風氣，強調「隱士」與「文士」特質並重，陶淵明自然成為兼具上述條件的代表。且唐代文人不僅企慕陶淵明人格，更進而重視、學習陶詩中的恬淡之趣。宋代文人在此基礎上，進一步「典範化」陶淵明及其詩文。背後其一原因，在於宋代詩壇講究「平淡自然」的審美意趣，例如梅堯臣「作詩無古今，唯造平淡難」；王安石「看似尋常最奇崛，成如容易卻艱辛」；蘇軾「發纖穠於簡古，寄至味於淡泊」或「外枯而中膏，似淡而實美」等詩論，皆和陶淵明的藝術特質相契合。引自羅秀美：《宋代陶學研究——一個文學接受史個案的分析》（臺北：秀威資訊，2007年1月初版），頁62～65；頁87～89。

〔註33〕唐代以擬作方式學陶，或將陶詩中恬淡、閒適情趣融合於作品中，較著名者有：孟浩然、王維、儲光羲、韋應物、柳宗元、白居易等人；宋代文人學陶詩，除了「平淡」觀念為重要的詩風取向外，亦以追求陶淵明的人格為依歸，於詩作上進行精神的感通。著名者有：梅堯臣、邵庸、王安石、蘇軾、晁補之、黃庭堅、陳與義、陸游、范成大等人。引自羅秀美：《宋代陶學研究——一個文學接受史個案的分析》，頁74～82；頁102～117。

注意的是，李貞慧在論文前頭首先提到，「和詩」與六朝以來的「擬古詩」雖近似，然而兩者並不能等同齊觀〔註34〕。關於漢魏六朝的「模擬」之作，學界至今已有許多深刻論述，例如蔡英俊〈「擬古」與「用事」：試論六朝文學現象中「經驗」的借代與解釋〉〔註35〕、李錫鎮〈論鮑照仿古樂府詩的文類慣例與風格特性——由篇題有無「代」字的區辨述起〉〔註36〕、何寄澎、許銘全〈模擬與經典之形成、詮釋——以陸機〈擬古詩〉為對象之探討〉〔註37〕、及梅家玲《漢魏六朝文學新論‧擬代與贈答篇》。這之中，可發現學者對於「模擬」的一普遍共識：即「擬作」不能全然視為與作者生命情意無關之「偽作」；擬作雖有本於前人之範式，但「擬作者」的主觀情志，依然可以參與、表現於作品中。梅家玲據此表示，「擬作」負載著原作者和擬作者二人的意義與感情，兩者「互為主體」的辯證，為「雙聲言語」的現象。而在互為主體的辯證過程中，擬作者經由「神入」前人的「視域交融」，再至「賦形」的文字創作，其中也包括了擬作者對於前人作品的篩選和過濾。當篩選過後的質素重新融匯，擬作不僅可以逼近原作，亦可能體現出比原作

〔註34〕 李貞慧：〈典範、對位、自我書寫：論蘇軾集中的《和陶擬古》九首〉，《清華學報》新三十六卷第二期（2006 年 12 月），頁 428。

〔註35〕 蔡英俊提到，作家「擬古」背後的心理動機，在於對過往寫作者之境遇、及獨特精神風貌的一種理解與情感認同。引自蔡英俊：〈「擬古」與「用事」：試論六朝文學現象中「經驗」的借代與解釋〉，《文學、文化與世變》（臺北：中央研究院中國文哲研究所，2002 年 12 月初版），頁 84。

〔註36〕 李錫鎮提及，擬古作品基本上雖「依古為式」、「題材內容或表現手法，須以所擬對象為取法標準」。但經考察謝靈運、鮑照、沈約模擬陸機〈君子有所思行〉，發現：「擬作對先前作品顯然不僅侷限於字規句模，只是辭藻的替換或加工」，更多乃是「作者對主題的重新構思，促使其內容形式的局部細節隨之產生變化，作品整體精神風貌遂顯露出彼此的差異」引自李錫鎮〈論鮑照仿古樂府詩的文類慣例與風格特性——由篇題有無「代」字的區辨述起〉，《台大中文學報》第三十四期（2011 年 6 月），頁 156。

〔註37〕 何寄澎、許銘全提出，相較於先前文人「同情共感」、「經典尊崇」、「文體法式之確立」、及「意在導正」等四種擬作面向，陸機則有「曲盡其意」、「新曲故聲」、「古典尊崇」等更豐厚的模擬創作觀點。其中「曲盡其意」一項，何寄澎特別提到：「陸機觀念中的『曲盡其意』，並非只圍限於原作的表面意義，而是要求擬者主動去抉發潛藏於前人作品中的可能意涵，進而表現於擬作。換言之，『曲盡其意』一方面要求以前人作品意涵為本，一方面卻又要求擬者主體的參與；看似矛盾，但實則相成——要之，『曲盡其意』乃陸機模擬的基本前提與原始架構，唯在尊崇前人作品的前提架構下，擬者自我應有所參與及創發。」引自何寄澎、許銘全〈模擬與經典之形成、詮釋——以陸機〈擬古詩〉為對象之探討〉，《成大中文學報》第十一期（2003 年 11 月），頁 25。

更豐富的內涵——則模擬的過程也是一種「創造性」的過程〔註38〕。然而必須說明的是，「創造性的擬作」僅是擬代文類中的其一。另有一部分的「模擬」，則是隱去自我情志，於形式和情感上學習、步趨前人。回到李貞慧對於「和詩」與「模擬」之判別，她說道：

> ……和詩，或有其與「擬古」相同的「典式」或「典範」學習的意義。但既言「和」，則所著重的，便不只是經驗的借代或認同而已，更重要的，是藉由所和對象的經驗，引起對自身經驗的省思，並以之與所和對象展開或同感、或疏離的交流、對話，甚至是駁論等。因而，在詩中呈現兩種清晰可辨的聲音，或至少分屬兩人的意義脈絡，應是「和詩」基本的構成要素。這與「擬古」詩在形式上著重於「學習模擬」，在情感上趨向於以認同為主，以熟悉典範／典式之規範，參與其傳統，喚起、造就一種貫通古今的文化集體意識的創作活動，是有所區隔的。〔註39〕

從上述說明，可發現「和詩」與「擬古」之區別。然而，「和詩」與擬古詩中屬於「創造性模擬」的一類，卻有著相似、互通的本質——即詩作內容為「雙聲言語」性質，包含「前人」與「自身」兩種聲音與意義脈絡。這兩種聲音彷彿異色絲線的交纏、結合，既不可分割，然而亦能辨識出二者間的特質。李貞慧表示，即使蘇軾和陶詩中，有些內容看似「與陶絕不相干者」，仍要視為整體結構之所需，只是在雙聲線上，陶詩此線暫作「休止符」而已，並非蘇軾離開陶詩，進行獨立存在的發聲〔註40〕。此觀點，亦能運用解釋楊牧的「和陶詩」，即使內文無法顯明指出與陶淵明詩如何互涉，也不可輕易視為楊牧逸離陶詩本意，進行自我的發聲、表述。筆者認為楊牧與陶淵明同題互文的十首詩作，無論如何應和、或逸出原詩主旨，皆應與陶詩並置參看。

　　然而我們又該如何在形式、內文難以尋覓楊牧呼應陶詩的狀況下，進行文本的分析？黃偉倫〈論蘇軾〈和陶詩〉中的「本色」意義〉一文，他提到「追和」不能僅停留於表相的文字形式：

> 而要契合其精神實質，不能只留意其「形似」，更要以自我精神生命

〔註38〕參閱自梅家玲：《漢魏六朝文學新論・擬代與贈答篇》（臺北：里仁書局，1997年4月初版），頁46〜63。
〔註39〕李貞慧：〈典範、對位、自我書寫：論蘇軾集中的《和陶擬古》九首〉，頁429。
〔註40〕李貞慧：〈典範、對位、自我書寫：論蘇軾集中的《和陶擬古》九首〉，頁431。

的成全來達到一種「神似」的境界，而這樣的「追和」不正是窺入
了淵明「但識琴中趣，何勞弦上聲」的精隨。〔註41〕

黃偉倫進一步表述：

> ……從「和作」的「內容意義」上來看，東坡試圖以其精神意態於
> 文字形跡之外體合於淵明在詩文背後所蘊含的真性情，只是這種體
> 合，並無法從詩歌的「形式意義」——即語文結構或修辭技巧上來
> 提供，所以蘇、陶兩人皆是如其性情的賦情於詩，以詩遣情，詠歌
> 寄興，這是生命情調上「和」、是人生理想上的「和」，是將淵明那
> 種極其性分之所致的生命態度，如實地也依著自身的性分將它落實
> 在自己的生命實踐之中，而這種觀點的解讀，或許比起單從語文結
> 構或審美風格上來著眼，更具有著深厚的、真切的色彩，同時這也
> 是本文所欲強調的東坡於「和作」中「自露本色」的所蘊含的積極
> 意義。〔註42〕

由上述論點可知，即使形式、或表相內容上，「和詩」與原作並不相似，然而
若從作品中所體現的生命情調、態度著手，應可尋覓楊牧與陶詩映照的所在，
即所謂「神似」之處。

回頭觀覽陶淵明〈時運〉〔註43〕，前文說到，詩人獨遊於景物和美的暮
春之時，但喜悅中亦有「盛世難追」的感嘆。這就產生「外境」與「內心」的
對比——當外境自然之景契合「時運」表「陰陽四時運行，各得其所」之義，
然而此刻陶淵明內心中的慨嘆、矛盾，卻是相悖於外境之和諧。對照楊牧〈時
運〉〔註44〕，首章呈現「午后漸稀的日影」、「春風裏的秧苗」、「魚鱗跳躍於
清溪」、「秋光逡巡門外」等意象，或可表示外境之物皆各得其所、恰如其分
地運轉。但首章末尾：「惟獨我垂首坐對薄博的暮寒／認真尋覓，卻找不到／
如何回應宇宙賦我以浩蕩的主題」，此處「回應」當指對外境的觀察、意象之
捕捉、進而完成文字創作的過程。詩人似乎自覺思想無力跟隨外在變化，創
作因而受制，當不得回應外境運行的抽象之因，實也暗示自身脫離協和之「時

〔註41〕黃偉倫：〈論蘇軾〈和陶詩〉中的「本色」意義〉，《高雄師大學報》第二十一
　　　　期（2006 年），頁39。

〔註42〕黃偉倫：〈論蘇軾〈和陶詩〉中的「本色」意義〉，《高雄師大學報》第二十一
　　　　期（2006 年），頁47～48。

〔註43〕王叔岷：《陶淵明詩箋證稿》，頁9～17。

〔註44〕楊牧：《長短歌行》，頁40～41。

運」，而被迫「失序」。此「外境」和諧與「內心」矛盾之映照，正契合陶淵明
〈時運〉的內在精神。緊接第二章：

> 但我何嘗不覺悟，有時恢弘的
> 知識判斷縱使可讓文字舛錯減少至最低
> 假如另外一種風不以時而起，白雪不
> 以時而降，籬前的竹如何顯示節操
> 猗猗為你簷下閉門讀書的典型
> 作完整的畫像使有別於人間的乖戾
> 執拗？大智慧不必一定就是古來
> 金針只為你專屬之度與〔註45〕

詩人表示，即使自身不免被迫外於「時運」之秩序，然而透過積累的學養、生
活的歷練，應當也能完成對於外境的表述，將文字錯誤降至最低。但楊牧此
時再翻越一層思考，假若「時運」亦開始失落，風、雪皆不以時而起、降，則
我們又該如何擺脫外境之「失序」，保有我們「完整的畫像」、意即保有我們
的人格節操？這是楊牧在呼應陶詩旨意之上，所作的另一層思索。然而需注
意的是，即使作品內在精神相呼應，但楊牧與陶淵明內心的癥結面向，卻是
有所差異的。一則以「黃、唐」盛世難再，思古傷今；一則以自身思想衰頹，
難以企及外境的運行變化而憂，以及若外在開始失序，又該如何保有全身的
思索辯證。二者於精神層次上若即若離，呈顯前文所述，彷彿異色絲線的綰
合，既不可分割，然而亦能辨識出楊牧詩與陶詩間的相異特質。此亦是「和
詩」不同於一般「模擬」作品之處。

　　緊接〈榮木〉〔註46〕，前述陶詩序曰：「榮木，念將老也！日月推遷，已
復九夏。總角聞道，白首無成！」陶淵明感嘆衰老將至而作此詩，提供我們
與楊牧詩相對照的線索。從生命情調、精神層次切入，重新觀覽楊牧〈榮木〉
末章：

> 我們比誰都知道季節推移可以延伸
> 為死生輪迴的象徵只是耳聰目明
> 運作之餘事，錯亂的感官無時
> 不試探著宇宙天光沛然莫之能禦的

〔註45〕楊牧：《長短歌行》，頁41。
〔註46〕王叔岷：《陶淵明詩箋證稿》，頁 17～24。

秩序，弗顧陰陽鑿鑿迭代的規律〔註47〕

季節遞嬗有如死生的輪迴，然而這樣的類比與象徵，是可以輕易把握的表象真理，故詩人云：「只是耳聰目明／運作之餘事」。楊牧所追尋的，乃是表象真理深處的根源與本質，即是「宇宙之秩序」。然而詩人礙於年老、不再靈敏，「錯亂的感官」應暗指血氣之衰頹。但即使如此，詩人依舊「無時不試探著」，絲毫不因衰老而放棄真理的追逐。此與陶淵明：「先師遺訓，余豈云墜？四十無聞，斯不足畏。脂我名車，策我名驥。千里雖遙，孰敢不至？」的積極精神，實有相會通之處。

再者〈九日閒居〉〔註48〕，陶淵明詩序：「余閒居，愛重九之名。秋菊盈園，而持醪靡由。空服九華，寄懷於言。」自云重陽佳節卻無酒可飲之窘境，僅能空對秋菊，寫詩寄託懷抱。詩篇開頭：「世短意常多，斯人樂久生。日月依辰至，舉俗愛其名。」云人世雖如〈古詩〉所述：「人生不滿百，常懷千歲憂」，但世人依然醉心於長生之追求，此亦是俗人喜愛重陽之名的緣故。在「露淒暄風息，氣澈天象明」的秋日風光中，詩人認為仍需斗酒陪伴：「酒能祛百慮，菊為制頹齡」，然惜家貧，不可得。眼看美好時日即將空過，遂有更深慨嘆：「如何蓬廬士，空視時運傾！塵爵恥虛罍，寒花徒自榮。斂襟獨閒謠，緬焉起深情。棲遲固多娛，淹留豈無成？」詩人徒然望著外在時運之變化，以無酒為恥，菊花此時也僅能空自開放。閒居鄉間本該多有歡樂，此刻卻有一事無成之感。若對照〈飲酒之十六〉：「少年罕人事，游好在六經。行行向不惑，淹留遂無成」〔註49〕，陶淵明似在嘆己久居鄉里，學問無成。然而若再對照〈九日閒居〉的創作繫年〔註50〕，以及前述〈榮木〉積極進取功名的形象，可推斷詩人所嘆，或許隱藏晉、宋易代之悲，故有懷念、且復興前朝之志。若由此角度觀之，「淹留豈無成」則非消極之感慨，「豈」字帶出反問語氣

〔註47〕楊牧：《長短歌行》，頁43。
〔註48〕王叔岷：《陶淵明詩箋證稿》，頁92～99。
〔註49〕王叔岷：《陶淵明詩箋證稿》，頁322～323。
〔註50〕劉裕簒奪東晉政權，改國號為「宋」，並改元「永初」，為420年。據年譜引《宋書·隱逸列傳》所載陶淵明：「所著文章皆題其年月，義熙以前，則書晉氏年號；自永初以來，唯云甲子而已。」做為他有感易代之悲的其一證據。另有透露易代之慨的，則是作於424年的〈九日閒居〉，時值陶淵明六十歲。而論者多據「如何蓬廬士，空視時運傾！塵爵恥虛罍，寒花徒自榮」一句，認為陶淵明「猶緬然寄慨，惓懷故朝之情耿耿者矣。」上述引自楊勇：《陶淵明集校箋》，頁453～456；頁461～462。

背後的積極態度──則陶淵明應也暗含等待一展抱負的機會。「無成」遂有表、裏兩種層次之意義。回頭觀覽楊牧〈九日閒居〉〔註51〕首章，詩人開頭自述預定計畫的延宕：「去年擬就的一些種植計畫／到晚夏就證明是蹉跎了無疑／山坡最高處多餘的蛇莓之類／曾經以為可將覆盆子取代」。緊接第二章：

> 即使憂鬱可能因文字并生，短暫
>
> 如季候病開始，且坐窗前這樣
>
> 遠望漫不經心──意識與性靈判若
>
> 兩人，可是一支筆何曾不讓思想超前
>
> 感性搶先？舉凡喬木種種都經目測
>
> 繼之以實地丈量，反覆比對，配置
>
> 在接近西線多陽光的隙地前
>
> 縱使去年的計畫到今天還不見執行〔註52〕

從喬木的種植經過目測、丈量、反覆比對、與配置，可知這一連串縝密的規劃過程，是導致種植計畫延宕的原因之一。表面上，種植計畫的蹉跎，是詩人主要的關懷。但細究之，「可是一支筆何曾不讓思想超前／感性搶先？」可知楊牧內心所關注，應當仍是創作的追尋與完成──讓「思想」與「感性」能夠超前、捕捉瞬逝的靈光。然而從「憂鬱」、「意識與性靈判若／兩人」等句，或可推測詩人追尋的過程遭遇到了阻礙。如同種植計畫的執行，詩人對於文字的配置與精準度高度要求，形成書寫上的延宕。若是進一步追究窒礙的根本因素，可能如前文所述，乃詩人年老、血氣衰頹，不再靈敏的緣故。但重新檢視：「可是一支筆何曾不讓思想超前／感性搶先？」「可是」此一語氣轉折，又帶出楊牧背後積極、不畏阻礙的追尋態度，此與陶淵明年老閒居鄉間、仍暗含一展鴻圖之願的精神，猶可呼應。加上前述，楊牧表面對於種植計畫的蹉跎，與內在有感於創作追尋的窒礙，兩者為內、外二層次的映照。此與陶詩「淹留豈無成」兼有學問無成、以及暗含等待一展長才機會的表、裏意義，為作品結構面向上的呼應。若從章法結構上觀察，亦屬於「承文本性」（hypertextuality）的派生關係。

　　小結楊牧〈時運〉、〈榮木〉與〈九日閒居〉三首和陶詩，除了詩題相仿，若從內文觀察，楊牧與陶詩原文幾乎沒有任何互涉，不僅無最基本的「引語

〔註51〕楊牧：《長短歌行》，頁44～45。
〔註52〕楊牧：《長短歌行》，頁45。

共在」關係，甚至看似逸離陶詩本意，進行自我的發聲、表述。然而，從作品呈現的生命情態著手，對照陶詩與楊牧的和詩，可發現兩者精神層次上的「神似」之處。而作品核心的「神似」，又因為外在形式、與表相內容之殊異，於是陶詩與楊牧詩整體上乃呈顯一若即若離的關係，既不可切割，亦能辨別二者間的相異特質。

再者，本節尋找楊牧詩與陶詩的互文關係，自古典傳統的「和詩」脈絡切入，從和詩不同於一般模擬之作的「神似」角度，驗證楊牧詩與陶詩的互涉，這看似逸離熱奈特的五種跨文本性類型。但，前述章節舉例「承文本性」特徵時，提到巴赫金（Bakhtin）自「作者的觀察與思考」、「語言使用風格」、「語言深處的組織原則」定義承文本性的摹仿現象；讓・米利則提出「手法結構」。筆者將兩者合觀，為了不使一切文本皆落入「派生關係」，故將「承文本性」的特點收束在對原文本的「敘事結構」、「語言和章法安排」等深入的理解、提煉、與轉化。然而若此處稍微放寬「承文本性」的定義範圍，巴赫金所謂：「作者的思考與觀察」，應指當前文本的作者，深入原文本作者「精隨」與「神韻」的摹仿。此頗似前述梅家玲所言，擬作者經由「神入」前人的「視域交融」，再至「賦形」的創作過程；亦似黃偉倫所述，「追和」前人，不僅是「形似」，更要以自我精神映照，達到「神似」境界。意即，若放寬定義範圍，楊牧詩與陶詩間所呈顯的生命情態上的「神似」，亦屬於「承文本性」的「派生關係」。

第四節 「神似」的內蘊——晚期風格

一、陶淵明的晚境之作

上一節，筆者自「同題共作」的互文基礎上，自「和詩」角度析理楊牧詩與陶詩另一層次的互涉關係，發覺楊牧於生命情態上，與陶淵明有「神似」上的呼應。這或許可一併解答第一節筆者所提出的疑問：即楊牧在短時間內與陶淵明「同題共作」的動機和出發點為何？可能便是楊牧對於陶詩所呈顯的精神、與人格的認同，甚至，有感於自身生命與陶淵明有所合契，故進而以創作應和、對話。

而如此契合精神情態的「神似」，也含有陶淵明與楊牧步入晚年，對生命

哲思的叩問、以及抽象真理的省思。例〈連雨獨飲〉〔註53〕，陶淵明即有：
「運生會歸進，終古謂之然。世間有松喬，於今定何間？」坦然面對人必得
一死的終結，以及對於長生追求的質疑。在作品中段，詩人雖云：「試酌百情
遠，重觴忽忘天」，言飲酒使人忘卻世間百轉千迴的憂思，但筆鋒一轉：「天
豈去此哉？任真無所先」，云真正能擺脫憂愁雜念的方式，唯有內心任真自得，
且順應時運之流轉，與自然合一。末尾「自我抱茲獨，僶俛四十年。形骸久已
化，心在復何言」，詩人認為，雖外在形軀變化無常，但只要此心長存任真自
得的信念，便無需過度煩憂。

對於因生命有限所引發的苦惱，以及欲跳脫形軀限制、企求長生之願，
此中所產生的衝突與調和，同樣出現於〈形影神三首并序〉。透過〈形贈影〉、
〈影答形〉、及〈神釋〉等各篇章，層層凸顯詩人對於人生價值的思索、矛盾、
與最終的解消。〈形贈影〉〔註54〕裏：「天地長不沒，山川無改時。草木得常
理，霜露榮悴之。謂人最靈智，獨復不如茲！適見在世中，奄去靡歸期。……
我無騰化術，必爾不復疑。願君取吾言，得酒莫苟辭」，代表的是有感於人生
苦短，忽而與萬物遷化，須及時行樂的處事態度；〈影答形〉〔註55〕：「存生
不可言，衛生每苦拙。誠願遊崑華，邈然茲道絕。……身沒名亦盡，念之五情
熱。立善有遺愛，胡可不自竭？酒云能消憂，方此詎不劣？」「影」首先認為
求仙養生之道不可期盼，更在「形」及時行樂的態度之上進行省思，提出「立
德」、「立功」等傳聲名於後世的積極作為；〈神釋〉〔註56〕則在「形」、「影」
的各自信念上，翻轉另一思考層次，嘗試解消他們的執著之苦。「神」首先說
道：「日醉或能忘，將非促齡具？」言「形」之醉酒或能暫忘人生苦短之憂，
然而過量反倒加速短壽。「立善常所欣，誰當為汝譽？」肯定「影」立德、立
功的出發點，卻對名聲能否遠播後世，抱持懷疑的立場。「神」認為：「甚念傷
吾生，正宜委運去。縱浪大化中，不喜亦不懼。應盡便須盡，無復獨多慮」，
唯有隨順自然，不以長生而喜，不以夭壽而懼，屏除雜念，坦然接受天命之
安排，才能臻於完善之境。此外死生憂喜的處世哲學，頗契合《莊子》之旨，
案王叔岷之語：「此形影神三詩，為探討陶公思想進益之跡，極重要之依據。

〔註53〕王叔岷：《陶淵明詩箋證稿》，頁154～159。
〔註54〕王叔岷：《陶淵明詩箋證稿》，頁75～80。
〔註55〕王叔岷：《陶淵明詩箋證稿》，頁80～84。
〔註56〕王叔岷：《陶淵明詩箋證稿》，頁84～92。

陶公富於詩人之情趣，兼有儒者之抱負，而歸宿於道家之超脫。三詩分陳行樂、立善、順化之旨，為陶公人生觀三種境界。順化之境，與莊子思想冥合，此最難達至者也。……陶公一生，雖亦多感慨憂慮，而質性自然，終能達順化之境，所以為高也！此為陶公思想最成熟時之境界，三詩蓋陶公晚年之作也。」〔註57〕此處指出陶淵明晚年的成熟境界，或可借用艾德華・薩依德（Edward W. Said）「晚期風格」（Late Style）之理論以對照、詮釋。

何謂「晚期風格」（Late Style）？據艾德華・薩依德（Edward W. Said）之言乃偉大藝術家人生漸近尾聲之際，當肉體衰朽，健康開始轉壞，他們的作品和思想所生出的一種新語法，即是晚期風格〔註58〕。而晚期風格所指涉的二種特性，一為：「反映一種特殊的成熟、一種新的和解與靜穆精神」；一為：「並非表現為和諧與解決，而是冥頑不化、難解，含有未解決的矛盾。」〔註59〕

初步理解晚期風格的二種要素後，亦有另一根本問題尚待釐清：舉凡藝術家的閱歷、創作過程、與生理年歲皆不相同，則「晚期」之「晚」於藝術家生命史中該如何界定？首先，薩依德晚期風格論是承繼阿多諾（Theodor Ludwig Wiesengrund Adorno）之說，而阿多諾對於「晚」、「遲」之詮釋，似乎「非必指此風格出現於漫長人生或藝術生涯晚年、遲暮、末年之謂」，而是「構成一種本質有異的風格」。與前述薩依德「當肉體衰朽，健康開始轉壞」此偏重客觀生理變化的定義，認為「晚期」即是「人生的最後或晚期階段」似有所不同。但薩依德亦指出，藝術家的生理變化，最終仍得指向思想或作品所呈顯的「新語法」，而此「新語法」便是阿多諾所言「本質有異的風格」。綜合阿多諾與薩依德，二者對於晚期風格的詮釋、引申雖有所差異，然而皆指向一核心概念——「晚」不僅只是客觀時間上，藝術家生涯之末期；「晚」、「遲」，應當包含某種作品的體式、格調、特色，甚至是藝術家心理情境的變化。故藝術家亦有可能於中年、或更早時期，即進入晚期的心境與風格。如同「貝多芬生涯中期有晚期風格的影子或種子，晚年有中期風格的殘跡或重現。」〔註60〕

〔註57〕王叔岷：《陶淵明詩箋證稿》，頁91～92。

〔註58〕艾德華・薩依德（Edward W. Said）著，彭懷棟譯：《論晚期風格——反常合道的音樂與文學》（臺北：麥田出版，2010年3月），頁85。

〔註59〕艾德華・薩依德（Edward W. Said）著，彭懷棟譯：《論晚期風格——反常合道的音樂與文學》，頁84～85。

〔註60〕艾德華・薩依德（Edward W. Said）著，彭懷棟譯：《論晚期風格——反常合道的音樂與文學》，頁49。

　　陶淵明晚年心境的開端，或云晚期風格的種子於何時埋藏他的心底？前一節所述〈時運〉與〈榮木〉；以及此節的〈連雨獨飲〉，即提供些許切入的線索。三首詩同作於 404 年，時值陶淵明四十歲，若以詩人六十三歲逝世以觀，此時當值人生中年。然而〈榮木〉卻有：「念將老也！」之嘆；〈時運〉亦有：「黃唐莫逮，慨獨在余！」之感；〈連雨獨飲〉則有人生價值追求的哲思辯證。加之，據年譜，隔年 405 年 8 月，陶淵明補彭澤令，歷八十多日，11 月自表解職，正式開啟爾後二十二年躬耕田園的生活，至 427 年逝世為止〔註61〕。意即，我們可合理推斷陶淵明決心回歸田園的當年、與前一年 404 年，正是他心境上產生轉折、變化的時期，遂有慨嘆衰老、以及對於人生信念的省思。此充分呼應前述：晚期風格之「晚」、「遲」，不僅只是客觀生理血氣的衰頹，更包含作品體式、格調、特色、與創作者心理情境的變化。

　　而晚期風格所指涉的兩種特質：「反映一種特殊的成熟、一種新的和解與靜穆精神」；以及：「並非表現為和諧與解決，而是冥頑不化、難解，含有未解決的矛盾」，亦反覆交織、呈顯於陶淵明的詩作中。例如前述〈連雨獨飲〉與〈形影神三首并序〉追求任真自得、順應時運流轉、和自然合一的成熟靜穆；亦如〈時運〉中相悖於外境和諧的矛盾內在；以及〈榮木〉和〈九日閒居〉裏，雖身於田園卻也懷抱儒者一展鴻圖之願的衝突內心。

二、楊牧的晚期風格

　　楊牧 10 首與陶詩同題互文的作品，除了〈阻風〉（注：陶詩原題為〈從都還阻風於規林〉）為陶淵明 36 歲之作，其餘皆作於 40 歲之後〔註62〕，即是筆者定義陶淵明晚期風格的起始點。因此，若說楊牧詩與陶詩的互文關係，為生命情態上的「神似」，則「神似」的具體內涵，應當即是「晚期風格」的呼應〔註63〕。

〔註61〕楊勇：《陶淵明集校箋》，頁 434～435。

〔註62〕陶淵明〈停雲〉、〈時運〉、〈榮木〉、〈連雨獨飲〉作於 404 年，時值 40 歲。〈歸鳥〉作於 406 年、〈形影神三首并序〉為 413 年、〈九日閒居〉為 424 年、〈有會而作〉則是 426 年。上述引自楊勇：《陶淵明集校箋》，頁 429～430；頁 436～437；頁 443；頁 461～462；頁 463。

〔註63〕有關楊牧「晚期風格」的論述，前人已有李星瑩《楊牧詩及其晚期風格探究》（國立政治大學國文教學碩士在職專班論文，2016 年）的論述。然而，筆者此處由楊牧與陶詩相和、神似的角度出發，考察其晚期風格，與李星瑩的切入角度並不相同。再者，李星瑩論文最後一章著重分析楊牧晚期風格的成熟

境界；筆者本節不僅將探討楊牧晚期風格的「圓熟」，更會揭示其詩中「疏離、高度個人化、矛盾」的一面。此更有別於李星瑩的論證。

關於楊牧「晚期風格」的起始點，經筆者考察，集結 1992 年至 1996 年間的作品《時光命題》，應可視為開端。例如〈樓上暮〉：「甚麼事情發生著彷彿又是知道／海水潮汐如恆肯定我知道／這個世界幾乎一個理想主義者都／沒有了，縱使太陽照樣升起，我說／二十一世紀只會比／這即將逝去的舊世紀更壞我以滿懷全部的／幻滅向你保證」。此詩作於 1992 年，楊牧正任教於香港清水灣科技大學，那時夏天已近尾聲，一日黃昏眺望南中國海之際，有感舊世紀的耗損與衰敗，而生發焦慮、疲憊之情，甚至對於新世紀將啟的未知，抱以幻滅的保證。根據利文祺的說法（引自《每天為你讀一首詩》：http://cendalirit.blogspot.com/2016/07/20160718.html），此世紀末的失落情懷，「將時間視為直線朝向終點行進、認為理想主義不再的幻滅感」（利文祺語），一再映現於《時光命題》中。如〈致天使〉：

透過枯萎的鐵欄杆思想
凡事變得瑣碎。去年的
水痕殘留在冥漠的空間
我的視線裏裏非常疲倦——
天使，倘若你不能以神聖光榮的心
體認這纖錦綿密的文字是血，是淚
我懇求憐憫

天使，倘若你已決定拋棄我
告訴我那些我曾經追尋並以為擁有過的
反而是任意游移隨時可以轉向的，如
低氣壓凝聚的風暴不一定成型
倘若你不能以持久，永遠的專注閱讀
解構我的生死

文學作品是個人和外在世界互動的感觸，更是理想的體現，與情志的投射。這樣血與淚的心志，在這由「枯萎的鐵欄杆」所築起的世界，一再遭受耗損、折逆。詩人不免於疲倦中，渴望一知音、或超越主宰的體認與憐憫。然而曾經堅執的理想，在現實裏卻是被迫游移、轉向。而懇求的知音，那「理想主義」的救贖者，亦不曾降臨來到。

如此疲憊、傷感，對於新世紀不懷任何期待的心境，反覆出現在其他詩作中。〈客心變奏〉：「灰白的頭髮朝一個方向飄泊，隨那漸次／轉黯的天色而模糊，終於妥協／肯定一切擁有的和失落的無非虛無」；「大江流日夜／不要撩撥我久久頹廢的書和劍」，此處灰白的頭髮未必指涉現實中的生理樣貌，而是心境的老朽與寂滅。此時甫過知命之年的楊牧，或許更多感嘆，是來自於象徵理想的「書」、「劍」的衰頹，與妥協。如同〈心之鷹〉：「於是我失去了它／想像是鼓翼亡走了／或許折返山林／如我此刻竟對真理等等感到厭倦」。而正值中年，心境已然衰老的慨嘆，亦如〈歸北西北作〉：「暑氣直接向正南方退卻，一天／比一天稀薄，如午夜壁爐裏的餘燼／在我孤獨的注視下無聲無息化成灰／如悄然老去的心情懸掛在纍纍瓜棚上」。

　　楊牧如何應和陶淵明晚年對於生命哲思的叩問？詩人作品裏對於抽象真理的追索、省思，提供我們些許思考的方向。應和陶淵明〈連雨獨飲〉的〈連雨一〉〔註64〕：「這一次眾樹各自接受了指定的音域／完美的合唱曲，持續震動於瀰漫／水色之中，並以古典長調和聲喧譁」，開頭描繪雨滴擊打樹葉的聲響，形成一和諧的自然界樂章。緊接下句：「歌頌遲疑的我心臟之雙魚／時空循環與命運倚伏一類的秘密」，則是詩人進入個人有關「時空」、「命運」等隱密的抽象思考。第二章：

> 惟我無言巡視那些重疊，發光的弧
>
> 形，領悟諸唇齊聲詠歎率呈微啟
>
> 若是現在輪到我謹敬就座，思索
>
> 風寒節氣與聲聞訓詁的關係，是不
>
> 是這其中就有可能理出一系列隱喻？〔註65〕

「重疊發光的弧形」，或許指涉雨後陽光初啟，光線透過雨滴產生散射，所形成的光圈；至於「諸唇齊聲詠歎」，可應和首章雨滴擊打樹葉的「完美的合唱曲」。「葉片」作為發聲的媒介，故以「嘴唇」喻之，甚至二者於外形上猶可媒合，此處可見詩人掌握文字之敏銳。再者，詩人謹敬就座所關懷的，即是大自然運行背後的秩序與蘊含的抽象真理——所謂「一系列隱喻」。而我們可合理推斷楊牧對於「隱喻」的探求，最終仍是為了創作的完成。此可呼應前文所析理的〈時運〉中：「宇宙賦予的浩蕩主題」、「讓文字舛錯減少至最低」〔註66〕；以及〈九日閒居〉：「可是一支筆何曾不讓思想超前／感性搶先？」〔註67〕等有關書寫的省思。回到此詩，楊牧思索的「風寒節氣」、「聲聞訓詁」，更隱含他創作的核心理念。「風寒」乃外在氣候的呈顯，「節氣」則是人類觀察日、月運行，根據氣候變化，賦予人們各時節的農事或文化活動，有一可遵

　　　上述楊牧所呈顯的世紀末頹然，或可視為「晚期風格」的開端。由於對現實處境深感疲倦，於是期盼超越那些使人憂憫、傷感的時刻與經驗，企圖擺脫表象對立，進入事物的原初本質。誠如賴芳伶指出《時光命題》：「在現實指涉方面明顯減弱，或許可以說愈朝抽象境域逸出，擴大，深植，至於原已匿藏的曖昧蒼茫感，則更見冷凝幽邃。」引自賴芳伶：〈《時光命題》暗藏的深邃繁複〉，《興大中文學報》第十四期（2002年2月），頁30。

〔註64〕楊牧：《長短歌行》，頁46～47。

〔註65〕楊牧：《長短歌行》，頁47。

〔註66〕楊牧：《長短歌行》，頁41。

〔註67〕楊牧：《長短歌行》，頁45。

循的具體內涵。兩者為「外在」與「內裏」的映照。承接上述,若連結詩的書寫,「聲聞」則代表著「音樂性」,可引申為對外在形式的探求;「訓詁」意指「字義的考證」,可引申為對作品內蘊精神的窮究。兩者合觀,即是作品「形式」與「內涵」間的平衡,頗能呼應楊牧一貫追求的書寫理念。

另外值得一提的是,《長短歌行・輯二》裏共 11 首詩,其中 10 首為楊牧與陶詩同題互文的詩作,而另一首,則是置於《輯二》開頭的〈與人論作詩〉。

筆者詮釋〈時運〉、〈九日閒居〉、與〈連雨一〉,從楊牧自省書寫理念的角度切入,肇因〈與人論作詩〉的內文正是楊牧對於自身創作的省思。筆者認為此詩編排於《輯二》之首,對於如何閱讀、詮釋後 10 首同題互文詩作,起到一定程度指引、暗示的效果。此詩與陶詩雖無同題互文,然而開頭首句:「今日天氣佳,惟白雲舒捲」,則引自陶淵明〈諸人共遊周家墓柏下〉:「今日天氣佳,清吹與鳴彈」,為「引語共在」關係。陶淵明此詩作於 418 年,時 54 歲〔註68〕,歸隱田園已歷 14 寒暑。同前述〈連雨獨飲〉與〈形影神三首〉,此詩:「今日天氣佳,清吹與鳴蟬。感彼柏下人,安得不為歡!清歌散新聲,綠酒開芳顏。未知明日事,余襟良已殫」〔註69〕,亦隱含陶淵明豁達、超然的生死觀。綜觀此詩,文字簡潔、清晰。藉遊歷所見柏樹下的墓塚,引發人生實短,且需盡歡的感嘆。此中展現的曠達、超脫,可說是圓熟的晚境之作。回頭觀覽楊牧〈與人論作詩〉:

> 今日天氣佳,惟白雲舒卷
> 在我胸次浮沉,舉凡意象符號
> 與聲韻等皆隱約築起心牢將你我
> 於拗峭棕梠間幽禁,再也
> 聽不見箜篌上下交響,看不
> 見水邊有陰影迅速自樹巔跌落
> 或破碎的形狀印證無妄之波光瀲灩〔註70〕

首章,詩人自述囿於「意象符號」和「聲韻」等有關詩的內容和形式所築起的「心牢」,從而感受不到外境所賦予的種種聲光訊息,舉凡自然界上下交響的各種聲籟、樹巔與水邊的光影。然而細究之,此為詩人自覺與紛擾外境隔絕,

---

〔註68〕楊勇:《陶淵明集校箋・年譜》,頁 452。
〔註69〕王叔岷:《陶淵明詩箋證稿》,頁 136~139。
〔註70〕楊牧:《長短歌行》,頁 36。

為了保有創作時的純淨心地。則此處「心牢」、「幽禁」，則顛覆往常負面字義，而帶有詩人嚮往孤獨、追求詩藝的積極意涵。緊接詩的後半：

> 允許我以破曉時分目睹
> 那啟明一等星的光度為準
> 既知短時間裡眾宿合絃罷
> 都將紛紛熄火，滅去，如賢愚不肖
> 各取歸途，在午後細雨中分別
> 趕路：零亂的腳程踏過彼此倉惶
> 多風的胸次〔註71〕

楊牧以「眾宿」為喻，藉由星辰彼此間的環繞、運轉，表達創作中「意象」、「情境」、或「語言」的眾聲喧嘩；亦可詮釋為，詩人們在時代中各領風騷，參與合絃，相互放光發熱。但無論是短暫絢爛奪目的意念；或是搭上一時風潮的詩人，極可能在經過時間檢驗後，終倉惶消逝，「紛紛熄火，滅去」。而所謂「一等星的光度為準」，指楊牧對於詩藝追索的嚴格要求。詩人心中的創作準則與典範，當如位居五大行星亮度之首的啟明星，耀眼，永恆。

此外，〈與人論作詩〉表面上與陶詩原旨無涉，然而同樣自「神似」角度觀察，仍可發現楊牧呼應陶詩「自然」、「達觀」等態度。首章：「今日天氣佳，惟白雲舒卷／在我胸次浮沉」，似乎僅表達一種寫作狀態。若將此狀態與隔絕外境喧囂、追求孤獨的心地相結合，可知楊牧理想中的「孤獨」，非哀怨自憐，而是精神處於飽滿、閒適、及自然的境界──此即呼應陶淵明歸隱田園後的生命情態。

〈連雨二〉開頭：

> 另外有時候我直接看見無數喜悅的
> 眼神自海底升起，似乎將有所宣示
> 關於聚散離合，超越與頹廢
> 而比月光更準的是深情來回的潮汐
> 直到天宇一定高度，靠近冥王星
> 曩昔展望以睥睨，廣大的領域〔註72〕

「海底升起的無數喜悅眼神」，可能為魚族、浮游……等海中生物。而筆者認

〔註71〕楊牧：《長短歌行》，頁37。
〔註72〕楊牧：《長短歌行》，頁48。

為，此處應指海洋所映照出的星空，以呼應後頭「所宣示的聚散離合」——
當是各類星體彼此間或接近、或疏遠的運行關係。而所謂的「超越與頹廢」，
可能暗指星雲運轉背後所遵循的準則、秩序；以及連結希臘神話，各星體所
代表的神祇，彼此間的糾葛、鬥爭、與暴力〔註73〕。「而比月光更準的是深情
來回的潮汐」，此句頗值得玩味。「月光」可能因雲層、光害……等自然或人
為因素而被遮掩，唯有「潮汐」因太陽與月球天體運行的影響，變化規律、精
準。而代表海洋的潮汐，又可連結前述映照的星空中，各類運轉的星體。他
們遍布廣闊，「靠近冥王星」、直達太陽系邊界，甚至延伸到更遙遠的星系，
那「廣大的領域」。緊接：

〔註73〕楊牧《長短歌行》裏，即有多篇詩作隱含神話的意象。例如卷首〈希臘〉：

　　　諸神不再為爭座位齟齬
　　　群峰高處鐫琢的石磄上深刻
　　　顯示一種介乎行草的字體
　　　乃是他（她）們既有之名，永遠的
　　　浮雲漂流成短暫的殿堂，各自
　　　佔有著，俯視遠處海水洶湧
　　　發光，讓我們揣測那激盪的心
　　　惟此刻一切都歸於平淡，就像
　　　右前方那安詳坐著的小覡且依靠
　　　一株海棠近乎透明地存在著（象
　　　徵遺忘）對過去和未來
　　　聽到的和看到的都不再關心，縱使
　　　早期凡事擾攘遠近馳驟的赫密士
　　　曾經奔走把彼此不安的底細說分明

　首句：「諸神不再為爭座位齟齬」，可理解為那些磅礡神話，在現今已「除魅
化」、高度發展的科技時代，似乎已喪失過往傳唱的榮光。諸神過去因各種情
愛仇恨而鬥爭的事蹟，有如過眼雲煙，僅剩石刻上行草般凌亂的既有之名；
僅剩浮雲漂流成的短暫殿堂，為祂們此刻所占有的一小角，徒然俯視遠處海
水洶湧，時間的遞嬗。即使能夠溝通神與人的小覡，也「近乎透明地存在著」；
或是為宙斯和諸神奔走、穿梭神、人、冥界的使者赫密士，亦對「聽到的和
看到的都不再關心」。皆暗示神話的遠去，不再輝煌。楊牧寫作此詩，含有將
過往失落神話，重新召喚的企圖。其餘如〈雲舟〉：「等候著的大天使的翅膀」；
〈猣猭〉所詠的中國神獸；〈童話〉中的精靈族類；〈鷓鴣天〉的獨角獸；〈榮
木〉裏失誤的天使；〈歸鳥〉與《琴操變奏九首》的六翼天使；〈歲末觀但丁〉
裏神話場景的描繪，以及將詩人苦心的創作喻為「煉獄」的折磨……等，皆
是透過神話隱喻，開啟個人思辨。而《長短歌行·跋》，楊牧亦對希臘神話予
以他的啟示，進行創作上的反思。故筆者此處將「聚散離合，超越與頹廢」
的星體與希臘神祇連結，即緣於此。

　　一旦我們確定通過懺悔今是而昨非

　　從神經末端折射回來的光必然

　　環繞著蠶桑的理論與實際進行檢驗

　　有人在南斗西南雨聲裏試酒獨飲〔註74〕

「今是而昨非」，引自陶淵明〈歸去來兮辭〉，為「引語共在關係」。而「懺悔」內容所指為何？若對應前句「曩昔展望以睥睨」，可推測：在天宇中所睥睨者，應是前述所指各星座連結的希臘神祇，在鬥爭、暴力、與悲劇的無盡輪迴後，終於領略、懺悔昨日之非。而神祇的鬥爭，也正是普遍「人性」的赤裸展現，二者為一體兩面。云神祇之非，暗含對人類歷史不斷重蹈的暴力與悲劇，進行省思。而在一連串關於自然變化、天體運行之秩序、與神話所啟示的抽象思辨後，楊牧於末尾應和陶淵明「覺今是而昨非」，自官場退隱、回歸田園的人生歷程。「蠶桑」使人聯想〈桃花源詩〉：「春蠶收長絲，秋熟靡王稅」〔註75〕的純樸農村生活；「南斗西南」，為二十八宿之一「斗宿」中的其一星官——「農丈人」所處方位，農丈人主管農官田政，與「蠶桑」合觀，塑造出的當是典型的田園隱者形象。則「雨聲裏試酒獨飲」者，當指涉陶淵明無誤。

　　〈形影神〉〔註76〕則透過〈影致形〉、〈形贈影〉、〈神釋〉以呼應陶詩，層層揭示楊牧對於抽象真理的省思。值得注意的是，楊牧並不全然遵從陶詩〈形贈影〉、〈影答形〉之順序，而以〈影致形〉作為開頭，似有翻轉陶詩旨意的企圖。前述陶詩形、影、神各有對應之生命態度，若從層次上判別，主張「及時行樂」之「形」，於三者中應屬較消極的最低層次。而楊牧〈影致形〉〔註77〕：「生來不為超越而存在或因蹉跎猶豫／覷睍懷抱萬種空虛／於可憐敏的一顆心，並嘗試突破／降落在從未曾去過的陰陽分水嶺」；「惟四肢深陷封閉型空間／與隱花植物類進行了一次無性生殖／彷彿不屬於自已」，皆暗指「影」受制於「形」，而無能超越、自主存在的本質。此即翻轉陶詩中「形」、「影」間的價值地位。緊接〈形贈影〉〔註78〕：「假使你確定此刻你之所以飄搖零落正如／午時水世界的蜉蝣在漩渦中心短暫／取得一個位置，且開始思

〔註74〕楊牧：《長短歌行》，頁48～49。

〔註75〕王叔岷：《陶淵明詩箋證稿》，頁519。

〔註76〕楊牧：《長短歌行》，頁60～65。

〔註77〕楊牧：《長短歌行》，頁60～62。

〔註78〕楊牧：《長短歌行》，頁62～63。

考／繁瑣的現象與本體之所以相對稱／復彼此抵消就可以構架為一永恆的／生命論述，或死亡——」，此處「你」可指「形」所贈予的對象「影」，然而亦可詮解為「形」之自喻。若從「自喻」角度切入，可視為「形」對於「影」無能自主、超越的狀態進行調和與解消——因為無論「形」、「影」，二者終究是一體之兩面，在超越的主宰面前，有如朝生暮死之蜉蝣，並無誰優誰劣誰等層次上的區別。然而即使是蜉蝣，亦能在朝生暮死之中，短暫思考「現象」與「本體」有關「永恆的生命或死亡」等命題，如此，「永恆」與「剎那」間絕然二分的對立似乎消弭了，此中隱含一辯證的意味。此辯證意味，亦於〈神釋〉中出現。陶淵明〈形影神三首〉含有對生命價值何在的疑惑與叩問，最終都於〈神釋〉裏獲得解消。且案陶詩〈神釋〉原文：「與君雖異物，生而相依附」〔註79〕，可知形、影、神雖於本質及生命信念上有異，然而三者卻是相互依附，斷不可分離。楊牧〈神釋〉〔註80〕卻從而導出另一面向的價值衝突：「我承認我永遠先走一步／以慧黠掩飾羞澀的表情」，此句應當呼應開頭：「缺乏普救的定義」。意即，唯有「神」擺脫超越主宰的束縛——「絕對的自由，零羈絆，且透明無所／不在，永遠比爾等輕若山谷漂泊／吹過的風」，「形」、「影」則未能獲得普遍之救贖，「羞澀」似乎即意指「神」對於和「形」、「影」斷開依附關係後的心理狀態。緊接：

> 曾經屬於我的
> 惟有當寂寞也變成完全屬於我
> 的時候，當四冥八荒充滿了宇宙勢必
> 沉淪的異象，我站在雷雨初歇的野地
> 嘗試解說一些重複的徵兆
> 為你，以約定的程式
> 直探依稀多情的心，堅持摧折
> 當無邊的寂寞證明完全屬於我
> 也只有流落人生歧路上的你
> 和你，是我惟一的不捨〔註81〕

如同先知總是孤獨，即使「神」領略了超越的本質，博通一切，嘗試在世界沉

〔註79〕王叔岷：《陶淵明詩箋證稿》，頁86。
〔註80〕楊牧：《長短歌行》，頁64～65。
〔註81〕楊牧：《長短歌行》，頁64～65。

淪、終結以前，持續拯救尚未獲得救贖之人；持續向他者啟示那些「重複的徵兆」。然而最終仍是徒勞，「普救」難以實現，「神」注定屬於「無邊的寂寞」，「惟一的不捨」所指涉，當指與「神」分離、流落的「形」和「影」。若「救贖」無能普及眾人；抑或等在超越的先知前方的，僅是無邊寂寞，則如此「絕對的自由」與「零羈絆」，是否還有意義？此當是楊牧此詩所蘊含，有關哲學義涵上的辯證。

承接上述，我們可隱約透視到楊牧晚期風格中「雍容、圓熟」的表現，即使作品裏牽涉到景物之敘述，也跳脫一般具象的描繪方式。相對於客觀外境，更多乃是自我心影錄的投射。從而契入廣袤的空間與時間向度，思索神與人、永恆與剎那、以及自我學識和創作追索……等等抽象之命題。他捨棄鮮明題材，且不使主觀情緒過度干擾詩中意象，那近似冷凝、淡漠、疏離的視角，為的是能更客觀掌握他所關切的，包含學識、真理、歷史與現實……等命題〔註82〕。

然而不可諱言，如此疏離、高度個人化的意象和語法上的經營，卻也可能使一般讀者落入詮釋上的困境。舉凡〈形影神〉中，許多意象的指涉即過於晦澀。如：「未曾去過的陰陽分水嶺」；或是援引自希臘字彙（Topology）：「不容／解說的感性拓樸之全部」；以及：「這樣遠遠瞭望許久，確定／臨風獨立的是，不可能變化再生／如此完整，無可增減的原初」；「我們的／眼色左右變換，驅遣／系列失重的符號，以虛無／支配陌生的罔兩」〔註83〕……等，甚至細究之，有些詩句明顯過度「概念化」。再如〈連雨一〉：「歌頌遲疑的我心臟之雙魚／時空循環與命運倚伏一類的秘密」，為詩人進入「時空」、「命運」等隱密的抽象思考。但何謂「心臟之雙魚」？此隱喻亦顯得晦澀，且與前述「遲疑的我」連結，無論是句構、語法上皆顯突兀。再者，例如：「惟我無言巡視那些重疊，發光的弧／形，領悟諸唇齊聲詠歎率呈微啟」，「弧形」此一名詞被割裂、置於相異詩行；同樣情形亦出現於末三行：「若

〔註82〕如陳芳明曾說：「現實的指涉與心靈的鑑照，是楊牧文學思維的兩個面向。在他的創作歷程上，這雙軌的發展頗有辯證的意味，相剋相生，互為表裡。」引自陳芳明：《深山夜讀》（臺北：聯合文學，2001年3月初版），頁172；賴芳伶亦指出《時光命題》：「在現實指涉方面明顯減弱，或許可以說愈朝抽象境域逸出，擴大，深植，至於原已匿藏的曖昧蒼茫感，則更見冷凝幽邃。」引自賴芳伶：〈《時光命題》暗藏的深邃繁複〉，《興大中文學報》第十四期（2002年2月），頁30。這些皆可印證於《長短歌行》的詩作。

〔註83〕楊牧：《長短歌行》，頁60～63。

是現在輪到我謹敬就座,思索／風寒節氣與聲聞訓詁的關係,是不／是這其中就有可能理出一系列隱喻?」〔註84〕「是不是」亦被分行處理。此「迴行」式的現代詩技法,原為調整節奏,製造一種迴還連綿、似斷非斷的閱讀及朗誦效果。然而,筆者認為「迴行」的過度使用;或者將詞彙割裂,用以進行「迴行」技法,詩行與詩行間,原本順暢的節奏將轉為滯礙,造成閱讀上的遲疑、中斷、及懸宕。

　　若將範圍放寬至整本《長短歌行》,會發現這樣「一種難解、高度個人化,而且(對聆聽者,甚至對他當代人)有點不吸引人,甚至令人嫌惡的語法」〔註85〕反覆地出現。例如〈希臘〉:「一株海棠近乎透明地存在著(象／徵遺

〔註84〕楊牧:《長短歌行》,頁46～47。
〔註85〕艾德華·薩依德(Edward W. Said)著、彭懷棟譯:《論晚期風格——反常合道的音樂與文學》,頁57。
　　　　此外,楊牧令一般讀者感到拗口的語法、或造成閱讀節奏難以掌握的「跨行長句」,於《長短歌行》的前一本詩集《介殼蟲》裏即有相似情形。例〈池南菁溪〉的末段:

方向偏南
午後最明亮的水生木筆
稀落的圖像兀立,等候
日光在我心跳動靜的過程裏
轉暗淡而留下一隻黃雀領先
穿越無數折斷的倒影飛臨
遂降落在特定而更多羽類隨後
亦復靜止各據木柵一桿圍水呼應
的痕跡,而我雙槳起落若有歌
而聚焦的霞光遲遲照在背上
溫暖,未來之歸屬
反射的永遠的追逐

「黃雀」為詩人意識的象徵,當「日光」在時間的驅策中轉為暗淡,意指自然界事物無法免於時間主宰的同時,唯有黃雀,正飛越「無數折斷的倒影」,隱喻詩人追求永恆、欲突破時間限制的心志。然而,有些「跨行長句」的嘗試,在某些不習慣此種句法安排的讀者眼中,確實需要暫緩閱讀節奏,花費更多心思,仿若在長跑中途須不斷調整呼息與步伐,重新找到詩行節奏,和語意的中段、結束、以及起始點。如此,讀者感知、閱讀時,由「延遲」、「中斷」、及「懸宕」,再至掌握節奏後的「輕快」、「靈動」,便可能是其思維變化的過程。
　　　　例如標誌黃雀一連串飛越動作的場景:「……等候／日光在我心跳動靜的過程裏／轉暗淡而留下一隻黃雀領先／穿越無數折斷的倒影飛臨／遂降落在特定而更多羽類隨後／亦復靜止各據木柵一桿圍水呼應／的痕跡」,作為名詞的「痕跡」,乍看之下,因前述的修飾語而顯得頭重腳輕。需細觀,暫

忘）對過去和未來」〔註86〕以及〈與人論作詩〉：「聽不見箜篌上下交響，看不／到水邊有陰影迅速自樹顛跌落」〔註87〕，「象徵」和「看不到」的分行切割；而〈有歌〉：「透過不凋的藤花感覺昨夜熄滅／的星在泉水聲裏復活了」〔註88〕，在分行上，竟以介詞「的」作為起始，乍看之下，與前一行的節奏銜接上，亦顯突兀。相同情形，也出現在〈罌粟二〉：「如何與對方約定／維持不動使成某種格調，提示無解／的腥紅，忽然湧現的血？」〔註89〕〈有會而作〉：「不知道昨夜無聲淡出，向那不完整／的寓言逝去的是不是即使宛轉／回歸也未必就能指認的──」〔註90〕；〈形影神〉：「惟有當寂寞也變成完全屬於我／的時候，當四冥八荒充滿了宇宙勢必／沉淪的異象」〔註91〕；〈琴操變奏九首〉：「若不是超越角色氣質／的形類於是解體了，如天使著裝失誤」〔註92〕以及：「昔時憑藉以互通音訊，抱怨或控訴的／線路，失聯的神經支配著殘餘／的意識生與死」〔註93〕。

緩閱讀節奏，才知曉楊牧為了營造黃雀飛行、穿越的輕快感，使用跨行句式，讓「的痕跡」脫離前行，使語意連綿延續。

又例如〈松園〉末段：
關於記憶和遺忘比例尺的兩面
證明分毫無差距：蝴蝶夢中翻身
將紅鳩吵醒遂一口被它吃了的同時
另外一種鳥開始以複疊音彼此呼叫
太陽快速射入林地上方，美術與
詩轉透明為秘密全部

「將紅鳩吵醒遂一口被它吃了的同時／另外一種鳥開始以複疊音彼此呼叫」，初步觀察，似有落入散化語調的隱憂。讀者亦需要不斷調整呼息，尋找到新的閱讀步伐，才可感受楊牧以「長句」的「快節奏」，營造自然界物種互動、生滅的「剎那」過程。此外，「美術與／詩轉透明為秘密全部」，此處「秘密全部」無論是維持原句式，或倒置為「美術與／詩轉透明為全部秘密」，兩種釋讀，皆是顯得費解的個人語法。或如〈替身〉末二句：「戲謔在纖纖細葉陰裏，或裝病／換取對方，也即是我，的同情」。逗號的連續使用，斷裂語句，亦造成閱讀上的懸宕與中斷。

〔註86〕楊牧：《長短歌行》，頁5。
〔註87〕楊牧：《長短歌行》，頁36。
〔註88〕楊牧：《長短歌行》，頁14。
〔註89〕楊牧：《長短歌行》，頁27。
〔註90〕楊牧：《長短歌行》，頁58。
〔註91〕楊牧：《長短歌行》，頁64～65。
〔註92〕楊牧：《長短歌行》，頁74。
〔註93〕楊牧：《長短歌行》，頁78。

　　薩依德論述晚期風格時，以貝多芬為例，指出其晚期作品的隱晦、抗拒社
會，絕不單純是怪癖反常、無關宏旨的現象，而是具有原型意義的現代美學形
式，甚至，這形式與資產階級保持距離、拒斥資產階級，從而獲得更大的意義
與挑釁性格。〔註94〕細察之，楊牧的作品，實不若貝多芬如此抗拒資產階級，
甚至是劇烈的鬥爭性。但從抗拒資產階級這一現象，可推論貝多芬晚期作品的
疏離、反骨，不完全是思想、及藝術技法隨著生理血氣一同衰頹，而是有意識
的經營、抗拒，以求打破固有藩籬，重新探索藝術的可能性。換言之，楊牧嘗
試營造在普通讀者眼中，有違理常、不習於接收的語法，可說是他對於讀者的
挑戰；更是他對於自我詩藝的挑戰。舉凡前述：〈有歌〉：「透過不凋的藤花感
覺昨夜熄滅／的星在泉水聲裏復活了」；〈有會而作〉：「不知道昨夜無聲淡出，
向那不完整／的寓言逝去的是不是即使宛轉／回歸也未必就能指認的——」
介詞「的」、以及跨行長句的連綿語意，在初步閱讀時，確實會造成一般讀者
的節奏暫緩、及懸宕。仿若在長跑中途須不斷調整呼息與步伐，花費更多心思，
重新找到詩行節奏，和語意的中段、結束、以及起始點。

　　於是從這現象，我們可以推斷相對於「抗爭階級」來說，較為柔性、卻
也同樣顯示出「矛盾」與「放逐」的晚期風格：

> 西方文學有一派作者鄙夷「普通讀者」（the commonreader），作品不
> 欲人人能讀喜讀，宋詩有一派要去組麗而求平淡，除雕琢而顯骨力，
> 極端至於東坡謂「凡詩，須做到眾人不愛、可惡處，方為工」，陸放
> 翁進一步直言「俗人猶愛不為詩」。斷章取義套用的話，貝多芬大有
> 還有人愛，就不算音樂之意。〔註95〕

這與陳義芝所說楊牧「似乎不在意一般讀者能否掌握他的寫作語境」〔註96〕，

〔註94〕艾德華・薩依德（Edward W. Said）著，彭懷棟譯：《論晚期風格——反常合
　　　　道的音樂與文學》，頁93。
〔註95〕艾德華・薩依德（Edward W. Said）著，彭懷棟譯：《論晚期風格——反常合
　　　　道的音樂與文學》，頁57。此段引文為彭懷棟的導讀序文。
〔註96〕陳義芝：〈家鄉的想像與內涵——楊牧詩與花蓮語境〉，《風格的誕生——現代
　　　　詩人專題論稿》，頁160～161。原文中，陳義芝提及楊牧晚近以「花蓮」原鄉
　　　　為題材的詩作：「「即使有地名可對照，卻不易照出清晰的風景，他似乎不在
　　　　意一般讀者能否掌握他的寫作語境，他割捨鮮明的花蓮題材、元素、意象，
　　　　而做『一種追尋的自我表述』，『掌握個人的記憶，想像，和信仰』，『捉摸一
　　　　些飄渺的感覺和知識經驗』，那是他參與而亟於表現的『神話世界』，唯恐詩
　　　　筆『趕不上那神話世界所期望於我們的，所以就難免顯得隱晦而陰暗。』」

實有異曲同工之處。楊牧對此亦有深刻的自剖：

> 早期，30 歲以前，在詩裡找自己的 identity，現在反而是找看不見
> 的 identity。20 歲，不知道自己的性格；27、8 歲時好像找到了，〈延
> 陵季子掛劍〉有我自己的影子。此後寫詩，一直都有我。直到最近
> 這十年，我反過來要讓人在詩裡找不到我，所以，我在《長短歌行》
> 裡和陶詩以及韓愈的〈琴操〉，藉著陶淵明和韓愈引導人進入我思考
> 的境界，有時更想誤導。……我近來努力在創造不同的 style，希望
> 有別於過去。早期寫的詩都還記得，回頭看，有時覺得厭倦，有時
> 覺得難得。30 歲時，我寫詩就很老練了，現在沒以前老練，卻又更
> 老練。說不老練，因為在找變化，Adono 指的 tears and fissures，我
> 的確在嘗試這東西，故意使句子破碎，故意留下破綻。貝多芬第九
> 交響曲在進入 Choral 之前旋律游移不定，他這樣反覆猶疑，是為了
> 不流俗。〔註97〕

「沒以前老練，卻又更老練」，這之中存在一種「反圓熟」與「圓熟」的辯證。
楊牧的「圓熟、老練」，表現在詩中有關神與人、永恆與剎那、歷史與現實、
學術追索與創作真理……等命題。然而誠如前述，對於這些抽象哲思的探求，
楊牧往往並不導向和諧解消的終點——反倒是留下懸而未解的疑問或矛盾。
如〈時運〉對於外境之「失序」，如何保有人格節操的困惑；〈連雨一〉末尾：
是不／是這其中就有可能理出一系列隱喻？」的叩問。或是如〈形影神〉，有
關「永遠先走一步」、若先知般的「神」，卻有著「寂寞」、「堅持摧折」、「不
捨」等矛盾的糾結。這是詩的內文所呈顯的矛盾張力；外部則是句構、語法
上的安排，造成一般讀者閱讀時的疏離感。綜合觀之，這些要素結合成為詩
人晚期風格的樣貌。

　　另外值得一提的是，《長短歌行》裏十首與陶詩同題互文的作品，不斷出
現「宇宙」一詞，表超越的、一般知識無法企及的狀態〔註98〕。這代表楊牧

〔註97〕曾珍珍：〈英雄回家——冬日在東華訪談楊牧〉，《人社東華》第 1 期（花蓮：
　　　　東華大學，2014 年），http://journal.ndhu.edu.tw/e_paper/e_paper_c.php?SID=2。
〔註98〕《長短歌行》裏，除了與陶詩同題互文之作，其餘有在內文中以「宇宙」一
　　　　詞，表超越的、一般知識無法企及狀態的詩作，如〈脫序〉開篇首句「然而
　　　　有些情節始終不可預測」，點出萬化運行的準則，遠超於人類智識以外。即使
　　　　某一環節偶然「脫序」，也非人類能清楚知曉、介入。「或如魚類不得已／進
　　　　化為爬蟲的過程被人的夢魘打斷」，詩人在此以一巧妙比喻，似乎唯有身在夢
　　　　境，吾輩方能參與大化，透徹感悟「只剩宇宙洪荒搖動在一隻碗裏」。

身為一知識分子，對於表象世界的介入、搜索、以至抵抗達到極致之餘，便是嘗試突破表象，以契入事物本源，探討超越的根據與本質。故由客觀外境上溯宇宙；由有形、能感知的表象世界，上升到無形、意識所無法企及的抽象真理，便是楊牧晚近詩作特顯之處。如前述〈時運〉以秋苗、春風、羽翼、魚鱗跳躍於清溪、秋光逡巡門外等鮮活意象，對照詩人獨坐薄暮，苦尋不著方法以回應宇宙賦予的浩蕩主題〔註99〕；〈阻風〉首句「在想像不可及的前方高處」，再度映現詩人超越表象的追求，在「渺茫宇宙的盡頭」，任自我孤獨的心「展翅飛行如鶩」〔註100〕；〈有會而作〉以「迷路的星辰曾經不期而遇／在宇宙傾斜的邊緣」為喻，即使來不及發光照亮便已怔忡失色，也要繼續這看似徒勞的努力，繼續「下定決心趕赴／更遠的未知」〔註101〕；或如〈形影神・神釋〉的描述：「惟有當寂寞也變成完全屬於我／的時候，當四冥八荒充滿了宇宙勢必／沉淪的異象」〔註102〕；〈榮木〉以詩人窗外種植的一顆樹木開篇，「其奧秘仍然不是我所能／盡知，卻在殘夢那一頭繁瑣生長／以洪水的形勢洶湧朝向預言的現場」〔註103〕，指涉自然萬化運行的深妙，非現世肉身得以感應。

〔註99〕 楊牧：《長短歌行》，頁40～41。

〔註100〕 楊牧：《長短歌行》，頁50～51。

又，陶淵明〈庚子歲五月中從都還阻風於規林二首〉作於400年。據年譜，陶淵明時任荊州刺史桓玄的幕僚，奉桓玄之命，出使京都建康，公畢返途路中，順道回家省親，被風阻於途中，遂有此二詩。第一首單純自遊子角度出發，言歸心似箭、卻無奈困於道中的心情；第二首則增添個人身世之感：「久游戀所生，如何淹在茲！靜念園林好，人間良可辭。當年詎有幾，縱心復何疑！」隱含詩人思念故土、遠離世俗官場的情懷。上述引自王叔岷：《陶淵明詩箋證稿》，頁219～226。

〔註101〕 楊牧：《長短歌行》，頁58～59。

又，陶淵明〈有會而作〉作於426年，時值詩人六十二歲。據年譜記載，當年秋日大旱，又遇蝗災，詩序曰：「旬日已來，始念飢乏。歲云夕矣，慨然永懷！」扣合詩題「有會」，詩人因感生活困頓，故寫作此詩以抒發懷抱。此詩除了描繪生活的困厄與悲苦，更重要，還寄寓了詩人面對窮困時的志節：「常善粥者心，深恨蒙袂非。嗟來何足吝，徒沒空自遺！斯濫豈彼志？固窮夙所歸。餒也已矣夫！在昔余多師」，此中含有《禮記・檀弓》不食嗟來之食、以及《論語・衛靈公》：「君子固窮，小人窮斯濫矣」之典故。詩末「在昔余多師」，正是陶淵明應和古往今來安貧樂道的先賢。上述引自王叔岷：《陶淵明詩箋證稿》，頁365～369。

〔註102〕 楊牧：《長短歌行》，頁64～65。

〔註103〕 楊牧：《長短歌行》，頁42。

如超越的視聽重拾遠方傳達來到的

號音，當他悠然隨之定向盤旋

且維持一種接近神聖的面容不改

閃擊我微微顫抖的心，提醒我

亢倉子能以耳視而目聽〔註104〕

楊牧援引道家寓言人物亢倉子，以示若欲上達、契合萬化運行的深妙──那「超越的視聽」，則需脫卻一般感官與智識的束縛，「以耳視而目聽」。在這看似錯亂、不合常理邏輯的狀態中，方能破除現象界的桎梏和迷惑，進而感知更高層次的運行秩序：

我們比誰都知道季節推移可以延伸

為死生輪迴的象徵只是耳聰目明

運作之餘事，錯亂的感官無時

不試探著宇宙天光沛然莫之能禦的

秩序，弗顧陰陽鑿鑿迭代的規律〔註105〕

　　這些不斷出現的「宇宙」一詞，顯示晚近楊牧所關懷焦點，更多乃是跳脫現世，轉而關注形上世界。這近似於一種「冥契主義」〔註106〕式的體驗狀態──一種在世的體驗狀態，非邏輯思辯所能及，體驗者運用自身的感官體證，卻又是超越經驗的感知。人與我、我與物的界線在剎那間被泯除了。〔註107〕但冥

〔註104〕楊牧：《長短歌行》，頁42～43。
〔註105〕楊牧：《長短歌行》，頁43。
〔註106〕關於冥契主義的研究、理論，眾說紛紜。簡潔來說，為一種超越表象，克服個體與絕對之間的所有障礙，進而與絕對真理冥合的學問和實踐。史泰司（W. T. Stance）將紛雜的冥契者與其體驗，做一整理後，分為「外向型」和「內向型」二類：「外向型是藉著感官，向外觀看；內向型則是往內看，直入心靈。兩者都要證得終極的聯合，柏拉提諾稱此為『太一』，在此境界中，學者知道自己合而為一，甚至化為同一。只是外向型的冥契者使用他的肉體感官，感知到外界事物紛紜雜多，海洋、天空、房舍、樹木不一而足，他們冥契而化，終至『太一』，或說『統體』。統體穿過這些雜多，獨耀其光。內向型的冥契者剛好相反，他們竭力關閉感官，將形形色色的感官、意象、思想從意識中排除出去，他們思求進入自我的深處。他看到的一體不是藉著雜多而得（外向型的體驗卻是如此），而是除去掉任何的雜多，純粹一體所致。」引自史泰司（W. T. Stance）著、楊儒賓譯：《冥契主義與哲學》（臺北：正中書局，1998年12月初版），頁67。
〔註107〕陳信安：〈以山水體道──從冥契觀點考察現代學者詩人的山水經驗〉，《彰化師大國文學誌》第二十七期（2013年12月），頁162。

契主義「不可言傳」的基調，於創作者角度觀之，雖其本人臻於和自然、宇宙相合一的圓融境地，然而於讀者角度，卻未必能夠參與、契合創作者的體驗感受，於是又成為閱讀上的晦澀與難解。

晚期風格在薩依德屬於「一種放逐的形式」，但是他亦提到作家的晚期風格與其所處時代，亦有另一面「奇怪地既即又離」的關係〔註108〕。此辯證意義，恰好呼應前述「冥契主義」的內涵：「許多冥契者想用語言傳達他們的體驗或洞見給別人時，發現語言很不管用，甚至全然無用。」〔註109〕畢竟直觀語言容易落入表象言筌，僅能照見事物一方，而無法全然指涉精微的真理和心理感受。冥契主義有一派「隱喻論」者，認為冥契者的經驗，是不可能用普通的概念語言表達。〔註110〕而「隱喻」和「象徵」則為我們開啟窺測真理，似於「因指見月」的可能途徑——故詩提供我們深入事物本質的一種洞見或直覺。〔註111〕但是，隱喻和象徵的多義性，本該指向作者圓融的體悟，卻也因為這多義性造就讀者詮釋的歧異，甚至感到解讀上的晦澀與困難。意即，作家的晚期風格並非要完全離異、放逐於現實，仍有追求「圓熟」的意向；然而此朝向圓熟的意向，卻在透過隱喻和象徵的多義性表述時，成為一種「反圓熟」的表徵。

隨著詩人年歲、閱歷、學識的增長，對現世有一透徹觀照之餘，必然向上求索、體證終極的根源。進而在過程中，持續與自我對話、辯證。或有人認為，冥契主義實類於神秘主義，抑或宗教般的天啟，實屬高度個人化、主觀化的心理產物。然而自詩人視角出發，隱含期許自身不斷懷疑、躍進，抽離表象世界，試圖立足超越至高點的追尋精神。如〈歸鳥〉所陳述：「聽到／年輪崩潰的聲音。我躑躅彳亍／懷疑長久累積於心的知識和意念／奈何遽爾破碎如浮冰在春陽日照裏／正對著前生那曾經的位置流漸紛兮來下」〔註112〕，體現不被既有的常識、規則所限制、迷惑。且向內則窮索內心，向外則觀照世界，透過不斷逼視，以接近詩的真理。

〔註108〕艾德華・薩依德（Edward W. Said）著，彭懷棟譯：《論晚期風格——反常合道的音樂與文學》，頁72。

〔註109〕史泰司（W. T. Stance）著，楊儒賓譯：《冥契主義與哲學》，頁382。

〔註110〕史泰司（W. T. Stance）著，楊儒賓譯：《冥契主義與哲學》，頁403～406。

〔註111〕陳信安：〈以山水體道——從冥契觀點考察現代學者詩人的山水經驗〉，頁168。

〔註112〕楊牧：《長短歌行》，頁54。

　　楊牧〈歸鳥〉〔註113〕全詩共四章，每章分別以複沓形式開頭：「有一個方向早已設定，迥遠八表」；「有一個方向曾經幻想再三猶豫不前」；「有一個方向屬未來或於渾沌」；「有一個方向流言不止唯其先後不能／盡知」，此處「有一個方向」或可隱喻詩人心中「真理」的所在。唯其使人「猶豫再三」、「渾沌」、或是「不能盡知」，代表真理的高遠、難以探索。然而首句：「有一個方向早已設定」，則顯示詩人追尋的決心。與陶淵明的〈歸鳥〉〔註114〕相對照，陶詩同為四章，每章亦以「翼翼歸鳥」開頭，為典型四言詩複沓形式。此詩作於406年，為陶淵明辭官歸隱的第二年，若與〈歸園田居〉：「羈鳥戀舊林」、〈歸去來兮辭〉：「鳥倦飛而知還」並讀，可知「歸鳥」意象亦是詩人的自喻。從首章「晨去於林」、第二章「見林清依」、第三章「相林徘徊」、至末章「戢羽寒條」，可發現此詩正呼應陶淵明一生由嚮往致仕立業、而後厭棄官場險惡、最終「游不曠林」、「好音時交」、歸隱田園的歷程。且末句「矰繳奚施，已卷安勞？」云鳥已深藏，何須善射者操勞？則是對世俗、官場人心之險的隱晦批判，含有詩人擺脫庸俗、回返自然田園的決心，從而扣合「歸鳥」隱喻自由、和諧的人生態度。

　　回到楊牧〈歸鳥〉，若說「有一個方向」為「真理」之所在，則「歸鳥」作為詩人「心志」的象徵，即是探索、回返真理的過程。此詩描繪歸鳥飛翔途中所歷經的虛、實交錯場域，如：「記憶裏／是殘存陡降的氣溫在時間盡頭／波動如海水，是快速消蝕的／光明大幅染過微雲的山」〔註115〕；「戢翼垂首或回顧／來時如何走避一些魑魅魍魎／以及屢次遭遇，揮之／不去的山妖霓蔭浮」〔註116〕；「聽到／年輪崩潰的聲音。我躊躇彳亍／懷疑長久累積於心的知識和意念／奈何遽爾破碎如浮冰在春陽日照裏／正對著前生那曾經的位置流漸紛兮來下」〔註117〕；「當我們奮起／比翼，無形中意會到風正鼓盪著某種／和諧交擊的能，躍升的力，並且／隨光陰推移而成立一組呼吸吐納／剛柔並濟之姿，如我們最熟悉的變羼／雲霓在腋下奔流迅速撩撥著平衡的心情」〔註118〕，我們可看到楊牧驅遣字辭的功力，以及他一貫將自然之景的描繪，扣合個人主觀心緒，

〔註113〕楊牧：《長短歌行》，頁52～56。
〔註114〕王叔岷：《陶淵明詩箋證稿》，頁67～72。
〔註115〕楊牧：《長短歌行》，頁52。
〔註116〕楊牧：《長短歌行》，頁53。
〔註117〕楊牧：《長短歌行》，頁54。
〔註118〕楊牧：《長短歌行》，頁54。

在時空交錯、虛實掩映當中，產生搏扶搖而直上的想像境界。末章：

> 有一個方向流言不止唯其先後不能
>
> 盡知，我們屢次等待溢埃風而上揚
>
> 過沼澤和草原，流籠，弔橋，和書裏
>
> 印的插畫繪圖以及歌唱本譜橫行的五線
>
> 聲與色與露水競相遊移於懷抱
>
> 凝縮在我入定的瞑睞前
>
> 深洋淺海有鯖魚喧譁行進，而鼯鼠
>
> 搶飛在密林，蛇蠍成群自河床窪地
>
> 遷徙升高至陰涼的窟穴，我們
>
> 終於深入從未來到過的，無夢的
>
> 虛領域之實境，六翮傾斜且左右翱翔
>
> 超越矰繳窺伺的極限〔註119〕

身為歸鳥的「我們」，乘風飛過「沼澤」、「草原」、「流籠」、「弔橋」、「書裏的插畫繪圖」、「歌唱本的五線譜」、「喧譁行進的鯖魚」、「搶飛在密林的鼯鼠」、「成群遷徙升高的蛇蠍」，再次呼應前述，詩人極大化自我主觀想像，將時空中虛、實交錯之物，全數收攬，「凝縮在我入定的瞑睞前」，頗呼應陸機〈文賦〉：「籠天地於形內，挫萬物於筆端」的創作境界。筆者認為〈歸鳥〉此詩，亦能和〈與人論作詩〉相互參照，可視為楊牧追尋「詩的真理」的心影錄。詩中一些敘述：「甚至當我集中以日／以夜淬厲的感性和理性，俯仰膜拜／寒暑無間歇地思維探索」〔註120〕；或如前述：「當我們奮起／比翼，無形中意會到風正鼓盪著某種／和諧交擊的能，躍升的力，並且／隨光陰推移而成立一組呼吸吐納／剛柔並濟之姿，如我們最熟悉的夔龍／雲霓在腋下奔流迅速撩撥著平衡的心情」，皆可呼應創作時，對於外境的探索、物象的接收、且將過去自身經驗與此刻感官之感應連結、進而平衡、組織意象……等心靈變化的過程。而「凝縮在我入定的瞑睞前」的「聲」與「色」，應是指涉詩的「聲韻」和「意象」，這兩者的平衡與完成，當是一首詩的重要元素。前述亦提到《長短歌行》裏，多篇詩作隱含神話意象〔註121〕。此處〈歸鳥〉

〔註119〕楊牧：《長短歌行》，頁55～56。

〔註120〕楊牧：《長短歌行》，頁53。

〔註121〕請參閱本章註73。

末尾：「六翮傾斜且左右翱翔」，應指《舊約聖經》裏的六翼天使（又稱熾天使），此處詩人將「歸鳥」與「六翼天使」的形象結合。熾天使作為上帝使者中的最高位階，為代表「愛和想像力」的精靈，當可與詩人的創造力相連結。最後楊牧寫道：「終於深入從未來到過的，無夢的／虛領域之實境」，表面上「虛領域之實境」為矛盾語，但細究之，就如同詩的隱喻，其多義性既指涉現實又逸離現實，為既即又離，虛、實相掩的辯證本質。再者，陶淵明的「矰繳」隱喻世俗與官場人心之險惡，此處楊牧「矰繳」義，應是象徵「創造力」、那結合六翼天使形象的「歸鳥」，在追尋詩的真理的途中，所遭遇到各種有形與無形的阻礙。

　　經由上述分析，或許我們能較為理解楊牧對於創作的自剖：

> 我知道我持續在這些詩裏追求的是甚麼，在詩的系列創作裏追求一種準確，平衡的表達方式以維繫頡頏上下的意念，將個性疏離，為了把握客觀，執著，抽象，普遍，但即使當我深陷在駁雜紊亂的網狀思維中，欲求解脫，我知道我耿耿於懷的還是如何將感性的抒情效應保留，使它因為知性之適時照亮，形式就更美，傳達的訊息就更立即，迫切，更接近我們嚮往的真。〔註122〕

觀覽楊牧自剖，再對照郝譽翔所言，她認為楊牧所界定的「詩」與「真實」之間的準則：「與其落入政治革命或意識形態之言詮，還不如堅持詩歌藝術的曖昧與多義性，『寓確定於游離』，以保留給讀者更多想像的餘地，反倒才更能揭露出所謂看不見的『真相』。」〔註123〕故楊牧的「晚期風格」看似逸離現實人群，進入一種哲學性或是宗教性的冥合，並耽溺於自我語境的表述。然而最終目的，乃是藉由「疏離」，以達普遍、明朗的真理。縱使這樣的努力幾盡徒勞，畢竟在廣大自然和宇宙前，人之有限性仍是不爭的事實。但無妨我們以微軀，持續向未知的幽冥探索：

> 我不確定甚麼時候開始對時空綿互之為物產生懷疑，從巨大的無知所以轉為恐懼狀態一變而有了排斥的心理，但卻也因此更時常為其無邊不盡的玄黃幽明所羈絆，干擾，嘗試將它反過來籠絡於文字之中，深知這一切注定愚蠢，比起西息弗斯的徒勞還更不值得同情，

〔註122〕楊牧：《奇萊後書》，頁241。
〔註123〕郝譽翔：〈抒情傳統的審思與再造──論楊牧《奇萊後書》〉，《國立臺北教育大學語文集刊》第19期（2011年1月），頁228

畢竟他是神譴所以致之，於我似乎是個人意志的選擇。〔註124〕

人類對於蒼茫時空下的巨大無知，或可能出於恐懼轉而向宗教式的皈依。祈求心靈平靜，進而往「無盡的未知」靠攏些許。亦可能如楊牧，以文字追尋、攏絡，在試圖冥合那超越的根據與本質時，依舊不忘懷有批判精神。畢竟那是人之所以為人的，「意志的選擇」。倘若真正抵達那抽象制高點，與環伺的諸神並行，想必楊牧仍會持續「疑神」。因為真理永遠是在質疑、明辨中實現；因為搜索是永恆，沒有終點。僅能在追尋過程裡盼望某天：

> 我們
>
> 終於深入從未來到過的，無夢的
>
> 虛領域之實境，
>
> 六翮傾斜且左右翱翔
>
> 超越矰繳窺伺的極限〔註125〕

本節析理楊牧的「晚期風格」。首先，筆者在上一節提出楊牧的「和陶詩」，並非單純於形式上與陶詩互涉，而須著眼於生命情態上的呼應，所謂「神似」的映照。若進一步探究「神似」的內蘊，可發現，其中含有陶淵明與楊牧步入晚年，對生命哲思的叩問、以及抽象真理的省思。

由此觀察楊牧「和陶詩」中所呈顯的晚期風格。其中，「雍容、圓熟」的表現，即使作品裏牽涉到景物之敘述，也跳脫一般具象的描繪方式。契入廣袤空間與時間向度，思索神與人、永恆與剎那、以及自我學識和創作追索……等等抽象之命題。而楊牧近似冷凝、淡漠、疏離的視角，乃為了能夠更客觀掌握他所關切的，包含學識、真理、歷史與現實……等命題。

然而，如此疏離、高度個人化的意象和語法上的經營，卻也可能使一般讀者落入詮釋上的困境。因此相對「雍容與圓熟」，楊牧晚期風格所呈顯的「矛盾、放逐」，在於他經常割捨鮮明的題材與元素，進行個人哲思。其中蘊含的高度個人化，內部來自意象之隱晦，以及詩的內文所蘊含的矛盾張力；外部則是句構、語法上的安排，造成讀者閱讀時的中斷、懸宕、和疏離感。這些要素結合成為詩人晚期風格的樣貌。

另外，晚期風格在薩依德屬於「一種放逐的形式」，但是他亦提到作家的晚期風格與其所處時代，亦有另一面「奇怪地既即又離」的關係。楊牧晚期

〔註124〕楊牧：《長短歌行‧跋》，頁139。

〔註125〕楊牧：《長短歌行》，頁56。

風格的詩作，時常突破表象世界，遠離現實人群，耽溺於自我表述，進入哲學性的追尋與冥合。然而自詩人視角出發，最終目的，乃是藉由「疏離」現實，以達客觀、抽象、與普遍的真理，為了對現世能有更精準的判斷與介入；但是此朝向圓熟真理的意向，卻在透過隱喻和象徵的多義性表述時，因語境的晦澀與難解，而成為一種「反圓熟」的表徵。意即，楊牧詩作中晚期風格的呈現，並非能二元劃分「圓熟」和「矛盾」之界線，而往往是圓熟與反圓熟的往復辯證。

第五節　聲韻、色彩的激盪——楊牧詩與謝朓詩

上一節，筆者考察楊牧「晚期風格」的起始點，以集結 1992 年至 1996 年間的詩集《時光命題》為開端。例如作於 1992 年的〈樓上暮〉：「甚麼事情發生著彷彿又是知道／海水潮汐如恆肯定我知道／這個世界幾乎一個理想主義者都／沒有了，縱使太陽照樣升起，我說／二十一世紀只會比／這即將逝去的舊世紀更壞我以滿懷全部的／幻滅向你保證」〔註 126〕，詩人即呈顯某種世紀末的失落情懷。而此有感舊世紀的耗損與衰敗，所生發的焦慮、疲憊之情，甚至對於未知新世紀，抱以幻滅的心緒，一再映現於《時光命題》中。如〈致天使〉裏象徵「理想主義」救贖者的「天使」，竟決定拋棄「我」，「告訴我那些我曾經追尋並以為擁有過的／反而是任意游移隨時可以轉向的」〔註 127〕；〈心之鷹〉：「於是我失去了它／想像是鼓翼亡走了／或許折返山林／如我此刻竟對真理等等感到厭倦」〔註 128〕。而楊牧此時正值中年，心境已然衰老的慨嘆，亦如〈歸北西北作〉：「暑氣直接向正南方退卻，一天／比一天稀薄，如午夜壁爐裏的餘燼／在我孤獨的注視下無聲無息化成灰／如悄然老去的心情懸掛在纍纍瓜棚上」〔註 129〕。筆者認為，楊牧所呈顯的世紀末頹然，或可視為「晚期風格」的開端。由於對現實處境深感疲倦，於是期盼超越憂憫、傷感的時刻與經驗，企圖擺脫表象對立，進入事物的原初本質。這也是楊牧晚期作品益發朝向抽象境地的因素。此於上節已詳加論述。筆者此處將聚焦楊牧與六朝詩人謝朓作品的互文關係，藉以呼應、闡發楊牧

〔註 126〕楊牧：《楊牧詩集 III》，頁 159。
〔註 127〕楊牧：《楊牧詩集 III》，頁 169。
〔註 128〕楊牧：《楊牧詩集 III》，頁 148～149。
〔註 129〕楊牧：《楊牧詩集 III》，頁 162～163。

對於世界末的傷感和抱以幻滅的心境。

〈客心變奏〉副標題引用謝朓：「大江流日夜，客心悲未央」詩句，出自〈暫使下都夜發新林至京邑贈西府同僚〉。而在詩的內文，亦出現兩次「大江流日夜」的引文。上述現象，若依照熱奈特五種跨文本性理論檢視，應分屬第一類的「狹義互文性」（intertextuality）以及第二類「副文本性」（paratextuality）。「狹義互文性」即傳統的「引語」應用，為「原文本」在「當前文本」中的實際出現；副文本性，則是組成文學作品中「正文」的部分，和只能稱作是它「副文本」（包含：標題、副標題、作者的題獻、題記、序言、後記）之間的關係。副文本是作者留給讀者的線索，確保文本本意在閱讀過程裏，能確切為讀者領略、掌握，不至於被誤解。在進入楊牧作品，理解這些跨文本性關係如何產生新意前，我們先觀覽謝朓此作。

謝朓短暫一生充滿傳奇性色彩。《南齊書》記載：「朓少好學，有美名，文章清麗」〔註130〕，以文才受當時齊武帝之子，隨王蕭子隆的賞愛。然而官宦之路屢遷，且多次捲入齊朝政治鬥爭的漩渦。昔時岳父王敬則欲謀反，謝朓為自保逕自告發，王家被誅。遂有朓妻「常懷刀欲報朓，朓不敢相見」〔註131〕之載。其後，始安王蕭遙光欲奪帝位，謝朓不從其謀，反遭誣陷，入獄而死，時僅三十六歲。最初，謝朓從隨王蕭子隆於荊州，長史王秀之嫉恨，屢向齊武帝讒言，朓於是被迫奉命還京。〈暫使下都夜發新林至京邑贈西府同僚〉〔註132〕正是作於離別荊州之時。全詩開頭：「大江流日夜，客心悲未央」，詩人處在旅程將盡未盡之際，藉由江水潮湧之景，襯托即將踏入京城，悲憤、浮動的主觀心緒。且日夜流動的江水，同時涵攝了空間的移動、及時間的遞嬗，皆指涉了詩人客觀外境的變化。主、客情景交融，從而與下句：「徒念關山近，終知返路長」相呼應——隨著京城愈發靠近，所思之荊州故人則更加迢遙。而詩末：「常恐鷹隼擊，秋菊委嚴霜。寄言蔚羅者，寥廓已高翔」，此對於政治時局的惶惑，及個人安危的思索，除了印證王秀之妒恨、迫害的史傳記載，似乎也隱喻謝朓日後顛沛、悲劇的仕宦路途。

楊牧詩題〈客心變奏〉〔註133〕，「變奏」原指樂曲的結構形式，將某一

〔註130〕引自南朝齊・謝朓著，郝立權注：《謝宣城詩注》（臺北：藝文印書館，1967年6月再版），頁3。

〔註131〕引自南朝齊・謝朓著，郝立權注：《謝宣城詩注》，頁7。

〔註132〕引自南朝齊・謝朓著，郝立權注：《謝宣城詩注》，頁68〜69。

〔註133〕楊牧：《楊牧詩集III》，頁144〜146。

最初主題不斷反覆演奏，且在演奏過程中加入變化。此「承續原旨──變化原旨」的交替過程，頗似互文性中「當前文本」承接「原文本」意旨，且加以化用、賦予新意的過程。故楊牧此詩，或可依循謝朓詩哀傷、悲憤、惶惑的心緒來參照觀察。首章：

> 我靜默凝視，注意
> 天體如何交迭從眼前經過
> 無窮的色彩如何充斥我微微衰弱的心
> 聲音在四方傳播並且愈來愈雜而強烈──
> 是各自競爭折射的光干涉著我？當我
> 聚全部精神試圖這樣將一切捕捉
> 將一切收聽到我的胸臆，不知道是
> 落寞還是哀傷，這一刻我面向
> 大江，遂以多情的手勢招呼著風
> 一排枯萎的楊柳在彷彿雷霆裏低昂
> 而我獨立於時空相拍擊的一點
> 灰白的頭髮朝一個方向飄泊，隨那漸次
> 轉黯的天色而模糊，終於妥協
> 肯定一切擁有的和失落的無非虛無〔註134〕

其中「微微衰弱的心」、「落寞還是哀傷」、以及「灰白的頭髮朝一個方向飄泊」、「肯定一切擁有的和失落的無非虛無」，與第二章開頭：「大江流日夜／不要撥撩我久久頹廢的書和劍」，這些意象與詩句，皆呈顯一股頹然、失落的氛圍。而「灰白的頭髮」未必指涉現實中的生理樣貌，而是心境的老朽與寂滅。此詩作於1992年，甫過知命之年的楊牧，或許更多感嘆，是來自於象徵理想的「書」、「劍」的衰頹，以及對現實的妥協。前述〈樓上暮〉亦作於1992年，詩人世紀末傷感心境可相互映照。而此「頹然」、「失落」，對應謝朓詩的氛圍，其中「承續──變化」的互文、變奏意義，也獲得彰顯。

　　另外前述提到，「大江流日夜」喻有謝朓主觀心緒，且涵攝他回歸京邑路途的空間變化、與時間遞嬗。此「引語」存在楊牧內文，其中「時間流逝」的意蘊被加強表述，和「天體如何交迭從眼前經過／無窮的色彩如何充斥我微

〔註134〕楊牧：《楊牧詩集III》，頁144～145。

微衰弱的心／聲音在四方傳播並且愈來愈雜而強烈──」;「而我獨立於時空相拍擊的一點」等詩句呼應。若日夜奔騰的水流,正象徵謝朓僅有邁向京邑的選擇,難以回歸荊州美好時日;則同樣也隱喻楊牧立足蒼茫時空,無力抵禦時光朝向世紀末奔走的茫然與惶惑。

楊牧曾多次在訪談中,提到謝朓詩對於他的創作啟發〔註135〕。而這啟發,也是其餘六朝一流詩人最令他欣賞、嚮往之處。即是在格律詩的規準尚未形成時,以純粹的文字組織,造就聲韻上的跌宕、和諧。試看楊牧如何落實,前述〈客心變奏〉首章,「意」與「臆」之「ㄧ」屬於「閉元音」;「圖」之「ㄨ」屬於「閉元音」;「迭」與「烈」之「ㄝ」屬於「半閉元音」;「過」、「播」、「我」、「捉」之「ㄛ」也屬於「半閉元音」。閉元音發音特徵為舌頭需接近上顎,口型較小,故這樣的韻母發音為讀者帶來「內斂」、「壓抑」的感受,符合此詩首章前半的氛圍。而自「不知道是／落寞還是哀傷」起始,「傷」、「向」、「江」、「風」、「昂」,一連五個「陽聲韻」,呼應詩人面向大江,空間擴展、情緒轉為激揚的狀態。最後,自「灰白的頭髮朝一個方向飄泊」起始,連續四個「泊」、「糊」、「協」、「無」閉元音與半閉元音,又將激昂的情緒收束,回到較為「抑鬱」、「低迴」的狀態。藉由韻母的發音特性,呼應、加強詩中情緒氛圍的起伏高低,再次展現楊牧講究現代詩必得關涉「音樂性」的理念。亦遙相應和六朝詩人追求文字音韻的創作觀。

2001年的〈顏色〉,為楊牧與謝朓詩的另一互文之作。此詩副標題:「餘曲詎幾許」,引自謝朓〈贈王主簿二首〉其二;至於內文:「日落窗中作」,則引自其一。王主簿即王季哲,為謝朓舅子。在岳父王敬則尚未謀反前,謝朓與王季哲時有詩作相酬,〈贈王主簿二首〉從女性視角出發,為典型的閨怨豔

〔註135〕楊牧曾云:「最近我在讀謝朓(464～499)。李白是我最喜歡的詩人,非常欣賞他對韻律的掌握。總的來說,唐代以前的古典詩對現代漢詩特別有啟發性。因為在絕句與格律尚未形成以前,詩人完全依靠自己的才氣與一對好耳朵來調和聲韻,創造出各種音樂形式。這跟後來有固定格律可循的情況很不一樣。」引自奚密、葉佳怡:〈楊牧斥堠:戍守藝術的前線,尋找普世的抽象性──2002年奚密訪談楊牧〉,《新地文學》第10期(臺北:新地文化藝術,2009年12月初版)頁279;另有訪談指出:「更加不為人知的可能是楊牧對六朝文學與文學批評的關注,《陸機文賦校釋》是早年的「基本功」,近兩年則常讀謝朓。時隔千年,詩人楊牧對謝朓詩中的文字組織、對比,仍然傾倒不已,也難怪李白會『一生低首謝宣城』了。」引自何雅雯:〈楊牧──詩演化而常新〉,《誠品好讀》第22期(臺北:誠品股份有限公司,2002年6月初版),頁63。

情之作〔註136〕。依熱奈特五種跨文本性類型，考察上述互文現象，應分屬第一類「狹義互文性」引語共在關係；以及第二類「副文本性」。〈顏色〉全詩：

　　何其倦怠如春之尾厭戰的軍士

　　面對瓶花下片片落紅遂想起曾經

　　接受的如此勇毅，矯健的養成教育

　　像繡花針黹一樣細心

　　而綿密，猶勝過

　　劇痛的折磨，在她

　　右手指尖輕輕捏著

　　或者支頤沉思

　　或者兩手交叉在腦後，眼睛

　　隨案上一隻頻頻跌撞兀自不撓的

　　蒼蠅在玻璃光影裏對著召集令鼓翼

　　盤旋──日落窗中坐

　　她在一張草蘭屏風裏

　　摺疊衣服，或者也

　　縫著。或者抬頭看到

　　窗外有蜻蛉和蜜蜂

　　飛過〔註137〕

謝朓原詩描摹女子於深閨中等待遠方心上人。且從「紅妝」、「清吹」與「調弦」等樂器，「舞衣」、「流黃」、「綺帶」和「羅襦」等絲織品及衣裳，皆襯托女子高貴、典雅的形象。楊牧〈顏色〉亦聚焦在閨中女子的描繪，從隱約帶有思念、幽怨色彩的語境，以及「繡花針黹」、「草蘭屏風」、窗外飛過的「蜻蛉」與「蜜蜂」等物件，和物件所呈顯的氛圍，都呼應著謝朓原詩情境。若再依熱奈特跨文本性類型檢視，此亦屬於第四類「承文本性」的「派生」關係。包含對「原文本」情境的刪節、擴寫、改編，以及藝術風格的深入「摹仿」。此「摹

〔註136〕謝朓〈贈王主簿二首〉其一：「日落窗中坐，紅妝好顏色。舞衣襞未縫，流黃覆不織。蜻蛉草際飛，遊蜂花上食。一遇長相思，願寄連翩翼」；其二：「清吹要碧玉，調弦命綠珠。輕歌急綺帶，含笑解羅襦。餘曲詎幾許，高駕且踟躕。徘徊韶景暮，惟有洛城隅」。引自南朝齊‧謝朓著，郝立權注：《謝宣城詩注》，頁132～133。

〔註137〕楊牧：《楊牧詩集Ⅲ》，頁420～421。

仿」並非純粹的抄襲，而是在承繼原文本結構、風格後，進一步改造。謝朓原詩，並無明確指涉女子所思之人的身分。而楊牧詩中：「如春之尾厭戰的軍士」、「對著召集令鼓翼盤旋的蒼蠅」，皆隱喻遠方良人的從軍身分，也是詩人逸出謝朓原作的新意處。

另一逸離原作的新意，在於楊牧副標題所引：「餘曲詎幾許」，原詩中與代表樂曲之意的「清吹」、「調弦」相呼應，表「樂曲即將演奏結束」。楊牧詩題「顏色」，頗有與謝朓詩抗衡的味道。若說原詩有意突顯聽覺的意象，則楊牧應是著重在視覺色彩的安排上。「落紅」、「繡花針黹」、「蒼蠅」、「玻璃光影」、「日落」、「草蘭屏風」、「蜻蛉」和「蜜蜂」，這些意象皆寓有色彩上的想像空間。使我們從而觀察，楊牧如何承續謝朓詩的風格、情境，並找到原文本隱而未顯之處，進行發揚，從而與原文本頡頏相抗。此即是互文性落實於創作上的最大意義。

第肆章　楊牧詩與唐宋文學

第一節　楊牧詩的樂府情韻

　　楊牧詩和樂府詩互文的現象，最早可追溯至 1960 年，與《樂府詩集・清商曲辭》裏〈子夜歌〉同題互文的〈我的子夜歌〉〔註1〕。相同詩題，亦出現於 1983 年〈大子夜歌〉〔註2〕、1994 年〈子夜〉〔註3〕、和 2002 年的〈子夜徒歌〉〔註4〕。〈子夜歌〉自六朝始，至唐代，仍有許多同題詩篇的產生〔註5〕。而據郭茂倩《樂府詩集》所引《唐書・樂志》，〈子夜歌〉最早可溯至晉代：「《子夜歌》者，晉曲也。晉有女子名子夜，造此聲，聲過哀苦」〔註6〕，「聲過哀苦」簡潔點出〈子夜歌〉為多從女子視角出發，所詠嘆的纏綿、或哀怨憂思之戀歌。而〈我的子夜歌〉中：「我們坐在這西洋刺槐的陰影中／少年在池邊等待／等待豪雨退去／去山谷，去海洋／或去你的眼中」〔註7〕；或是〈大子夜歌〉：「應該試著去怨他／我是一個世故而成熟的／女子，輕巧的憤懣鎖

─────────────────────

〔註 1〕楊牧：《楊牧詩集 I》，頁 103～105。
〔註 2〕楊牧：《楊牧詩集 II》，頁 438～442。
〔註 3〕楊牧：《楊牧詩集 III》，頁 190～191。
〔註 4〕楊牧：《楊牧詩集 III》，頁 428～430。
〔註 5〕如晉、宋、齊間有《子夜歌四十二首》、《子夜四時歌七十五首》；梁武帝有《子夜四時歌七首》；唐・王翰有《子夜春歌一首》、李白亦有《子夜四時歌四首》。引自宋・郭茂倩：《樂府詩集》（北京：中華書局，1979 年 11 月初版），卷 44、卷 45，頁 641～653。
〔註 6〕引自宋・郭茂倩：《樂府詩集》，卷 44，頁 641。
〔註 7〕楊牧：《楊牧詩集 I》，頁 103。

住雙唇／眉頭這樣撐起來表示不悅」〔註8〕。這些語境皆隱晦、或顯明呼應
〈子夜歌〉原詩的怨情氛圍。〈子夜徒歌〉更在女子幽思之情的基礎上，描繪
良人身在遠方的心路歷程，形成雙軌交織的形式。詩分四章〔註9〕，首章與第
二章中：「陵谷丘壑」、「關隘渡口」、「細雪的曉天」與「狩獵的號角」等意象，
點出旅途景緻、以及其中環境之險惡。第三章：「久久這樣且坐蔓生的庭草／
雀鳥喧噪如敵陣蔽天的／弓矢可想而知，」此章回到女子所處的閨房視角，
「蔓生的庭草」隱喻紛亂思緒。而將「雀鳥的喧噪」喻為「蔽天的弓矢」，又
巧妙扣合良人的處境，直截點出戰場的肅殺，亦揭示他久居遠方不歸的緣由。
此章末：「蚊蚋隨腐爛的死獸漂流／那氣味分明就是他反戰的理由」，則是強
力控訴了戰爭帶來的禍害。第四章：

> 槐葉在窗子外散熱如舊詩
> 解體於蟬和溼度的鬢邊後腦
> 玭兮如雲，心情如瓜棚經每天
> 準時泛潮的季候風雨，其餘譬喻
> 都不堪聞問。或許在遠方
> 堅守一個無所謂的據點
> 或許在回家的路上，驚訝
> 想像裏有人比屋漏痕瘦〔註10〕

此時再度回到女子視角，槐葉或可隱喻「懷人」之義。「玭」本形容玉的色澤
花紋斑斕鮮明，此處則意指女子髮鬢、容貌之姣好。「準時泛潮的季候風雨」，
暗喻女子懷人心緒的起伏。也因為幽思起伏之深，再無更好的言語可比擬、
說明，故曰：「其餘譬喻／都不堪聞問」。「或許在遠方／堅守一個無所謂的據
點」，視角再轉向遠方征人，若說第三章末為強力的控訴，此處情緒則轉為趨
緩。簡短、消極的「無所謂」，即點染出兵士連年征伐的困厄與疲乏。最後，
幽思婦女和遠方征人的雙線結構，再度交織、收束：「或許在回家的路上，驚
訝／想像裏有人比屋漏痕瘦」。此處「屋漏痕」呼應前述「泛潮的季候風雨」；
而遠方征人固然困頓，楊牧亦強調丈夫離家後，婦女獨自過活的艱難。「比屋
漏痕瘦」，精準點出女子生理與心理的樣態。

〔註 8〕楊牧：《楊牧詩集 II》，頁 440。
〔註 9〕楊牧：《楊牧詩集 III》，頁 428～430。
〔註 10〕楊牧：《楊牧詩集 III》，頁 428～430。

　　除了上述〈子夜歌〉，楊牧亦有把《鼓吹曲辭・鐃歌十八曲》中第九首〈將
進酒〉〔註11〕全詞引為副標題，作於 1969 年的〈將進酒四首〉。此詩第二章
鋪展日本江戶時代的「元祿赤穗事件」。從「雪水滴在玄關上／赴死可以，切
腹在江戶也可以／酒是要喝的！」以及「四更以後你們到內臣府報仇是好的
／既然破曉時分你要到芝泉岳寺切腹／這酒／更不能不喝了」〔註12〕，這些
意象所展衍的情節，呼應當時赤穗藩家臣為主君報仇，將仇敵首級獻於泉岳
寺主君墓前，然而最終仍被幕府判處切腹極刑的史實。亦有以古樂府〈白頭
吟〉為題，脫卻原文本「聞君有兩意，故來相決絕」〔註13〕此描繪女子情感
澎湃、強烈的形象，及斥責喜新厭舊的行為，轉而進行自我表述。楊牧〈白頭
吟〉〔註14〕共五章，前四章分詠文明自落後的「舊石器時代」，一路進化至「新
石器時代」、「銅器時代」、與「鐵器時代」。然而開頭兩句：「最初總是覺得時
間像是／淤積的池水有一份文明的憂傷」，所謂「憂傷」，應指無論「文明」進
化至何種程度，總擺脫不了：「戰鬥底事」、「打製兵器繼續殺戮」、「為了報復
流血瀝肩之恥」等等野蠻之事。文明於自我內耗中持續推進，又必須面對外
來勢力的侵襲。末章：「而這又是如何令人蒼老的／時代，在我最式微的年份
／西夷教士來朝，進貢一片玻璃／月光杯和透明晶瑩的花瓶／當然還有令我
自慚形穢的粧鏡／對著它細數兩鬢嘩變的白髮」，此處「白髮」已擺脫原文本
「願得一心人，白首不相離」此象徵對於忠貞愛情的盼望，而是喻有文明衰
頹、沉淪之意。此詩寫於 1975 年，七零年代的中國正值文革浩劫，臺灣則是
面臨退出聯合國的政治挫敗，故可能喻有楊牧身處當時代氛圍的省思與慨嘆。

　　寫於 1971 年的〈霰歌〉〔註15〕，內文則顯明受到〈木蘭詩〉〔註16〕影響，
故有此句式：「讓狼嗥他的嗥／鶴唳他的唳／讓這個兔子撲朔／讓那個迷離」。
楊牧自陳寫作緣由，為飛霰凍土的冬日，百無聊賴下的消遣之作〔註17〕。全詩
開頭：「這樣的天氣，不知道／做甚麼最好。」及中段：「這樣教人煩亂的／天
氣，不知道做別的可不可以」，所呈顯的倦怠、慵懶氛圍，頗契合詩人「消遣」

〔註11〕宋・郭茂倩：《樂府詩集》，卷 16，頁 229。
〔註12〕楊牧：《楊牧詩集I》，頁 379～380。
〔註13〕宋・郭茂倩：《樂府詩集》，卷 41，頁 600。
〔註14〕楊牧：《楊牧詩集II》，頁 9～11。
〔註15〕楊牧：《楊牧詩集I》，頁 554～555。
〔註16〕宋・郭茂倩：《樂府詩集》，卷 25，頁 373～374。
〔註17〕楊牧：《楊牧詩集I》，頁頁 622。

之意，然詩藝表現上不甚高明。值得一提的，是寫於 1997 年的〈兔〉〔註18〕。全詩四章，詩人透過「撲朔」（雄兔）與「迷離」（雌兔）的交互對話，展開創作上的辯證。首章：「我的前腳／步子有點零亂」，呼應〈木蘭詩〉「雄兔腳撲朔」之意，楊牧在原文本意義上進行轉化，「零亂的步子」，可喻為創作過程的顛簸。第二章提到：「無窮的／幻象，透過日光聚焦」，則隱喻詩人自多變的外境，提取、整合意象的經過。「多情的眼睛專注之下／惟真實燦然為永恆的歸屬」，迷離（雌兔）在此提出「真實」，意即對於「真理」的追求，是一首詩得以接近、歸屬永恆的主因，可視為雌兔向撲朔（雄兔）的勉勵。第三章，雄兔接續表達：「而我對稟賦於我的智能，想像力／對我深邃的原則從不懷疑」，卻對於「創作」能否長久保存，且企及永恆，表示疑惑：「惟有委靡的毛色／鬆弛的筋骨，那就是／任何巨匠百思不得解／回生乏術，眼看它一步步／顛簸惡化：盛夏草原上／於心不忍的蹉跎」。末章，雌兔再度回應雄兔的疑慮，肯定「詩」的本質能夠趨向永恆：「相信詩與視覺藝術的追求和找到／以及音樂，然後將它安置在／特定的宇宙空間，──／自燃並蔓延於永遠的時間」。並進一步表示，比起擔憂、質疑詩是否能有趨近永恆的本質，我們更該著重提筆書寫的當下，以及過程裏所付出的心力：「充沛／交融的心血完成的是愛／與美，請坐下為我們寫點甚麼」。

　　楊牧與樂府詩互文之作品，能承繼、呼應原文本的意義和語境，如前述與〈子夜歌〉互涉的同題之作。而更多，則是在原文本意義上進行轉化，古典語彙、語境的引用，多是為了帶出自身的表述，因此與原文本的連結轉弱，如〈將進酒四首〉、〈霰歌〉與〈兔〉。綜觀上述詩作，由於各詩寫作的間隔橫跨久遠，難以明確歸類、指出楊牧互文之作的核心本質。下節將集中探討《有人》裏統編為《新樂府輯》的作品，藉此帶出楊牧與樂府互涉之作的核心意義。

第二節　楊牧詩的「新樂府」書寫

一、古典情節的現代化挪移

　　楊牧《有人》裏《新樂府輯》共收錄九首詩作〔註19〕。以「新樂府」為

〔註18〕楊牧：《楊牧詩集 III》，頁 320～323。

〔註19〕須說明的是，作於 1980 年〈悲歌為林義雄作〉，合理推斷，可能礙於當時政

輯名，此中即隱含互文性的關係。根據熱奈特五種跨文本性類型，第五種統文性（architextuality）的定義與範圍最為抽象：

> 這裡指的是一種純粹秘而不宣的關係，最多由副文本提示一下（正式提示，如《詩集》、《評論集》、《玫瑰小說》等書名中，或次正式提示，讓「小說」、「敘事」、「詩」等字眼與書名一起出現在封面上），是純粹的類屬關係。……無論何種情況，文本本身都不會了解並宣稱自己的體裁本質：小說不會明顯地自稱小說，詩也不會自稱為詩。也許更少出現詩體自稱為詩體、散文自稱為散文、敘事自稱為敘事的事等等（因為體裁只是廣義文本的一個方面）。嚴格地說，決定文本的體裁性質不是文本自身的事，而是讀者、批評家和大眾的事，他們完全可以拒絕副文本所申明的體裁情況……但是，這種關係的暗含性質和爭論（例如：《神曲》到底屬於什麼體裁呢？）或歷史變遷（史詩類敘事長詩如今已不被視為「詩」，詩的概念逐漸縮小，最終等同於抒情詩）事實，絲毫不能減少它的重要性：我們知道，對體裁的領會，在很大程度上，引導並決定著讀者的「期望區」並因而引導和決定著作品的接受。〔註20〕

本文截至目前為止，五種跨文本性理論以第一種「狹義互文性」（intertextuality）、第二種「副文本性」（paratextuality）、以及第四種「承文本性」（hypertextuality）所使用、分析的次數較為頻繁。第三種「元文本性」（metatextuality）僅於前一章用以詮釋楊牧《一首詩的完成》與陸機《文賦》間隱微的「批評關係」。之所以有前述使用頻率上的落差，可視為楊牧作品本身的特點所致。若替換為其他作家，文本內容與風格的展演異於楊牧，則理論間的使用比例定會有所消長；而第五種「統文性」（architextuality）用於此處，論者可能質疑，以「文體」進行文本間的互文聯繫，是否有其嚴謹的

治情勢，發表時不見於臺灣刊物，楊牧當時選擇香港《八方文藝叢刊》投遞。甚至八〇年代的三本結集《禁忌的遊戲》、《海岸七疊》與《有人》皆未收錄此詩。至 1995 年才補錄於《楊牧詩集 II》，置於〈班吉夏山谷〉後。〈班〉詩正是《有人・新樂府輯》中的壓卷之作。《楊牧詩集 II》出版後，雖已取消原本詩集裏的輯名，但筆者基於兩詩編排的連帶關係，以及〈悲歌為林義雄作〉所強烈呈顯的介入現實之精神，故將此詩統歸於《新樂府輯》。本輯原僅有八首詩作，因此增列。

〔註20〕熱奈特（Gérard Genette）著，史忠義譯：《熱奈特論文選・批評譯文選》，頁60。

定義、與正當性？筆者須承認，楊牧詩作中，能以「體裁」聯繫文本間的情況，的確僅占少數。然而熱奈特的跨文本性類型，正是在可控制的狹義範圍內，考量文本與文本間可能潛藏的互涉關係。這同時囊括文本內容、與文本外圍（包含標題、副標題、作者的題獻、題記、序言、和後記等「副文本」，以及文本「體裁」）。是故，雖誠如熱奈特之言，「統文性」的定義過於抽象、模糊，但仍提供論者「橋梁」，自文本外圍步步逼近文本的核心意義。「統文性」（architextuality）是一種秘而不宣的關係。若忽略此跨文本性意義，分別探照楊牧《新樂府輯》九首詩作，也能得知各自的脈絡意義。然而從副文本「輯名」所提供的線索，若此輯九首詩作與「新樂府」的體裁定義相互參照，應能更完整串聯、把握彼此間的核心意涵。因為「對體裁的領會，在很大程度上，引導並決定著讀者的『期望區』並因而引導和決定著作品的接受」。

關於「樂府」此體裁，《漢書・藝文志》提到：「自孝武立樂府而采歌謠，於是有代趙之謳，秦楚之風，皆感於哀樂，緣事而發，亦可以觀風俗，知薄厚云」〔註21〕。可知「樂府」相較其餘文學體式，有著更濃厚指涉現實的傾向。至唐代，樂府體式乘載現實意義的功能被更加看重。郭茂倩《樂府詩集》如此定義唐代「新樂府辭」：

> 新樂府者，皆唐世之新歌也。以其辭實樂府，而未常被於聲，故曰新樂府也。元微之病後人沿襲古題，唱和重複，謂不如寓意古題，刺美見事，猶有詩人引古以諷之義。〔註22〕

從上述引文，可知元稹對於唐代新題樂府「內容」重於「音樂性」的主張。偏重內容，乃為避免沿襲古題，而能直取古題之寓意和寫作精神——即「刺美見事」此諷諭、介入現實之態度。回頭觀覽楊牧《新樂府輯》，讀者的閱讀「期望區」即能有較顯著的範圍、與標的可供對照。

楊牧《新樂府輯》的「新」字，筆者認為有兩種涵義。其一，即元稹所謂：「即事名篇，無復依傍」之義。當時唐代詩人寫作樂府時有自鑄「新題」的情況，產生唐前「古題」未有之「新題樂府」。楊牧〈班吉夏山谷〉即屬「即事名篇」、自鑄「新題」之類，遂有別於中國傳統現有的樂府篇名。其二，相較前述「自創新題」之「新」，《新樂府輯》餘下八首詩作，例：〈出門行〉、〈大子夜歌〉、〈烏夜啼〉、〈大堤曲〉、〈巫山高〉、〈關山月〉、〈行路難〉、與〈悲歌

〔註21〕漢・班固《漢書》（北京：中華書局，1964 年 11 月初版），卷 30，頁 1756。
〔註22〕宋・郭茂倩：《樂府詩集》，卷 90，頁 1262。

為林義雄作〉，皆沿用舊有古題（或於古題之上進行變用）；則其開創之義，應當著重在內文呼應古典語境之餘，如何與楊牧寫作當時的社會情勢相互映照，形成「古典——現代」此多重內蘊的交織與辯證。

首先觀覽襲用古題的七首詩（〈悲歌為林義雄作〉將於下文二之二節論述），副標底下，皆有原詩引述，符合跨文本性類型第二類的：「副文本性」（paratextuality）；若加上前述第五類統文性（architextuality），可知同一文本含有多重的跨文本關係，實為常見現象。此乃自不同角度切入、觀察文本後，所得之的結果。

寫於 1984 年的〈出門行〉，副標題引用孟郊〈出門行〉〔註23〕第二首末句：「我欲橫天無羽翰」。副文本是作者留予的線索，為讀者指引文本探索的方向。孟郊原詩敘述遊子客居外地，因而生發思鄉之情：「驅車舊憶太行險，始知游子悲故鄉。美人相思隔天闕，長望雲端不可越。手持琅玕欲有贈，愛而不見心斷絕」。其情之烈，甚至希望擁有一對橫天飛越的羽翼，然不可得，因有「我欲橫天無羽翰」之嘆。回頭觀覽楊牧〈出門行〉，首章即可見到迥異於孟郊原詩的視角轉換：「那是夏天最陰寒的一個早晨／在日頭還沒有升到那個角度／還沒有能夠將她的窗簾晒暖的／時刻，」〔註24〕開頭尚未明瞭此為古典、抑或現代場景，但可觀察到，視角已自孟郊原詩的遊子，轉移至閨中女子。緊接：「看見她在整理一口皮箱／輕便的衣服，望遠鏡，書／她把手提袋擺到皮箱上，坐在／床前失神地想著一件事情也許／不只一件想著好多。」〔註25〕「皮箱」、「望遠鏡」，顯明透露此為現代場景，且暗示女子即將遠行。而她似乎為遠方陌生物事，正煩心、失神。故在屋裏：「甚至聽得見潮聲在四壁回響／拍打寸寸有情的空間，甚至／還有狂風吹過森林的呼嘯／從野菌地上捲起／擁向黑暗的／山谷，禽獸嘩然驚醒了／沒有方向地，低飛奔走」〔註26〕。第二章：

> 戛然而止，她站起來並且快步
>
> 走向窗前。野餐桌上隔壁的貓
>
> 在太陽的強光裏伸腰，弓起
>
> 又鬆弛，一聖潔寧靜的本體

〔註23〕宋・郭茂倩：《樂府詩集》，卷 61，頁 890。
〔註24〕楊牧：《楊牧詩集 II》，頁 435。
〔註25〕楊牧：《楊牧詩集 II》，頁 436。
〔註26〕楊牧：《楊牧詩集 II》，頁 436。

> 她對著寒氣微笑，回頭看鏡子
>
> 好奇的臉上一點絳唇，眨眨眼
>
> 提起皮箱，肩上且掛銅鈴的袋子
>
> 開門出來乃輕輕掩好鎖上
>
> 準時走到巷口候車，陰寒……
>
> 遙遠的世界那裏熾熱而明亮〔註27〕

當想像中止後，女子下定決心行動。至此，她遠行的動機並未有清楚交代。然而：「好奇的臉上一點絳唇，眨眨眼」，從刻意注重妝容的行為，或可推測途中將遇見心儀對象。若參照「副文本」所提供的線索，孟郊原詩視角聚焦在遠行的遊子；而楊牧此處視角轉移，替換為女子即將出門遠行，並非單純僅有性別對位上的考量。「女子」更可能是孟郊筆下：「美人相思隔天闕，長望雲端不可越。手持琅玕欲有贈，愛而不見心斷絕」〔註28〕，遊子所朝思暮想的意中人。意即，楊牧此作正補足孟郊原詩的另一層隱性脈絡。如此，不再只有遊子單方面的「發聲」，原本扁平的故鄉美人，形象亦鮮明活絡。女性非僅能被動等待，而有其自主追求的空間。形成迴還、重唱的意義網絡。「遙遠的世界那裏熾熱而明亮」，當女子決心出門遠行，實也為兩人看似不可能的重逢，踏出明朗的一步。且將遠行女子定位於現代場景，隱喻有情男女受苦於異地相隔，乃古往今來普遍之共感。上述皆是楊牧在古典之上，進行現代語境的轉換。且此鎔鑄、再造，並非和古典意義全然斷絕聯繫。乃同、異中相互交織，形成雙重、甚至是多重意蘊，此即「互文性」的積極精神。

同樣將古典視角切換，進行現代語境的鎔鑄、再造，前述提到的〈大子夜歌〉亦屬一例。丁旭輝指出，此詩相較楊牧其餘以樂府古題入詩的作品，詩意上較為淡薄〔註29〕。然而筆者另有其他見解。

此詩副標題引用《子夜四時歌·冬歌》第二首末兩句：「若不信儂時，但看雪上跡」。全詩：「塗澀無人行，冒寒往相覓。若不信儂時，但看雪上跡」〔註30〕，表露女子剛毅、勇於追求情愛的態度。回頭觀覽楊牧此詩，開頭：

> 我已經縮小成子夜

〔註27〕楊牧：《楊牧詩集II》，頁436～437。

〔註28〕宋·郭茂倩：《樂府詩集》，卷61，頁890。

〔註29〕丁旭輝：〈楊牧現代詩中的樂府書寫〉，《樂府學》第七輯，頁230。

〔註30〕宋·郭茂倩：《樂府詩集》，卷44，頁648。

靈巧悠遠，富於南朝的

氣味。我住在搖盪的水邊

採桑，織素，箜篌，詩書

向蟋蟀學習身段，聽彩雲嘩笑

且把閨中的憂愁折疊作黃鶯

在簾幕和盆景間飛行，沾上

頭髮，落到夾層的絲被

這麼細小巧妙，在古代

披掛著寬大的衣裳

從薰香的房間走出來〔註31〕

「採桑」、「織素」、「箜篌」與「詩書」，這些「富於南朝氣味的」事物，代表古代社經地位較高的婦女們，所需具備的生活技能以及素養。而「閨中的憂愁」，或可指涉女子對於遠方良人的憂思。緊接：

（幻想著）走出庭院了

穿過大街和小巷，左肩

斜帶一個包包，裝著

未完成的歌譜，汗巾，日記

和一些有顏色的棒棒糖

「流浪去」，我對自己說

在豆漿店和兒童公園間

走來走去，頂著歲末的冷風

尋覓著甚麼？我知道

等著待著。大廈背後消防栓

在劇烈地漏水，巷子底

傳來煮花生的香味。我已經

縮小為南朝的子夜（幻想著）

是經歷過一些變動，是世故

而成熟的。男人雖然遲到

肯定不會失約〔註32〕

〔註31〕楊牧：《楊牧詩集 II》，頁 438～439。
〔註32〕楊牧：《楊牧詩集 II》，頁 439～440。

場景的切換，由房間、庭院、再到外頭的大街小巷，乍看並無特顯之處。然而外邊景緻卻是：「豆漿店」、「兒童公園」、「大廈」與「消防栓」等現代化設施。意即，隨著女子出外「流浪去」，場景實已經過調度，由古代穿越至現代。女子外出，「頂著歲末的冷風」，等待遲到的男人，與副標題所引「若不信儂時，但看雪上跡」的積極態度相互呼應。接著，女子心緒因等待不著，轉而不悅：「應該試著去怨他／我是一個世故而成熟的／女子，輕巧的憤懣鎖住雙唇／眉頭這樣撐起來表示不悅」；或者當男子到來，「溫柔地開始編造理由」時，女子認為應當：「每一個字／我都聽得進去，也相當喜歡／但我必須假裝冷漠，強調／我很失望而且，無所謂／這些我都不太會／因為我真的，相當歡喜／一眼看見他坐在那裏；」然而，男子來到的實際情況卻是：「何況／他並沒有開口道歉的意思／只那樣友善地笑著，抬頭／望著我關懷；……／……，眼神／透過燈影直直穿入我的胸膛／溫暖了子夜的心」〔註33〕，此處可看到女子內心豐富的想像、矛盾、與衝突，生動突顯出熱戀中有情男女的形象。楊牧此詩將《子夜四時歌‧冬歌》內含的故事情節，由古典挪移至現代場域，甚至進行擴寫，描繪男女相遇的情景，延伸原文本未言的隱性脈絡。此亦含有熱奈特跨文本性理論中，第四類「承文本性」的「派生」關係。既深入「原文本」精隨，進行藝術風格的「摹仿」，並對「原文本」進行改編、擴寫，以時空跳接的手法，產生現代化情境的作品，使詩意彰顯。

筆者認為，《新樂府輯》裏〈大堤曲〉一詩，亦屬將古典移植於現代場域，並對原文本情節進行擴寫，明其未言之處。此詩副標題引用李賀同題之作：「今日菖蒲花」，蓋原詩藉由「蓮風起，江畔春；大堤上，留北人」；和「莫指襄陽道，綠浦歸帆少。今日菖蒲花，明朝楓樹老」〔註34〕等詩句，描繪女子挽留遠行情人，烘托她對於情愛的堅貞與熱烈，以及在此青春盛美中，不免有感於紅顏易老的哀傷。楊牧〈大堤曲〉〔註35〕承繼女子挽留情人的心緒，其中，「如昔日菖蒲的花蕊／雙眉依然是細小溫柔／隨時因為快樂而皺蹙／眼睛搖蕩如招換的燈火」，則呼應李賀原詩，以「菖蒲」喻女子姣好容顏；且擷取「綠浦歸帆少」此意象，將離別場景自大堤水鄉，移植於現代海港碼頭：「『在海角，遙遠最遙遠的／地方，春雨曾經傾斜過／喬木的新葉，和床頭

〔註33〕楊牧：《楊牧詩集Ⅱ》，頁 440～441。
〔註34〕宋‧郭茂倩：《樂府詩集》，卷 48，頁 706。
〔註35〕楊牧：《楊牧詩集Ⅱ》，頁 447～449。

鐘』」，以及「『然後體會分離，整個秋天／悉數屬於你，我也在港上／默默思念著，屬於你』」。然而，楊牧於詩末點綴一戲劇性場景，從而自原文本感於紅顏易老、離情難捨的氛圍裏，轉化翻新：「然後不知道為什麼／就將所有的諾言遺忘／醒來在陌生人的鏡前／蹙眉微笑，四肢有些衰弱／『恁地憔悴只因夢中人』」，「遺忘諾言」、且在「陌生人的鏡前」、以及「因夢中人憔悴」，皆為看似堅定不渝的情感，增添想像的變數。

　　至於〈巫山高〉，楊牧以七首組詩〈尼〉、〈巫〉、〈后〉、〈伎〉、〈博士〉、與〈仙〉，描繪位於美國華盛頓州的 Mount Rainier 瑞尼爾山。丁旭輝認為此詩的語言和風格不具備樂府風味，相較楊牧其餘「新樂府」之作，是較不成功的〔註36〕。但在「不離古題之本事、本意下」，所發展出的「續作」，果真能擁有更加豐富的內容嗎？抑或，「語言、風格不具備樂府風味」，可作為判斷續作不成功的準則嗎？筆者認為，一個成功的續作，在承繼傳統的同時，亦能揭露古典語境中隱而未顯的聲音，賦予其現代意義。僅延續古題之本事、本意，絕非是延續古典生命的方式。此為丁氏論述上有失偏頗之處。

　　此詩副標援引范成大同題之作：「楚客詞章原是諷，紛紛餘子空嘲弄」〔註37〕，原詩本為宋玉所作〈高唐賦〉翻案。范成大指出宋玉作賦，背後原有神聖的宗教、文化意涵，所謂神、人間的「雲雨之會」，即寓有化生萬物、豐厚民族的意義。且藉由與神女相遇前須「齋戒」的儀式，諷諫楚王，帶出：「思萬方，憂國害。開賢聖，輔不逮」〔註38〕此為國憂民的胸懷。而後代好事之徒多僅聚焦神女之美貌、以及與神女交媾此淺薄之意，故范氏不免也有「玉色頹顏不可干，人間錯說高唐夢」之慨嘆。乍看之下，楊牧此詩並無同范成大的翻案之意。若進一步探究〈高唐賦〉內文，神女曾云：「妾在巫山之陽，高丘之阻，旦為朝雲，暮為行雨。朝朝暮暮，陽臺之下」〔註39〕；而對於巫山瑰麗、詭譎的景致，宋玉如是描摹：「惟高唐之大體兮，殊無物類之可儀比。巫山赫其無疇兮，道互折而曾累。……長風至而波起兮，若麗山之孤畝。勢薄岸而相擊兮，隘交引而卻會。崒中怒而特高兮，若浮海而望碣石。……登

〔註36〕丁旭輝：〈楊牧現代詩中的樂府書寫〉，《樂府學》第七輯，頁230。

〔註37〕宋·范成大：《石湖居士詩集》（上）（上海：商務印書館，1937年6月初版），卷16，頁156～157。

〔註38〕梁·蕭統編，唐·李善注：《文選》（上冊）（臺北：五南圖書，1991年10月初版），卷19，頁476。

〔註39〕梁·蕭統編，唐·李善注：《文選》（上冊），卷19，頁471。

高遠望，使人心瘁。盤岸巑岏，裖陳磑磑。磐石險峻，傾崎崖隤。巖嶇參差，從橫相追。阪互橫牾，背穴傴蹟。交加累積，重疊增益。狀若砥柱，在巫山下。仰視山巔，肅何千千，炫燿虹蜺，俯視崝嶸，窒寥窈冥。不見其底，虛聞松聲。」〔註40〕。故巫山奇絕、絢爛之景，實與神女崇高、不容輕侮的體貌，以及神祕莫測的行蹤，二合為一，兩者相互襯托。

是以，楊牧同樣藉由描繪 Mount Rainier 山景特徵，塑造出具像化的對應角色；抑或藉由塑造特定角色，反襯 Mount Rainier 的景致。例如，以山「莊嚴沉靜如太初」，點出「尼」超越悲傷喜悅、「以無情啟示有情」的特質；以雲氣的環繞、變化，喻「巫」：「衣裳褌垂垂／落在榻前。臉色不詳／太高，深埋入雲裏」〔註41〕的神祕性。以及，喻「后」：「絲絨／遮蓋豐滿的身體／想像她雙足重疊的樣子／心血往下流」的高貴典雅；或描述「伎」：「她有一層錚鏦的命運／鏗然自七絃傳來，輕啟／皓齒歌唱」，用以突顯當山中人聲、風聲、蟲鳴蛙叫皆止息時，另一種超越現下世界的「弦外之音」；或云：「山披著一件淡青的大氅」，「淡青」可指林木植被，或是 Mount Rainier 的冰河白雪。楊牧如是形容：「抬眼遠望，悲壯的／表情如預備趕赴千里外／濟難扶危的俠客／肩頭一束長髮，哦／是女俠」，以「俠」之氣概，反襯山景之巍峨壯闊；最後，詩人描述山中雲彩：「一層掀高的彩霞／旋轉著，在酷暑的／入夜時分閃爍璀璨／象徵一種遙遠的道行／肅然清淨，超越的／禁慾的身體缺乏／熱量和脂肪」，點出「仙」冰清超然的特點，說她始終「是具有風情的那種」〔註42〕。綜合上述，自題材觀覽，宋玉描摹巫山，楊牧歌詠 Mount Rainier；自技法觀之，二人皆使自然之物人格化或神格化，令其特質獲得具象彰顯。「物」、「人」、「神」間彼此相襯，律動相合，豐富既有內蘊。此亦可屬跨文本性理論中，第四類「承文本性」的「派生」關係。

而〈關山月〉〔註43〕，副標引用翁綬同題詩作：「光分玉寒古今愁」，全詩藉「影轉銀河寰海靜，光分玉塞古今愁」及「笳吹遠戍孤烽滅，雁下平沙萬里秋」〔註44〕等詩句，呈現兵士於塞外作戰的艱難與困頓。楊牧詩云：「陰風穿梭女牆／斷續訴說血的睥睨／箭矢徒然錚鏦，干戈靜處／依然覆著許多白

〔註40〕梁·蕭統編，唐·李善注：《文選》（上冊），卷19，頁472～474。

〔註41〕梁·蕭統編，唐·李善注：《文選》（上冊），卷19，頁451～452。

〔註42〕楊牧：《楊牧詩集II》，頁451～460。

〔註43〕楊牧：《楊牧詩集II》，頁461～463。

〔註44〕宋·郭茂倩：《樂府詩集》，卷23，頁339。

露寒霜／征人的眼神疲憊，茫然／鶴鳴于垤，閨中的嘆息……」;「檄文，鐵蹄，衝突／腐朽的鎧甲，白骨，刁斗／在刁斗的餘音裏，小雷流盪」;以及「月向海中藏／草從關外銜來廣大的蒼黃／那突兀的不是軍帳，不是牛羊／沉默的風岩纍纍，向關內延長」，上述詩句雖補充原文本諸多細節，然而在情節與氛圍上，不脫邊塞詩的既定想像，並無轉化之新意。自互文性積極求異的角度觀覽，並非是成功之作。

　　觀察上述五首詩作，楊牧多在承繼舊有樂府古題的同時，將原文本情節，由古典情境移植於現代場域，並進行細節上的改造。使一種「普遍共感」（比方男女相思之情），於現代再生，穿上新變外衣。故「原文本」與「當前文本」非單純上對下的單向「影響」關係；由於新變、轉化，後出的「當前文本」，反倒可以豐富、映照「原文本」未言之處。兩者可置於同一平面，文本的意義網絡相互交織，進行雙向、多重的流動，此即互文性的核心內蘊。

　　再者，唐代「新樂府」的特點，在於「樂府」「感于哀樂，緣事而發」、及「觀風俗，知薄厚」的基礎上，更進一步強調「寓意古題，刺美見事」的創作態度。則前述詩作，約僅指涉男女情愛的「哀樂風俗」，或再現特定的古典樂府情境（例如對於奇絕山景的描摹、與邊塞風景的再造）；下列將提到的二首詩作，則涉及「刺美見事」，此介入歷史、社會等現實面向的特點。

　　寫於 1982 年的〈烏夜啼〉〔註45〕，副標題援引白居易的同題作品:「月明無葉樹，霜滑有風枝」。若根據副文本指引以詮釋楊牧此作，首先觀覽白居易〈烏夜啼〉:「城上歸時晚，庭前宿處危。月明無葉樹，霜滑有風枝。啼澀饑喉咽，飛低凍翅垂。畫堂鸚鵡鳥，冷暖不相知」〔註46〕，全詩藉由烏鳥和鸚鵡截然相反的生活處境，隱喻詩人諷刺社會的黑暗不公、以及悲憫弱者的胸懷。楊牧此詩並無鮮明的事實指涉，甚至略顯隱晦。然而詩中三處重複「惟愛和政治／能拯救你的靈魂」，似也為因政治因素而蒙受迫害的弱勢者發聲，此即呼應、且承繼白居易原詩的悲憫之意。丁旭輝對此分析:「楊牧此詩作於 1982 年 6 月，隱隱呼應 1979 年美麗島事件、1980 年林義雄（1941～）滅門血案，以及此下臺灣社會、政治的巨大變化」〔註47〕，此論頗有見

〔註45〕楊牧:《楊牧詩集II》，頁 443～446。
〔註46〕宋・郭茂倩:《樂府詩集》，卷 47，頁 694。
〔註47〕丁旭輝:〈楊牧現代詩中的樂府書寫〉，《樂府學》第七輯（2012 年 4 月），頁 227。

地。然而續曰：「甚至以當時他與陳芳明之交情，亦不無影射、悲憫陳芳明亡走海外、有家歸不得之可能，正如夜啼之烏不得入棲室內（回歸臺灣），只能宿露餐霜（漂流海外）」〔註48〕，筆者認為大可不必限於一人。此詩不若〈班吉夏山谷〉與〈悲歌為林義雄作〉明確指涉特定事件。若放寬詮解視角，含納當時代所有因政治因素受苦、流離之人，當使詩的隱喻、指涉功能獲得最大程度的發揮。再者，進一步觀覽：「惟愛和政治／能拯救你的靈魂」，將高貴的「愛」與「政治」等同並置，可知此處「政治」非指貪婪和鬥爭下的產物，而是臻於「理想」的清明境地。又，「惟愛和政治／能拯救你的靈魂」，換言之，為了獲得「拯救」，「你」勢必得設法面對、改變眼前壓迫、汙穢的政治現實。故自白居易原文本呈顯的悲憫、諷諭，至楊牧此詩，於悲憫之上，更喻有「積極」面對、介入現實之義。此亦為詩人於古典文本裏，求其新變視角的明證。

《新樂府輯》中另一首值得關注的長詩，為寫於1982年的〈行路難〉〔註49〕。楊牧自陳此詩：「想要再造少陵〈北征〉和義山〈行次西郊〉的感慨」〔註50〕，若加入副標題所引盧照鄰同題詩作：「君不見長安城北渭橋邊，枯木橫槎臥古田」，楊牧此作可說集多項「原文本」於一處。杜甫〈北征〉作於安史之亂爆發後第二年（757年），詩中描述「鴟鳥鳴黃桑，野鼠拱亂穴。夜深經戰場，寒月照白骨。潼關百萬師，往者散何卒。遂令半秦民，殘害為異物」〔註51〕等民生凋蔽的怵目場景；〈行次西郊〉亦從安史之亂出發，「送者問鼎大，存者要高官。搶攘互間諜，孰辨梟與鸞。……爾來又三歲，甘澤不及春。盜賊亭午起，問誰多窮民」〔註52〕，深刻針砭唐王朝有關政治、社會等各面向的腐敗，並悲憫人民困苦現實。楊牧所謂「再造的感慨」，應指千年後立於現下時空，以當時杜甫及李商隱關照現實的視角，挖掘此刻民生、政治、文化與社會等議題——這樣的創作意識，非單純進行「繁盛」、「衰頹」等有關「今昔差異」的對比。自楊牧詩裏所透露的傷感氛圍，倒不如說他正印證人類歷史，即是在一次次毫無反省的錯誤中，「永劫回歸」般循環。

〔註48〕丁旭輝：〈楊牧現代詩中的樂府書寫〉，《樂府學》第七輯（2012年4月），頁227。
〔註49〕楊牧：《楊牧詩集II》，頁464～473。
〔註50〕楊牧：《楊牧詩集II》，頁528。
〔註51〕《全唐詩》（臺北：文史哲出版社，1978年12月初版），卷217，頁2275。
〔註52〕《全唐詩》，卷541，頁6246。

　　1981 年，楊牧首次踏上中國，旅途中詳細聞見之慨，紀錄於《搜索者》〈北方〉及〈南方〉二篇散文。〈行路難〉描述地點聚焦於西安古城，回頭對照散文所載，〈南方・三月十九日・飛越秦嶺〉有如下記述：「昨天遊大雁塔，那是唐朝詩人舊遊之地。我再度拒絕登高，只到第二層眺望鄉野，看到紅旗數面。下來讀碑，懷仁集王羲之書「大唐三藏聖教序」赫然在焉。……今早赴臨潼路上曾過灞橋，除柳而外，了無古意」；以及：「西安的簡體字最徹底，已經簡化到野蠻的地步了」〔註 53〕。對於文化摧折、頹唐的傷感；以及對於共黨治國下，社會畸形氛圍的批判，實為二篇散文的隱性脈絡〔註 54〕。如此沉重的歷史傷感，也在〈行路難〉中透露。詩開頭：「一輛驢車困頓地滑下街心／我站在黃土巷口，張望著歷史／看到一群影子扭曲在紅牆上／乾燥斑駁，其中彷彿有我：／被層層包圍在標語牌下，瘦削／不勝春寒」〔註 55〕，此處歷史的遞嬗、積累，並非帶來一個民族榮光與智慧的表徵。反倒在龐雜、喧

〔註 53〕楊牧：《搜索者》，頁 170。

〔註 54〕例如，〈南方・三月二十二～二十三日・長江〉有如下記述：「文革時期，重慶武鬥非常激烈，不少年輕人被『解放軍』所殺，屍體拋入長江，隨波逐流出川。文革後有一個青年寫詩，說『英雄事蹟不比甲蟲背上的斑紋美麗』，其幻滅失望比起海明威有過之而無不及；又說：『長江是一條裹屍布』。北方的作家不懂得它的涵意，開會討論糾正，認為這種詩太不健康了。然而長江是憐憫慈悲的象徵，接納了死殤的中國青年的屍體，載負他們湧向大海——她不但是一個默默承受橫逆的母親，其遼遠悠長竟如擁抱子女夭折的裹屍布。這樣沉痛精準的比喻如何可能不懂？當然有人寧可不懂，假裝不懂。」或者如〈南方・三月二十五日・南京〉：「中午在玄武湖吃鯉魚。玄武湖春風徐來，柳浪水紋帶著難言的韻致。說法語的導遊興起，竟以中文念了一句『斜風細雨不須歸』，接著說道：『白居易的詩』神色自得。我又覺得不奈，因為並沒有細雨；尤其這句子也不是白居易的，何況嚴格說來也不是『詩』，乃加以糾正。他訕訕說道：『白居易也好，別人也好，都差不多，橫豎是古人了。』這兩個星期發現一般人學識都不太好。故宮某殿有乾隆御筆橫額『無為』兩個字，我仰頭在看，背後也圍了些學生模樣的遊客，指指點點討論那兩個字。一個說：『那是『為』甚麼啊？』原來他以為橫寫一定自左至右，『為』字看懂了，然而行書『無』字則不認得，因為今天的簡體字用的是古已有之的『无』。……成都杜甫草堂的管理主任口口聲聲說杜甫是『人民詩人』，也極淺薄。武漢那人堅持『窮則變，變則通』是毛的哲學思想，到了東湖邊的屈原像前又解釋到：『屈原像，因為屈原是人民詩人，在武漢住過。』令人啼笑皆非。」〈南方〉此文篇幅較長，筆者此處僅引二則段落。然而透過這些敘述，可觀察楊牧對於當時中國文化、社會的看法與批判。引自楊牧：《搜索者》，頁 174～175；頁 178。

〔註 55〕楊牧：《楊牧詩集 II》，頁 464。

囂的歷史網絡中，個體的獨特性被湮沒、解消，彷彿就像在牆上扭曲、失去面目的影子。這彷彿呼應著盧照鄰〈行路難〉中所述：「人生貴賤無終始，倏忽須臾難久恃。誰家能駐西山日，誰家能堰東流水」〔註56〕，此感於有限人生投擲於無盡歲月裏，必得遭逢的橫逆、矛盾與悲哀。甚至，任何包含哀樂與榮辱的劇烈變故，在時光洪流中也已然微不足道。在西安古城中，楊牧道：「千騎在古代的槐蔭下馳騁／堅實的土地踏成灰塵和泥濘」；然而回歸現實時空，人民單純地為生活忙碌，僅因歷史過於縹緲、虛幻，無暇可以顧及：「他們在背後寧靜地打量著我／細數日晷的紋路。驢子閉上眼睛／群眾漸漸散開並且恢復了正常／低聲交談著，但我知道／他們的興趣在板栗，煙卷／麵粉，白菜，鹽，豬油／在關外的雪，牧草，河犯……／我凝望巍巍的雁塔。他們的／興趣不在塔也不在我」〔註57〕。

且即使欲捕捉過往的人文蹤跡，似乎也因時間洗刷、與人為愚昧的摧殘，而消逝殆盡。作為千里跋涉來到此地的異鄉旅人，楊牧眼中的歷史，僅遺留「灰塵，泥濘，和血跡」。他如是敘述：「我聽到干戈碰撞的鏗鏘，突圍的吶喊／火舌饕餮的吞噬，屋樑倒塌的聲音／雷霆，霹靂，豪雨，狂風／難民的流亡曲」〔註58〕，這不僅連結過往長安古城發生的戰火，若對照上述《搜索者·南方》中的見聞記載，此亦隱含對共黨文革暴行的針砭。底下詩句可作為另一顯明例證：

> ……
>
> 河東的自由市場也慢慢散了
> 人民安靜地向四方移動
> 進城去開會，或者到野外去
> 去執行某種輪值的義務，也許
> 回家點燈修補另外一盞燈
> 在夢裏把自己搖醒，追求
> 另外一場搖不醒的夢：
> 攻擊昔日的城堞，爆破

〔註56〕《全唐詩》，卷41，頁518。
〔註57〕楊牧：《楊牧詩集II》，頁466～467。
〔註58〕楊牧：《楊牧詩集II》，頁469。

> 焚燒，摧毀，並且對著火光
>
> 和殘垣歡呼，然後聚在一起
>
> 決議認錯。他們勇於承認錯誤
>
> 但決不後悔〔註59〕

所謂「刺美見事」，便在「歡呼」、「認錯」；「勇於承認錯誤」、「決不後悔」的對照下，完成富有戲劇性的諷刺。長安古城，或中國土地於詩人多情的眼底，「那是吸盡漂杵的血流的土地／曾經肥沃如家鄉，如今乾燥／枯裂，在無數的殺伐和驚雷之後／在愚昧，驕縱，和冷漠裏」〔註60〕。

　　楊牧文末援引盧照鄰詩句，且自鑄七言樂府古辭：「君不見長安城北渭橋邊／行人彳亍欲曉天，昔日／千騎驕驍處，惟今寒／霧藏野煙。君不見」〔註61〕。其中的「今昔」對比，隱喻時間無盡、過往不再所引起的悲哀。所謂「君不見」，即是人們無緣親眼得見人類活動的變化軌跡，僅能從碎裂遺跡中，拼湊、揣測；然而一代又一代人們自殘缺歷史中所學到的教訓，便是「學不到教訓」。末句「君不見」有頭無尾的句式，象徵人類對於歷史、時空的終極疑問，彷彿永遠無法企及答案。僅能隨著不斷延異的意義，重複著相同的悲哀，以及錯誤。如同楊牧旅經北京，過恩師陳世驤故鄉時所感嘆：

> 我透過木蘭的枯枝和太湖石，遠眺萬壽山，發覺歷史留給我們的，
> 往往是一些荒蕪的嘲弄。那些新髹的雕欄畫棟是令人厭倦的，帝王
> 家的俗氣表露無遺。我看故宮朱紅的色調，想到兩個朝代在那色調
> 裏興衰，我相信意志和心思的麻痺，一定是滅亡的先兆。紫禁城中，
> 天壇公園，只見老樹頹唐，蓋滿了風沙；縱使它們幸運超越歷史的
> 風雨活到今天，精靈神通，感慨之多應當多於苟全的歡喜。〔註62〕

慨嘆可謂甚深。而楊牧此詩鴻篇巨製（共 128 行），形式上與杜甫〈北征〉和李商隱〈行次西郊一百韻〉的長篇敘事結構，可謂相互掩映。至於內容切入現實觀察，並上溯歷史源流，進行叩問、省思，此皆與盧照鄰、杜甫、和李商隱詩中所透露的感懷，相互遙契。亦為熱奈特跨文本性類型中，第四類承文本性的派生關係。

〔註59〕楊牧：《楊牧詩集 II》，頁 470。

〔註60〕楊牧：《楊牧詩集 II》，頁 472。

〔註61〕楊牧：《楊牧詩集 II》，頁 473。

〔註62〕楊牧：《搜索者・北方》，頁 164。

二、公理和正義的追尋——「為事而作」的「現代樂府」

　　前一小節，筆者所論楊牧七首舊題樂府之作，有涉及普遍男女情愛的「哀樂風俗」，或再現特定的古典樂府情境；亦有「刺美見事」，介入歷史、社會等現實面向。無論何種主題表現，楊牧多將原文本情節挪移、置入與他切身相關的現代場域，賦予傳統新變。此小節論述的詩作，亦由「刺美見事」的基礎上出發。有別於前述，在於〈烏夜啼〉、〈行路難〉等關懷、映照的現實，較無指涉特定的人物與事件。而是立於宏觀角度下，對歷史、社會進行普遍省思。此小節〈班吉夏山谷〉與〈悲歌為林義雄作〉，則涉及特定人事。二詩不僅呼應新樂府「文章合為時而著，歌詩合為事而作」的精神。且〈班〉詩亦依循新樂府「即事名篇，無復依傍」的核心內蘊，屬自鑄舊題未有之「新題」。

　　〈班吉夏山谷〉為詩人紀念一位阿富汗友人而作。八零年代蘇聯入侵阿富汗，開啟兩方長達十年的戰爭。楊牧自陳此詩「是閱報失神即刻寫下的作品」，頗契合新樂府「即事名篇，無復依傍」之義。楊牧此詩副標引用友人之語：「班吉夏山谷美得像中國女子的眼睛」，對比當時阿富汗游擊隊於山谷死傷慘重，兩相映照，其中隱含的控訴不明而喻。楊牧此詩罕見表露個人強烈的主觀情緒，透過想像，契入阿富汗人的傷痛，以第一人稱「我」行文敘述。第二章：

> 他們在班吉夏山谷佈置了
> 佔領軍總部和無數的哨崗
> 紅軍在村莊裏外結伴巡邏
> 我的族人沉默地觀看
> 並且鋸著木頭，剝著豆
> 在井邊汲水，燠熱的空氣裏
> 忽然拔起嬰兒的哭聲
> 我的族人在屈辱中工作
> 在哭聲裏活。他們沒有淚
> 乾燥的班吉夏山谷
> 盤旋著三兩隻鷹
> 蛇在岩石和沙礫間流竄，蜈蚣和

　　　　蜥蜴吮盡死者身上最後一滴血〔註63〕

「鷹」、「蛇」、「蜈蚣」與「蜥蜴」，此處以駭人的動物意象，指涉蘇聯共軍之
暴虐。當強盛的共產「紅軍」橫行無阻，身為弱小國家的「我的族人」，僅能
沉默觀看，在屈辱中生活。「在哭聲裏活」，同時意指嬰兒、與族人的哭聲，各
為表、裏雙重意涵。由此呼應下句「他們沒有淚」──此處亦為雙重涵義，一
則隱喻環境惡劣、生存之不易，「燠熱」、「乾燥」的山谷環境使得淚水蒸發迅
速；一則隱喻長期戰爭下，反覆承受折磨的阿富汗人，身心有如死灰之槁木，
早已麻木無感。即使全詩籠罩在痛苦、悲愴的氛圍，楊牧不忘於文中呈顯對
於和平希望的追求：

　　　　直升機的螺旋槳由遠而近
　　　　機關槍掃射我們放牧的草原
　　　　如豪雨打過夢境，然而
　　　　春天將屬於我們，夏天也屬於
　　　　我們，當草木越長越茂盛
　　　　羊群還要和我們的孩子一樣的
　　　　在哭聲中長大，充滿這屬於
　　　　我們的，完全屬於我們的
　　　　班吉夏山谷〔註64〕

機槍掃射草原，有如豪雨之過境，此譬喻令人驚駭怵目。緊接「然而」一詞轉
折，後頭詩句呈顯阿富汗人對於終戰的企望。相較前述的「哭聲」含括苦痛
與屈辱，此處「在哭聲中長大」，則隱喻嬰孩般新生、重生之喜悅。且其中夾
帶四句「……屬於我們」的變奏句式，營造複沓節奏，寄寓鎮魂、及慰藉生民
的意蘊於其中。最後：「完全屬於我們的／班吉夏山谷」，「完全」一詞更喻有
對家國土地的強烈認同──乃排除侵略者，「堅毅」、「果敢」的精神展現。

　　在漢代，即有以「悲歌」為名之樂府。〈悲歌為林義雄作〉，在副標亦援
引漢樂府「遠望可以當歸」。故楊牧此詩若依分類原則，當屬漢代文學；或歸
類於前文「二之一節」的論述，屬於樂府舊題的襲用、變用。然而筆者認為，
此詩同於〈班吉夏山谷〉，皆明確指涉特定事件，呈顯強烈關懷，與介入現實
的姿態。契合新樂府「為時而著」及「為事而作」的內蘊。為了論述文氣的統

────────────

〔註63〕楊牧：《楊牧詩集 II》，頁 475～476。
〔註64〕楊牧：《楊牧詩集 II》，頁 477。

一，故將〈悲歌為林義雄作〉置入此「二之二節」。

此詩又細分為兩首子詩，第一首開頭：

> 逝去的不祇是母親和女兒
> 大地祥和，歲月的承諾
> 眼淚深深湧溢三代不冷的血
> 在一個猜疑黯淡的中午
> 告別了愛，慈善，和期待
> 逝去，逝去的是人和野獸
> 光明和黑暗，紀律和小刀
> 協調和爆破間可憐的
> 差距。風雨在宜蘭外海嚎啕
> 掃過我們淺淺的夢和毅力〔註65〕

即使明確指涉現實的作品，我們亦能發現，楊牧依然在詩行間謹守情緒抒發的分際。「在一個猜疑黯淡的中午／告別了愛，慈善，和期待」，便簡短交代林宅血案的過程，不過度渲染，而哀戚之情已喻其中。「風雨在宜蘭外海嚎啕」，則寄情於景，彷彿天地也一同哀悼人倫之悲。此處詩人一連安排四組對立語彙：「人──野獸」、「光明──黑暗」、「紀律──小刀」、「協調──爆破」，然而這些對立間僅有著「可憐的差距」，隱含楊牧對於複雜人性的義界與省思；且人倫哀痛對生者而言如此巨大，逝者已矣，一切思索與辯證、區別與分判，皆已「逝去」。如同詩人於第二首子詩所表達：「大雨在宜蘭海外嚎啕／日光稀薄斜照顫抖的丘陵／北風在山谷中嗚咽，知識的／磐石粉碎冷澗，文字和語言同樣脆弱」，理性的智識，在悲痛跟前，皆徒勞、失落其意義。而在第二首子詩結尾，楊牧再度使用變奏、複沓句式，營造祭歌般的安魂氛圍：

> 我們默默祈求
> 請子夜的寒星拭乾眼淚
> 搭建一座堅固的橋樑，讓
> 憂慮的母親和害怕的女兒
> 離開城市和塵埃，接引
> 她們（母親和女兒）回歸
> 多水澤和稻米的平原故鄉

〔註65〕楊牧：《楊牧詩集II》，頁 478～479。

　　回歸多水澤和稻米的故鄉

　　回歸平原，保護她們永遠的

　　多水澤和稻米的平原故鄉

　　回歸多水澤和稻米的

　　回歸她們永遠的

　　平原故鄉。〔註66〕

自形式上觀覽，迴還往復的句式喻有鎮魂、慰藉生民的意蘊。然而，若複沓的節奏反覆持續，勢必造成擾動。必得終止，才能達至「安定」的目的。從詩末標記的「句號」，可知詩人心思細膩之處。另外，楊牧於此詩副標引用漢樂府〈悲歌〉：「遠望可以當歸」，出自《樂府詩集・雜曲歌辭》。全詩為：「悲歌可以當泣，遠望可以當歸。思念故鄉，鬱郁累累。欲歸家無人，欲渡河無船。心思不能言，腸中車輪轉」〔註67〕。透過淺顯詩行，遊子登高瞭望，無家可歸的哀痛，即表露無遺。此處副標題的引文，符合跨文本性類型中的第二類「副文本性」（paratextuality）。副文本是作者留給讀者的線索，確保文本意義在閱讀過程中，能確切為讀者掌握。此處副文本性的第一層意義，藉由〈悲歌〉裏遊子無家可歸的情景，暗示林義雄「欲歸家無人」的相同遭遇。在援引、承繼古典意義的同時，根據當代歷史或社會脈絡，賦予其新的面貌。古典與現代相互映照，彼此有了縱深的連結。甚至，此連結不僅有意義上的呼應、加乘效果，更可能形成多層次的閱讀脈絡。細觀第二層意義，若將視角自林義雄轉至不幸逝去的母親和女兒，她們同樣有著無法回歸現世家園的悲痛。故，「遠望可以當歸」便有了雙線交織的意涵。而楊牧在詩末以複沓句式，召喚亡魂回歸「平原故鄉」，與上述第二層涵義，即有首、尾章法上的呼應，以及意義上「對位」的張力。這也是在原文本基礎上，「同中求異」的互文性核心理念。

　　《新樂府輯》九首詩，至此析理完畢。順著前述新樂府：「即事名篇，無復依傍」；以及「為時而著」、「為事而作」的核心意旨。筆者認為《有人》卷首長詩：〈有人問我公理和正義的問題〉〔註68〕，雖非屬《新樂府輯》，然而此詩作於1984年，時間點正處於1979年美麗島事件、1980年林義雄事件、

─────────────

〔註66〕楊牧：《楊牧詩集II》，頁480～481。

〔註67〕宋・郭茂倩：《樂府詩集》，卷62，頁898。

〔註68〕楊牧：《楊牧詩集II》，頁331～340。

1983 年立法委員增額選舉（此屆當選人所製造出的經濟醜案，間接影響楊牧著手創作此詩）〔註69〕、以及 1987 年解嚴等重大歷史轉折的脈絡上。深刻描繪當時臺灣政治與社會等內在潛藏之議題，歷來廣為知識分子所傳頌，實遙契樂府關懷、針砭現實的內蘊。

〈有人〉詩分六章。首章以詩人接到一封青年知識分子的來信起始。如此「善於思維分析」、「讀了一年企管轉法律，畢業後／半年補充兵，考了兩次司法官……」〔註70〕、受過縝密思辯與法治訓練的青年，竟也陷入困境，尋不著公理和正義的出路。且在探問的同時，亦開始揭露他複雜身世：

> ……他顯然歷經
> 苦思不得答案，關於這麼重要的
> 一個問題。他是善於思維的，
> 文字也簡潔有力，結構圓融
> 書法得體（烏雲向遠天飛）
> 晨昏練過玄秘塔大字，在小學時代
> 家住漁港後街擁擠的眷村裡
> 大半時間和母親在一起；他羞澀
> 敏感，學了一口台灣國語沒關係
> 常常登高瞭望海上的船隻
> 看白雲，就這樣把皮膚曬黑了
> 單薄的胸膛裡栽培著小小
> 孤獨的心，他這樣懇切寫道：
> 早熟脆弱如一顆二十世紀梨〔註71〕

藉由詩人引述，從「玄秘塔大字」與「眷村」所代表的中華文化象徵，以及「一口台灣國語」，揭示了青年融合兩岸的省籍背景，亦隱喻背後可能的族群衝突。即使撤除外在可見的省籍矛盾，青年首先即須面對內心有關家國認同的疑問。「二十世紀梨」，於聲音上連結「離散」之義；而自屬性觀之，「梨」生長所需的「嫁接」過程，正象徵青年父輩受迫共黨，拋離中國原鄉，落腳臺灣土地的歷程。所謂「早熟脆弱」，或如第二章所描繪：「這名不見經傳的水

〔註69〕楊牧：《楊牧詩集 II》，頁 527。
〔註70〕楊牧：《楊牧詩集 II》，頁 334。
〔註71〕楊牧：《楊牧詩集 II》，頁 331～332。

果／可憐憫的形狀，色澤，和氣味／營養價值不明，除了／維他命 C，甚至完全不象徵甚麼／除了一顆猶豫的屬於他自己的心」〔註72〕，皆隱喻青年同樣承接了父輩「失根」的惶惑，與歸屬何方的命題。

　　而外在的省籍矛盾，於第四章中引燃：

> 有人問我一個問題，關於
>
> 公理和正義。他是班上穿著
>
> 最整齊的孩子，雖然母親在城裏
>
> 幫傭洗衣——哦母親在他印象中
>
> 總是白皙的微笑著，縱使臉上
>
> 掛著淚；她雙手永遠是柔軟的
>
> 乾淨的，燈下為他慢慢修鉛筆
>
> 他說他不太記得了是一個溽熱的夜
>
> 好像鬢髻父親在一場大吵鬧後
>
> （充滿鄉音的激情的言語，連他
>
> 單挑籍貫香火的兒子，都不完全懂）
>
> 似乎就這樣走了，可能大概也許上了山
>
> 在高亢的華北氣候裏開墾，栽培
>
> 一種新引進的水果，二十世紀梨
>
> 秋風的夜晚，母親教他唱日本童謠
>
> 桃太郎遠征魔鬼島，半醒半睡
>
> 看她剪刀針線把舊軍服拆開
>
> 修改成一條夾褲一件小棉襖
>
> 信紙上沾了兩片水漬，想是他的淚
>
> 如牆腳巨大的雨霉，我向外望
>
> 天地也哭過，為一個重要的
>
> 超越季節和方向的問題，哭過
>
> 復以虛假的陽光掩飾窘態〔註73〕

青年的母親於城中幫傭，而父親在一場大吵鬧後離家。表面上，這可能是一位外省老兵和本省臺灣女子，由於貧困所造成的破碎婚姻。然而省籍認同、

〔註72〕楊牧：《楊牧詩集 II》，頁 333～334。

〔註73〕楊牧：《楊牧詩集 II》，頁 335～336。

語言和文化隔閡的矛盾亦隱含其中。且楊牧不僅只探討「中國——臺灣」此
二元分判的省籍衝突，從母親哼唱的日本童謠，更帶出一段日本統治的殖民
史。我們或可推測母親曾接受日本教育（甚至本身也可能有日本血統），然而
當日本戰敗撤退，國民政府來臺，勢必又得遭受另一次文化認同的衝擊。且
順此脈絡剖析，當時在臺出生、成長的日籍人士，皆須遣送回那陌生的、僅
因血緣連結的北國故鄉。這也是另一層意義上的「嫁接」、「失根」。再者，從
母親用剪刀拆開的「舊軍服」此有關「戰爭」的意象出發。回溯早前，日本做
為甲午戰爭的勝利方，為了接收殖民地，許多要員應也是被迫離開祖國。呼
應「桃太郎遠征魔鬼島」，當時瘴癘、陌生的臺灣，又何嘗不若「魔鬼島」般
儡人？可知戰爭所帶來的，惟有痛苦與迫害，無人可為真正的勝利者。此為
楊牧更進一步省思、批判的所在。

　　第五章，楊牧自族群議題出發，將「公理和正義的問題」延伸至各個社
會層面的探究：

> 有人問我一個問題，關於
> 公理和正義。簷下倒掛著一隻
> 詭異的蜘蛛，在虛假的陽光裏
> 翻轉反覆，結網。許久許久
> 我還看到冬天蚊蚋圍著紗門下
> 一個塑膠水桶在飛，如烏雲
> 我許久未曾聽過那麼明朗詳盡的
> 陳述了，他在無情地解剖著自己：
> 籍貫教我走到任何地方都帶著一份
> 與生俱來的鄉愁，他說，像我的胎記
> 然而胎記襲自母親我必須承認
> 它和那個無關。他時常
> 站在海岸瞭望，據說煙波盡頭
> 還有一個更長的海岸，高山森林巨川
> 母親沒看過的地方才是我們的
> 故鄉。大學裏必修現代史，背熟一本
> 標準答案；選修語言社會學
> 高分過了勞工法，監獄學，法制史

> 重修體育和憲法。他善於舉例
>
> 作證，能推論，會歸納。我從來
>
> 沒有收到過這樣一封充滿體驗和幻想
>
> 於冷肅尖銳的語氣中流露狂熱和絕望
>
> 徹底把狂熱和絕望完全平衡的信
>
> 禮貌地，問我公理和正義的問題〔註74〕

「蜘蛛」、「蚊蚋」與「烏雲」，暗指一切邪惡、醜陋的事物，如影隨形般壟罩。尤其「倒掛」的蜘蛛形象，使人聯想「竊聽」（Eavesdropping）之義，指涉自228事件戒嚴以來，臺灣社會所瀰漫的白色恐怖氛圍。「虛假的陽光」意指表面上清明盛世的秩序，多立基於誣陷、壓迫等不義的統治手段上。且「在大學裡必修現代史，背熟一本／標準答案」，更象徵黨國統治下的臺灣，所謂「歷史」，皆可能是權力操作下、為了方便治理的產物，「真相」不容質疑。而相較「高分過了勞工法，監獄學，法制史」所隱喻的經濟起飛、和戒嚴時代下，恐怖統治網絡的緊密。「重修體育和憲法」，則指出臺灣社會失衡、畸形的體制——比方教育上著重智育、忽略德、體、群、美其餘四育；以及民主法治、觀念的落後……等。在這些「公理和正義的問題」環伺、未能獲得解答的當下，青年的應對表現，並非如此完美無缺。他或許焦躁，如楊牧在第二章所描述：「也許我應該先否定他的出發點／攻擊他的心態，批評他收集資料／的方法錯誤，以反證削弱其語氣／指他所陳一切這一切無非偏見／不值得有識之士的反駁。」然而可貴處，在於他懂得自省，將一切憤恨心情收束，「於冷肅尖銳的語氣中流露狂熱和絕望」，且「徹底把狂熱和絕望完全平衡」〔註75〕。

　　此集理性和感性於一身的青年，正是每一世代年輕知識份子充滿抱負、與困惑的寫照。對於青年的疑問，楊牧最終並沒有提出明確、肯定的答案。甚至文末：「我體會／他沙啞的聲調，他曾經／嚎咷入荒原／狂呼暴風雨／計算著自己的步伐，不是先知／他不是先知，是失去嚮導的使徒——他單薄的胸膛鼓脹如風爐／一顆心在高溫裡融化／透明，流動，虛無」〔註76〕，似乎更流露疲乏、消極的態度。但綜觀全詩細節，面對公理和正義的叩問，楊牧並非立於虛無主義的立場。第四、及第五章曾各出現「虛假的陽光」的意象，

〔註74〕楊牧：《楊牧詩集II》，頁337～338。

〔註75〕楊牧：《楊牧詩集II》，頁333～338。

〔註76〕楊牧：《楊牧詩集II》，頁339～340。

依前述的詮釋，代表忽視人權的高壓統治下，社會秩序的穩固與政治的清明，皆是可操弄的表面假象。但在第二章末尾，詩人如是記述：

> ⋯⋯我相信他不是為考試
>
> 而憤怒，因為這不在他的舉證裡
>
> 他談的是些高層次的問題，簡潔有力
>
> 段落分明，歸納為令人茫然的一系列
>
> 質疑。太陽從芭蕉樹後注入草地
>
> 在枯枝上閃著光。這些不會是
>
> 虛假的，在有限的溫暖裡
>
> 堅持一團龐大的寒氣〔註77〕

楊牧在〈右外野的浪漫主義者〉一文，曾說明「浪漫主義」最重要的第四層次，即是向權威挑戰，反抗苛政和暴力的精神〔註78〕。而做為先知的詩人（或者是富有理想的知識份子），「正是一個被排斥的右外野手，孤獨站在局外」〔註79〕。在權力與利益環伺、鬥爭的現實環境中，「理想」與「良心」可能為你招致疏離、甚至災禍。然而人心可貴之處，在於你是否願意為了公理和正義，「在有限的溫暖裡／堅持一團龐大的寒氣」。即使陽光的溫暖如此有限，皆「不會是虛假的」。此與前述「虛假的陽光」，即含有一辯證意味。隱喻人身處現實與理想相斥的當口，也應在虛偽的表象中，把握內裏僅有的一絲光明。這才是楊牧面對公理和正義何在的疑問時，所持有的核心理念與積極態度。

此詩關照、省思臺灣現實，既有縱深的切入，亦有橫向的連結、旁通。所涵蓋之議題，即使移到三十年後的現今社會，依然有其值得思索的普遍性。自廣義面向觀之，實亦呼應樂府詩的核心精神。且歷來廣為知識分子所傳頌、關注，舉凡近年幾次重大公民活動，如 2014 年臺灣的「太陽花學運」、與同年香港「佔領中環」及「雨傘革命」，網路媒介的聲明訴求，多有引用〈有人問我公理和正義的問題〉，作為鼓舞、號召的動力。在此情境下所衍伸的互文之作，如洪崇德〈我要問你公理與正義的問題〉，關照「太陽花學運」中，行政院血腥鎮暴事件；廖偉棠〈又有人問我公理和正義的問題〉，則圍繞在當代香港人對於「中國——香港」間有關政治主體的矛盾拉扯；陳克華〈沒有人

〔註77〕楊牧：《楊牧詩集II》，頁 334～335。
〔註78〕楊牧：《葉珊散文集·自序》，頁 8～9。
〔註79〕楊牧：《葉珊散文集·自序》，頁 11。

問我公理與正義的幻覺〉談臺灣的政治現況；林欣曄〈有人給我公理與正義的答案〉則涉及陳文成命案的探問〔註80〕。故楊牧〈有人〉不僅為當代知識青年一盞引導、支撐理想的明燈；更引領諸多後起詩人，以書寫映照原詩思想與關懷，將「公理和正義」的叩問持續散播。自創作面向觀察，此同題「互文」的文本傳播，與樂府詩自漢代以降，多有同題、變題之作的現象，有某種程度的相似性。而無論是樂府、或楊牧〈有人〉，原文本與後起的同題之作，既共同指涉一跨代的普遍議題，亦有所處時代的個殊性，二者相互交織。這樣承繼與創造反覆交融的過程，本是文學隨時代推移，演化而常新的現象。然而當文學嘗試介入現實，作者應當知曉，詩仍有其不變的「本質」。誠如楊牧所說，詩並非是強烈刺激下的產物；「詩的思維必須經過冷靜沉澱，慢慢發酵，提鍊，加工」〔註81〕；「詩的精神意圖和文化目標，詩對藝術的超越性格之執著，以及它對現實是非的關懷，寓批判和規勸於文字指涉與聲韻跌宕之中，這一切，是不太可能隨政治局面或意識形態去改變的。」〔註82〕而這即是文學須介入現實、又得不為現實所囿的辯證本質。不同於報章、標語、及世俗口號稍縱即逝的吶喊，「詩的真實與真理」，有其歷久彌新的超越意義。

第三節　楊牧詩與唐、宋詩詞的跨文本關係

一、

　　本節論述楊牧詩與唐宋詩詞的互文關係。唐詩部分（扣除前一節的新樂府），以熱奈特跨文本性類型檢視，符合的數量並不多（約僅十首）。且創作時間間距甚大（最早 1964 年〈憂愁的風〉，最晚 2013 年〈琴操變奏九首〉），故詩作所呈顯的內蘊和創作意義，亦有所不同，難有一統合的主題。然而透過各別作品的觀察，還是能一窺楊牧生命歷程的軌跡。

　　寫於 1964 年葉珊時期〈憂愁的風〉〔註83〕，副標題援引杜甫〈白水縣崔少府十九翁高齋三十韻〉中兩句：「坐久風頗愁，晚來山更碧」〔註84〕。此詩

〔註80〕此處四首詩，參閱自《每天為你讀一首詩》，http://cendalirit.blogspot.tw/2015/06/20150624.html。
〔註81〕楊牧：《楊牧詩集 II》，頁 527。
〔註82〕楊牧：《楊牧詩集 II》，頁 526。
〔註83〕楊牧：《楊牧詩集 I》，頁 269〜270。
〔註84〕《全唐詩》，卷 216，頁 2267。

即在前述二句的景緻描摹上，進行鋪衍。然詩藝不甚高明，開頭：「菩提抑是明鏡／或僅是虛無的松香浮起，自山色／山岳的顏色，湖泊的彩光，湖光／荷葉青青，菱葲飄盪／鐫刻一首五絕，破落的美／敗落了，停止了」，意境上略顯狹隘。惟詩行上可見伸縮、錯落的句式，應為詩人對於節奏變換之嘗試。完成於同一年的〈給寂寞〉〔註85〕，開頭：「你聽過疾風拍旗的聲音？／去年曾與猿吟，轉瞬即成空無，唉／秋來與鶴同飛，飛那晚唐的羅池廟／身上滿溢嘆息的微溫」，根據詩人自述求學歷程〔註86〕，上述詩句顯明脫胎自韓愈〈柳州羅池廟碑〉〔註87〕。此詩敘述「我」是「寂寞」唯一的等候者，隱喻詩人獨立、不流於世俗喧囂的心志。而韓愈〈柳州羅池廟碑〉，為紀念柳宗元於柳州政績所撰寫。兩文本間並無深刻意蘊上的互文關係，僅為楊牧借句以鋪陳己意。由此觀之，亦非是精湛的互文性創作。

與原文本有縱深交織、互文，由此呈顯自身生命情態，賦予現代意義和啟示，寫於 1968 年〈續韓愈七言古詩「山石」〉〔註88〕可為一代表作。依跨文本性類型的第二類「副文本」關係（paratextuality），韓愈〈山石〉為解讀此作的重要門檻。〈山石〉〔註89〕為韓愈遊惠林寺途中的見聞感受，楊牧此詩擷取「僧言古壁佛畫好，以火來照所見稀」，自「我與寺僧談佛畫」起筆，詩中所述：「雖說我還須登橫山，謁楚神／面對豪雨刷亮的蕉林。所謂志向／滿佈泥濘如貶謫的南方／飲酒為蛇影所驚／歌唱赦書疾行」，暗指他求學異國的孤寂心靈。和韓愈原詩「天明獨去無道路，出入高下窮煙霏」，因貶謫而感前方路途迷茫的心境，兩者猶能相互映照。其中韓愈表達不為流俗所拘、厭棄官場，「人生如此自可樂，豈必局束為人鞿」的心志，楊牧續詩亦以：「我的學業是沼澤的腐臭和／宮廷的怔忡／我愛團扇／飛螢」，進行精神與情志上的感通。詩末：「我不該攜帶三都兩京賦／卻愛極了司馬長卿」，與前述對於死板知識的質疑、及學識僅為入仕的「宮廷的怔忡」，相互映照。可見楊牧所追求，乃蓬勃湧動的真實生命，而非表面繁縟、華麗的字辭假象。

〔註85〕楊牧：《楊牧詩集Ⅰ》，頁 303～305。

〔註86〕楊牧在〈回憶徐復觀先生〉一文，自述：「徐先生教我們『韓柳文』，一個學期好像只講了〈平淮西碑〉和〈柳州羅池廟碑〉兩篇，反覆解說文章的結構，技巧和用字，材料雖少，涵蓋卻多樣而廣博」。引自楊牧：《掠影急流》，頁 71。

〔註87〕唐·韓愈著，劉真倫、岳珍校注：《韓愈文集彙校箋注》（北京：中華書局，2010 年 8 月初版），頁 2290～2317。

〔註88〕楊牧：《楊牧詩集Ⅰ》，頁 363～365。

〔註89〕《全唐詩》，卷 338，頁 3785。

　　如此呼應生命歷程的詩作，1974 年的〈秋祭杜甫〉亦為一例。茲引全詩
如下：

　　　　我並不警覺，惟樹林外
　　　　隱隱滿地是江湖，嗚呼杜公
　　　　當劍南邛南罷兵窺伺
　　　　公至夔州，居有頃
　　　　牽赤甲，瀼西，東屯
　　　　還瀼西，歸夔。這是如何如何
　　　　飄蕩的生涯。一千二百年以前……
　　　　觀公孫大娘弟子舞劍器
　　　　放船出峽，下荊楚
　　　　嗚呼杜公，竟以寓卒
　　　　如今我廢然望江湖，惟樹林外
　　　　稍知秋已深，雨雲聚散
　　　　想公之車跡船痕，一千二百年
　　　　以前的江陵，公安，岳州，漢陽
　　　　秋歸不果，避亂耒陽
　　　　尋靈均之舊鄉，嗚呼杜公
　　　　詩人合當老死於斯，暴卒於斯
　　　　我如今仍以牛肉白酒置西向的
　　　　窗口，並朗誦一首新詩
　　　　嗚呼杜公，哀哉尚饗〔註90〕

表面上這僅是依照《舊唐書》與《新唐書》的傳記，所鋪衍而成的悼祭詩文。
內容多為杜甫所經之處的地名羅列，以哀詩人平生困苦漂泊的際遇。然而第
二章開頭：「如今我廢然望江湖」，視角已由杜甫轉移至楊牧自身。1964 年楊
牧離開臺灣至愛荷華大學，1966 年取得碩士學位後，當年入學柏克萊加州
大學，1970 年八月論文即將完成之際，受聘至麻薩諸塞州立大學教書。隔年
取得博士學位，接到西雅圖華盛頓大學的聘書，又即刻轉往北西北。且當年
度 1971 年 7 月，為去國八年後，第一次返臺；至 1974 年為止，共計返臺三
次、旅歐與旅韓各一趟。1975 年受顏元叔邀請，返臺擔任臺大外文系客座教

〔註90〕楊牧：《楊牧詩集I》，頁 558～559。

授〔註91〕。這短暫的十來年間，楊牧為了學業與教職，實也歷經一段飄蕩的歲月。若再結合其餘因素，比方當時六、七〇年代校園內反越戰、保釣、與文革毛派份子的激烈活動；以及 1974 年出版的《年輪》裏所透露的各類紛亂意念交雜的「心影錄」，可知當時楊牧亦面臨某種內在浮動。這可能來自外在環境；可能來自過往目標完成——離開花蓮、完成學業、取得教職——而後即須面對理想的陳舊與死亡〔註92〕。合理推斷，此浮動隨著漂移歲月，更趨強烈。雖寫杜甫際遇，楊牧實亦投射自身歷程於其中。

2005 年，楊牧寫作〈心兵四首〉，副標題援引韓愈〈秋懷〉第十首〔註93〕：「詰屈避語阱，冥茫觸心兵」。蓋「心兵」據《呂氏春秋・蕩兵》所載：「在心而未發，兵也」〔註94〕，後引申為「心事」、「慾望」之義。韓愈十一首〈秋懷〉詩寄寓個人生命哲思與感懷〔註95〕，楊牧則側重隱微、成於心而未發於外的「心兵」意義，進行自我情懷的表述。舉凡「意念」的具體成形，為人的抽象思緒捕捉到客觀外象，兩者的緊密結合。「心兵」或可釋為抽象之念萌發，與客觀外境進行作用，將明未明的過程。故〈心兵四首〉〔註96〕第一首子詩，「白鷺鷥」曠野獨行，與詩人心中的「孤寂」和對於「宇宙虛無與否」的探索，為具象與抽象的兩相感發；第二首，楊牧敘述心中之「慾」和外境交感的過程：「蕃薯藤對我澎湃，蝴蝶在／心的光圈翻飛，肆無／忌憚，且逼近如長久／流失的記憶」；第三首描繪一再重複的憂傷旋律，詩人則啟動「聽覺」與

〔註91〕此段有關楊牧生涯記事，參考自張惠菁：《楊牧》（臺北：聯合文學出版社，2002 年 10 月初版），頁 95～147；以及楊牧：〈瓶中稿後記〉，《楊牧詩集 I》，頁 622。

〔註92〕參考自張惠菁：《楊牧》，頁 141。

〔註93〕唐・韓愈：《韓昌黎集》（上海：商務印書館，1933 年 3 月初版），卷 1，頁 23。

〔註94〕秦・呂不韋：《呂氏春秋》（上海：上海古籍出版社，1989 年 3 月初版），卷 7，頁 55。

〔註95〕以第十首為例，「世累忽進慮，外憂遂侵誠」為自身感到思緒起伏不安的狀態；「強懷張不滿，弱念缺已盈。詰屈避語阱，冥茫觸心兵。敗虞千金棄，得比寸草榮」，一連六句則是對此起伏狀態的自省——剛強不能獲得真正滿足，以柔弱應對世間，才能返缺為盈。即使平日行文聲牙詰屈，以避開語言帶來的陷阱，然而仍有些無可閃避、萌發於晦暗時刻的心事。「敗虞」以下二句，表將失敗視作重大，將成就、獲得視為尋常；「知恥足為勇，晏然誰汝令」，則為以上自省總結。表示內在的焦慮，唯有自身能夠解決。以上解釋參考自李建崑：《韓孟詩論叢》下冊（臺北：秀威資訊 2005 年 12 月 BOD 初版）頁 66～67。

〔註96〕楊牧：《楊牧詩集 III》，頁 424～427。

「視覺」的通感，予以形象化：「忽然暗下來了，略無聲息／一種接近蟬翼的顏色／或者更薄些，又髣髴去年／唱片跳針，單一蛛網格式」；第四首描述臨窗生態，詩人說蝌蚪閃爍的眼如同水的眼睛，說淡色調的人工湖是用欄杆圍起的愛和憂愁。上述這些「意念」與外境接觸、具體化的歷程，皆呼應「心兵」將發而未發的幽微特性。

　　寫於 2013 年的〈琴操變奏九首〉，亦是與韓愈詩有著跨文本關係的力作，可一窺昔時七十三歲楊牧所呈顯的晚期詩風。與筆者前述第參章第四節所論之楊牧晚期風格，可相互參照。

　　楊牧此作根據詩題，可知與韓愈〈琴操十首〉有著跨文本性理論中，第二類型的「副文本」關係（paratextuality）。且據副標題所引：「涉其淺兮，石齧我足；乘其深兮，龍入我舟」，又可將原文本限縮於〈琴操十首〉中的第一首〈將歸操〉。蓋「琴操」為古代琴曲的一種，李建崑據謝希逸《琴論》：「和樂而作命之曰暢，言達則兼善天下而美暢其道也。憂愁而作命之曰操，言窮則獨善其身而不失其操也。引者，進德修業，申達之名也。弄者，情性和暢，寬泰之名也」，指出古人常把琴視為修養的工具，故多從「道德培養」的層面論析琴曲的名義；又據劉向《別錄》：「君子因雅琴之適，故從容以致思焉。其道閉塞悲愁而作者，名其曲曰操，言遇災害而不失其操也」，云「操」帶有抒散悲憂，表白自身操持的特質。故「琴操」合而觀之，也就帶有某種道德的意味〔註97〕。韓愈〈琴操十首〉大量自《孟子》、《史記周本紀》、《史記・孔子世家》、《孔叢子》、《崔豹古今注》、《水經注》等書取材，表面上為重建孔子、周公、文王、古公亶父、尹伯奇、牧犢子、商陵穆子、與曾子等聖王和聖者的心聲，實藉古人之言，發抒一己仕宦路途顛簸之胸臆〔註98〕，此即符合「操」抒散悲憂之功能。〈琴操・將歸操〉全詩：「狄之水兮，其色幽幽。我將濟兮，不得其由。涉其淺兮，石齧我足；乘其深兮，龍入我舟。我濟而悔兮，將安歸尤？歸兮歸兮！無與石鬥兮，無應龍求」〔註99〕，而據副標題所引：「孔子之趙，聞殺鳴犢作」，可知內容指涉孔子周遊列國，不得用於衛國，將西見趙簡子時，聞趙簡子殺賢臣竇鳴犢、舜華二人，於是中途

〔註97〕李建崑：《韓孟詩論叢》下冊，頁 31〜32。
〔註98〕據作品繫年，〈琴操十首〉作於韓愈因諫迎佛骨，而被貶為潮州刺史的當年（819 年）。參引自唐・韓愈著，錢仲聯集釋：《韓昌黎詩繫年集釋》（上海：上海古籍出版社，2007 年 7 月重印），頁 1091；及頁 1142。
〔註99〕唐・韓愈：《韓昌黎集》，頁 12〜13。

返還，不願入趙的史實〔註100〕。韓愈云：「涉其淺兮，石齧我足；乘其深兮，龍入我舟」，藉由涉淺灘足為石所傷，渡深潭舟為龍所佔，闡釋人進退失據之情狀。且末尾：「無與石鬥兮，無應龍求」，更隱喻保全其身的同時，又不為權勢所逼誘，含有一辯證意味。韓愈藉孔子不入趙國的心路歷程，抒發自身仕宦路途之險惡，及不畏當政權勢的決心。楊牧〈琴操變奏九首〉，不若韓愈隱含與當朝社會對抗的自剖。甚至從表層形式、內容上對照觀察，似乎難以再進一步指認和韓詩的互文關係。然而，若根據第三章筆者所發現，楊牧詩與陶詩間有著超越表相內容，而在作品呈顯的生命情態、與精神層次上的「神似」關係；楊牧組詩與韓愈〈琴操‧將歸操〉，或能依循此路徑，找到兩者間更深入的連結。

回到此詩副標題所徵引：「涉其淺兮，石齧我足；乘其深兮，龍入我舟」〔註101〕，根據前述，乃意指「進退失據」的困境。觀察楊牧組詩，〈其一〉：「是誰率先指出那遠距浮動的是晨光／無時不向我們枯坐的位置湧進／一種壓迫」；「如疑似失蹤的文字飄搖進行過未來／直到我出手攔截，籠絡於你心曲之中？」〔註102〕；〈其二〉：「若不是超越角色氣質／的形類於是解體了，如天使著裝失誤／即不復堅持美與真理，惟恐／就在那無所適從的心海深層或將／被迫與陌生人同步等候一席無罪的審判」〔註103〕；〈其四〉：「再一次自風雨聲中醒來，破碎的黎明／將我竦動擲回深陷，無夢的淵藪／浮沉不安的水域：荷芰紛紛擱淺／一些稀薄的符號，象徵，和圖騰——」〔註104〕；〈其五〉：「你難道不曾因為天籟略無形跡／而困頓長夜，側耳追尋？若不是關於／洪荒前期早已傳達到位的故事／蟲豸和魚白孵化的寓言，可能／可能就是一種切身的宣示斷定我們／也將先後老去如帶翅飛天的恐龍／扶搖直上，春容回響，輒遭遇龐大／繼起的空虛。」〔註105〕；〈其八〉：「你說我們屢次錯過，不認識天外／多數插翼族類的學名：復活的面貌／參差衍生如古典動詞之所以／變化無窮，繕寫在記憶反面／……／如振六翮高飛猶颯颯以絕對之

〔註100〕馬持盈註：《史記今註》（第四冊）（臺北：臺灣商務印書館，1979 年 7 月初版），卷 47〈孔子世家第十七〉，頁 1974。

〔註101〕楊牧：《長短歌行》，頁 69。

〔註102〕楊牧：《長短歌行》，頁 72～73。

〔註103〕楊牧：《長短歌行》，頁 74～75。

〔註104〕楊牧：《長短歌行》，頁 78。

〔註105〕楊牧：《長短歌行》，頁 80～81。

下意識／過充斥知或無知的臨界」〔註106〕——「天使」、「帶翅飛天的恐龍」、「插翼族類」、與「六翮高飛」所隱喻的六翼天使，皆呼應《長短歌行》詩集中濃厚的神話氛圍。且上述詩句，隱約透露詩人礙於血氣之流逝，無能像從前靈敏感知具象世界，及抽象的、過往人們所構築想像而成的神話世界，且以文字將其籠絡。「無夢的淵藪」、「浮沉不安的水域」、「困頓長夜」、「龐大繼起的空虛」、及「過充斥知或無知的臨界」，這些敘述皆暗示詩人思緒窒礙，困於抽象意念與具象的文字符號間。如此進退失據的狀態，《長短歌行·跋》中，詩人自剖亦可作為佐證：

> 關於希臘，我們其實保有許多想像，或者就說是回憶。雖然這樣換一個方式思考，為那些殘餘的是非命名，不免就顯得凡事遙遠，甚至陌生了，剩下的是一些無從把握的似真如幻的傳說和寓言之類，勉強設定於虛弱，幾乎不可辨識的背景外，透過未啟的大幕，彷彿看得見，偶然窺及光影閃爍，那不屬於我們想像或實際經驗的世界，輒覺悟無論感覺或理智，原來早已經歷過巨大如海水的變化。而台前台後曾經真正屬於我們的，或僅只於想像中屬於我們角色主從所曾象徵的心志和意念，甚至比這些更抽象的名物詞藻，都已大大隔絕不可逼視，更無從親近了。〔註107〕

> 這應該還就是屬於那個時期（筆者案：古代希臘），當大小神祇動輒為小事不和，爭執，使譜系裏無死的他（她）們和凡間男女一樣都介入血淚和兵刃災難之中。這種事發生在億萬年以前，所以我說也可以歸納地稱之為我們的共同記憶，而且還屬於遙遠，陌生，破碎的傳說和寓言一類，屬於我們。〔註108〕

> 或許我們就可以嘗試一說，時間延伸不盡將使所有是非歸諸無解。在恍惚無意識的狀態下，輕度遺忘或絕對無知，你如何斷定那張望的方向，此刻，是你曾經睥睨遠眺，留連不去的光明之城，是你印象或記憶裏縹緲不可逼視，一切的原初，和歸宿？現在我們以無旁騖的心情回憶往日專致不渝的追蹤投入，臨摹他（她）們舉手投足間的浪漫情懷，亦即諸神的操守，信念，愛，和反抗的意志，難道

〔註106〕楊牧：《長短歌行》，頁86～87。
〔註107〕楊牧：《長短歌行》，頁134。
〔註108〕楊牧：《長短歌行》，頁135～136。

就不怕眼前有一層或多層雲煙霧氣障礙遮蔽？〔註109〕

筆者於第參章論述楊牧晚期風格時，曾引《長短歌行》卷首〈希臘〉，說明詩人創作此詩，含有將過往失落神話，重新召喚的企圖〔註110〕。如此透過神話隱喻，開啟個人思辨的創作模式，《長短歌行》裏的諸多詩作、以及〈跋〉文，皆可為印證。隨著詩人智識增長，由現實世界逸離，溯源歷史，及過往人們所想像、建構而成的神話世界，從中思索神與人之間共通的「原型」意義，企圖求索人類歷史背後，那超越的主宰、根據與本質。此對於抽象真理的追尋，便是楊牧晚近詩作特顯之處。然而前述第參章亦提到，楊牧「晚期風格」詩作，時常突破表象世界，進入哲學性的追索與冥合，最終目的，乃是藉由「疏離」現實，以達客觀、普遍之真理；但此朝向圓熟真理的意向，卻在透過隱喻和象徵的多義性表述時，因語境的晦澀與難解，而成為一種「反圓熟」的表徵。故詩人的晚期風格作品，往往是圓熟與反圓熟的往復辯證。回到組詩〈琴操變奏九首〉，為了尋索現實的超越根據，在溯源歷史與神話世界的同時，又因為間隔遙遠的時空，以及自身血氣衰頹，難以將其捕捉、籠絡於文字符碼。曾經輝煌的「光明之城」，如今彷彿「有一層或多層雲煙霧氣障礙遮蔽」，僅餘「陌生，破碎的傳說和寓言」。從中，我們亦可發覺「圓熟」與「矛盾」往復交織、辯證的「晚期風格」——隨著智識與智慧增長，發掘通往超越根據的方向；卻又因外在與內在種種因素，無能溯及方向的盡頭。每一步伐在通向「圓熟」的同時，又反覆證明圓熟的遙不可及，此中即隱含矛盾與弔詭。如楊牧於《長短歌行‧跋》所云：

> 我不確定甚麼時候開始對時空綿互之為物產生懷疑，從巨大的無知所以轉為恐懼狀態一變而有了排斥的心理，但卻也因此更時常為其無邊不盡的玄黃幽明所羈絆，干擾，嘗試將它反過來籠絡於文字之中，深知這一切注定愚蠢，比起西息弗斯的徒勞還更不值得同情，
> 畢竟他是神譴所以致之，於我似乎是個人意志的選擇。〔註111〕

此圓熟與矛盾的辯證過程，誠如楊牧自述，「比起西息弗斯的徒勞還更不值得同情」。然而詩人晚期詩風的張力，便在這徒勞往復的求索過程裏，獲得彰顯。

重新檢視〈琴操變奏九首〉與〈琴操‧將歸操〉的跨文本關係，除了顯著

〔註109〕楊牧：《長短歌行》，頁138。
〔註110〕請參閱第參章第四節，註73。
〔註111〕楊牧：《長短歌行‧跋》，頁139

的第二類「副文本」關係（paratextuality），自「涉其淺兮，石齧我足；乘其深兮，龍入我舟」切入，亦可獲得生命情態上的「神似」。「神似」看似逸離熱奈特五種跨文本性類型。然而若根據巴赫金（Bakhtin）自「作者的觀察與思考」、「語言使用風格」、「語言深處的組織原則」等定義「承文本性」的特徵，作者生命情態所彰顯的「神似」關係，應能屬於「作者的觀察與思考」面相，故符合跨文本性理論第四類「承文本性」（hypertextuality）的「派生」關係。而楊牧於詩中「承續原旨──變化原旨」的變奏、賦予韓詩現代新意的互文關係，更包含希臘古典神話的援引。故「當前文本」〈琴操變奏九首〉乃會通中、西多樣「原文本」於同一場域，彷彿萬花鏡相互映照、涵攝，激盪多元意義。不僅顯示詩人智識的博通，更是宏觀創作心靈的實證。

　　本小節有關楊牧詩與唐詩的互文關係，析理至此。其餘，如呼應李商隱〈杜工部暑中離席〉意境，作〈暑中離席〉贈予余光中〔註112〕；或以杜甫〈戲為六絕句〉的同題互文之作，探討「自然」與「人」的和諧交響，如何給予創作者啟示，成就一首詩的完成〔註113〕；以及副標題援引杜甫〈野望〉：「獨鶴歸何晚，昏鴉已滿林」，據此詩意進行鋪衍，並結合自身孤獨情狀所作之〈鶴〉〔註114〕，皆是楊牧運用傳統、活化傳統的例證。

二、

　　筆者於首章第一節論述葉珊時期的作品，語彙雅緻，可觀察詩人頻繁擷取中國古典意象，用以表達年少私密情愛及思緒。其中，宋詞綺靡文句、和唯美中帶點愁緒的氛圍，在葉珊作品裏俯拾即是。如〈秘密〉：

> 啊，你有箇秘密，鎖在最深的庭院裡
>
> 梧桐，葵花，相思豆，當秋風起時
>
> 我在靜靜的午後，叩你古老的門
>
> 愛是一把鑰匙，春天來了
>
> 在心底，鋪著暖暖的風和惱人的雨〔註115〕

使人聯想馮延巳〈蝶戀花〉：「庭院深深深幾許」〔註116〕具有的神秘性，以及

〔註112〕楊牧：《楊牧詩集 III》，頁 102～103。
〔註113〕楊牧：《楊牧詩集 III》，頁 178～180。
〔註114〕楊牧：《楊牧詩集 III》，頁 232～233。
〔註115〕楊牧：《楊牧詩集 I》，頁 200～201。
〔註116〕南唐・馮延巳：《重校陽春集馮正中年譜》（臺北：世界書局，1970 年 5 月再

封建婦女受縛於禮教，和外在環境隔絕之苦悶；亦有李清照〈聲聲慢〉中：
「梧桐更兼細雨，到黃昏、點點滴滴」〔註117〕的惘然悲愁。另外，如〈行過
一座桃花林〉，詩人形容小園裏的細雨，宛如三月紛飛的柳絮〔註118〕；〈給智
慧〉，詩人描述擺脫寂寞和憂鬱後，尋找、邁向智慧的路程：「讓我獨自在雨
地行走／穿過煙柳，穿過拱門，穿過一切宋代的美／然後，我們將在橋頭相
遇」〔註119〕。「拱門」、「雨地」、「煙柳」、「橋頭」等意象所交織而成「宋代的
美」，仿若賀鑄〈青玉案〉：「若問閒情都幾許？一川煙草，滿城風絮，梅子黃
時雨」〔註120〕般的意境，細雨柳絮連綿翻飛；抑或是南唐馮延巳〈鵲踏枝〉：
「河畔青蕪堤上柳，為問新愁，何事年年有？獨立小橋風滿袖，平林新月人
歸後」〔註121〕，眼前的綠柳小橋，在夜風吹拂中，似乎都刷上一層淡淡愁緒。
這些詩句，皆隱約呼應著宋詞意境。

　　除了前述意境上的呼應，是否還有其他和宋代文學互文之作，符合熱奈
特五種跨文本性類型？經檢視，至少有以下六首。如寫於 1962 年葉珊時期
的〈夢寐梧桐〉，副標援引張炎〈清平樂・候蛩淒斷〉：「只有一枝梧葉，不
知多少秋聲」〔註122〕。葉珊全詩聚焦在「秋聲」所隱喻的人世悲涼與哀愁，
鋪展一段甜蜜中帶著淒迷氛圍的戀情。詩人說：「梧桐的綠葉一片一片／一
片一片地落下——落在你／金花的床上，落在你銀花的帳上」〔註123〕，象
徵愛情日漸凋萎、逝去；又說：「你夢著我（這長長的別離／是一條白白的
沙灘）／海浪湧來，花朵奔放／你夢著我在雨夜中踟躇／這長長的別離是紅
牆啊／爬著些藤蔓，鬆漆悠遠／悠遠悠遠的愛情，沉沉的愛情」〔註124〕，
幽微傷感的基調中，詩人年少心靈對於愛、美的追求與幻想，即表露無疑。
而作於 1967 年的〈花箋〉，全詩二章僅十二行，同是描摹愛和美的探求感受，
詩人於第一章末尾援引吳文音〈點絳唇・有懷蘇州〉：「可惜／人生，不向吳

版），頁 5。

〔註117〕唐圭璋編：《全宋詞》（北京：中華書局，2009 年 3 月重印），頁 932。

〔註118〕楊牧：《楊牧詩集I》，頁 164。

〔註119〕楊牧：《楊牧詩集I》，頁 161。

〔註120〕唐圭璋編：《全宋詞》，頁 513。

〔註121〕南唐・馮延巳：《重校陽春集馮正中年譜》，頁 3。

〔註122〕宋・張炎撰，吳則虞校輯：《山中白雲詞》（北京：中華書局，1983 年 10 月
　　　　初版），卷 4，頁 83～84。

〔註123〕楊牧：《楊牧詩集I》，頁 217。

〔註124〕楊牧：《楊牧詩集I》，頁 217～218。

城住」〔註125〕，簡短的「引語共在」（intertextuality）關係，不若前述〈夢寐梧桐〉細密編織的敘述方式，即將讀者引領至淒清語境。第二章：「雨後暴晴。九月十六日。死了滿園雛菊／撕毀了南宋詞，獨留一個吳夢窗／右鄰的高加索人在屋頂上／修理複雜的天線，其妻洗染於市／一旦你也熱中於栽培剪葺的事業／我便屬於植物的綱目」〔註126〕，「雨後暴晴」的極端氣象，摧毀「雛菊」與「南宋詞」，意指典雅愛情受到無情摧折；而隔鄰夫婦分工家居瑣事，象徵家庭和諧，由此便產生了對照。結尾處，若是「你」熱中剪葺，「我」則屬於植物的綱目，詩人藉此隱喻，透過「我」願意接受「你」的「主宰」，再次表述對於情愛的堅執。

　　除了上述情愛的表述，另有哲思義涵的闡釋之作。如 1962 年的〈給憂鬱〉，副標引用歐陽脩〈秋聲賦〉〔註127〕：「奈何以非金石之質，欲與草木而爭榮。念誰為之戕賊，亦何恨乎秋聲？」屬跨文本性中，第二類型的「副文本性」（paratextuality）。作為通往作品門檻的「副文本」，在此段引文之前，歐陽脩云：「嗟乎，草木無情，有時飄零。人為動物，惟物之靈。百憂感其心，萬事勞其形。有動於中，必搖其精。而況思其力之所不及，憂其智之所不能；宜其渥然丹者為槁木，黟然黑者為星星」，意即，人身為萬物之靈，之所以有百轉千迴的憂思，皆由於「思其力之所不及，憂其智之所不能」；以及欲以有限形軀，和萬物爭榮。故歐陽脩自省道，戕害己身者，皆出於自我生發的欲望，與外在時運流轉並無干係。葉珊此詩似進行自我情意表述，與〈秋聲賦〉並無更深刻的互文關係。然而順著「原文本」的思考脈絡，悲愁的禍根肇因於人，葉珊正是在此觀點之上，將「人」與「憂鬱」等分為一體之二面，使憂鬱具象化，與人進行思辨互動。故有如下描述：「風吹向南方，轉而向北／低飛過我臆中異域的是古代／渡頭漫漫的獨行人／山高屬你，水深屬我／我們遙遙對望／陰冷，恐怖，這是你紅暈的年代」〔註128〕；以及：

　　　你來，來我這幽暗的異域

　　　濯足於斯，振衣於斯

　　　你本是我的主人，你無懼於黑暗

〔註125〕唐圭璋編：《全宋詞》，頁 2931。

〔註126〕楊牧：《楊牧詩集I》，頁 405～406。

〔註127〕宋・歐陽修著：《歐陽脩全集》（臺北：華正書局，1975 年 4 月初版），卷 1，頁 114～115。

〔註128〕楊牧：《楊牧詩集I》，頁 157。

> 浪人當如今宵，不再追憶
>
> 一切都已似雲煙，雲煙十里間
>
> 誰放逐了誰？誰流亡了誰？〔註 129〕

「你」所指涉的憂慮，與「我」分屬「山高」、「水深」，遙相對峙；甚至，「你」有時更凌駕在「我」的意志之上，是「我的主人」；然而末尾又再次扭轉上、下主從關係，「誰放逐了誰？誰流亡了誰？」「人」與「憂鬱」不斷相互易位，正是自我主體的撕扯與分裂。揭示「人性」從古至今，自始複雜、矛盾的共業與普遍性。

度過葉珊時期後，楊牧與宋詞互文之作大量減少。可推測，隨著詩人年歲、閱歷增長，日漸捨棄婉約、纏綿的敘述方式。即使借用宋詞詞牌，進行同題的互文創作，詩行間呈顯的語調，也轉為內斂、深沉。1974 年〈鷓鴣天六首〉〔註 130〕、2005 年〈蘇幕遮〉〔註 131〕、以及 2009 年〈鷓鴣天〉，皆可作為印證。其中，〈鷓鴣天〉副標云：「無韻體奉聲學家羅杰瑞」，羅杰瑞為漢語語言學家，任教西雅圖華盛頓大學。1998 年退休後曾受楊牧之邀，客座東華大學一年。〔註 132〕全詩：

> 木棉花在高溫裏開啟，概念留
>
> 枝頭，預知一爻如箭將對準不忍的
>
> 空白疾行，超越形器，象數，和所有
>
> 風雨聲類：虎豹的蹤跡，獨角獸的影
>
> 一隻鷓鴣從紅槿小木間狹邪穿刺
>
> 迎面看見水影照女牆，遂鼓其短翅低飛
>
> 激灩轉平上去入，過河，升高
>
> 在前上方，與期待的天色和弦〔註 133〕

楊牧藉由箭矢疾行的意象，描述抽象靈感萌發、飛躍、穿梭具象文字符號的過程。「象數」表詩的隱喻；「風雨聲類」、「虎豹的蹤跡」與「獨角獸的影」，則象徵詩的音樂性及豐富多變的外在形式；甚至，更可指涉詩人特色各異的

〔註 129〕楊牧：《楊牧詩集 I》，頁 158～159。

〔註 130〕楊牧：《楊牧詩集 I》，頁 496～502。

〔註 131〕楊牧：《楊牧詩集 III》，頁 408。

〔註 132〕〈緬懷：羅杰瑞教授紀念特稿〉，《東華漢學》第 18 期（花蓮：東華大學，2013 年 12 月），頁 425。

〔註 133〕楊牧：《長短歌行》，頁 22～23。

風格展演——如虎豹陽剛兇猛之姿、或如獨角獸聖潔典雅之貌……等等。上述自創作論的角度析理。然而換個角度從副標題切入，此詩或可詮釋為楊牧向羅杰瑞的語言學學術成就致敬。自廣義面向觀察，語言學探索聲音與文字符號間的意義關係，與詩捕捉意象及聲音的創作過程，有著某種程度的相似之處。詩末，楊牧藉由鷗鴣靈動穿刺、低飛，與瀲灩水光相互頡頏的形象，與聲調起伏高低，進行「視覺」和「聽覺」的激盪、通感，為詩增添不少韻味。此詩靈動的意象跳躍，描述了抽象意念在創作（或者是語言學研究）中的生發經過，富有「知性」意義。也印證筆者所述，楊牧隨著年歲和閱歷增長，日漸割捨宋詞中悲愁、纏綿的論述方式。在外圍考察上，揮別年少葉珊，楊牧時期與宋詞的互文之作僅有三首；再者，即使借用詞牌的同題之作，內容也轉為內斂、知性的闡述。本小節透過「宋代文學」此一面向，雖似以管窺天，亦可觀察楊牧創作的變化軌跡。

第伍章　楊牧詩與古典人物範型

第一節　史傳人物範型

　　筆者前述參章所論詩作，其「跨文本性」多聚焦在「詩文本」與「詩文本」間的互涉。此章所論詩作，為楊牧擷取「史傳人物」及「小說虛構人物」性格、生平等經歷中，富有戲劇張力的片段以入詩，以狹義互文性角度觀之，仍限定於文本和文本間的考察。然而，由於詩的內蘊聚焦在人物典型的推衍、塑造，故在分類及作品分析上，便有相異於前述章節之處。筆者另闢蹊徑的原因在此。並以這七首作品，為楊牧詩與中國古典的互文關係，進行論述上的收束。

　　首先觀覽寫於 1963 年葉珊時期的〈歷霜〉。此詩自敘事結構觀察，符合跨文本性類型第四類的「承文本性」（hypertextuality）派生關係。據法國學者薩莫瓦約（Tiphaine Samovault）之語，承文本性即「乙文從甲文派生出來，但甲文並不切實出現在乙文中」〔註1〕，此種「派生關係」隱含對「原文本」深入精髓、神韻的「摹仿」。巴赫金（Bakhtin）指出「摹仿」是對「原文本」的文體或藝術風格——舉凡作者的觀察、思考、語言使用風格、語言深處的組織原則——的深入吸收、轉化；法國學者讓・米利亦提出：「仿作者從被模

〔註1〕（法）蒂費納・薩莫瓦約（Tiphaine Samovault）著，邵煒譯：《互文性研究》，頁 20。又，熱奈特對於「承文本性」的特徵進一步提到：「承文本避免引用過多，卻絕非完全不用引語」。引自熱奈特（Gérard Genette）著，史忠義譯：《熱奈特論文選・批評譯文選》，頁 64。

仿對象處提煉出後者的手法結構，然後加以詮釋，並利用新的參照，根據自己所要給讀者產生的效果，重新忠實地構造這一結構」〔註2〕。可知，「派生」關係著重點，在於對原文本的「敘事結構」、「語言和章法安排」的提煉、與轉化。

承文本性容許「當前文本」擁有「原文本」引文、敘事材料等要素。然而有些時候，這些特徵隱晦散播在「當前文本」中，分析者若無仔細探察（或因本身背景知識不足），即會忽略此種隱性的派生關係。回到〈歷霜〉此詩，開頭第一章：「我心中也有許多樹幹／黃昏雨的心中／種植並列的圍禁或人的樹幹／一年粗糙，兩年腐朽，然後再生／在出門人的灰瞳中，映出千萬⋯⋯」〔註3〕，此處「樹幹」是心中鬱結的具體化形。當鬱結萌發愈多，便宛若並列的樹幹，形成圍禁的心牢。而「粗糙」、「腐朽」、「再生」，則象徵鬱結消弭、再起的矛盾循環過程。至此，仍暫時探察不出互文關係。緊接詩的中段：

　　腐朽的歸土地埋葬
　　再生的映在浣紗女的腰
　　渡河，賣藝；投宿，行乞
　　咀嚼生命的流亡
　　如咀嚼一株老枇杷的秋收
　　你到船上等我
　　我向晚的心中，也有並列的
　　粗糙腐朽再生的樹幹
　　讓你急急穿過
　　你必須穿過
　　在常州的
　　一個夜晚——你到船上等我
　　讓你急急穿過
　　假如經由一個陣地還能
　　到達另一個陣地；假如穿過
　　一排樹幹就結束一次流亡

〔註2〕轉引自（法）蒂費納·薩莫瓦約（Tiphaine Samovault）著，邵煒譯：《互文性研究》，頁47。

〔註3〕楊牧：《楊牧詩集I》，頁278。

不是柵欄，你就唱吧

或者到船上去等我〔註4〕

「浣紗女」、「行乞」、「生命的流亡」、「常州」、及「船」等意象，若仔細檢視、
將其連結，可聯想至伍子胥及浣紗女的傳奇故事。據《吳越春秋·闔閭內傳》
記載：「子胥等過溧陽瀨水之上，乃長太息曰：『吾嘗飢于此，乞食于一女子，
女子飼我，遂投水而亡。將欲報以百金，而不知其家。』乃投金水中而去。有
頃，一老嫗行哭而來，人問曰：『何哭之悲？』嫗曰：『吾有女子，守居三十不
嫁。往年擊綿於此，遇一窮途君子，而輒飯之，而恐事泄，自投于瀨水。今聞
伍君來，不得其償，自傷虛死，是故悲耳。』人曰：『子胥欲報百金，不知其
家，投金水中而去矣。』嫗遂取金而歸。」〔註5〕此段戲劇色彩鮮明的記述，
亦頗受傳統戲曲矚目，成為改編、搬演的橋段。楊牧此詩派生自伍子胥受楚
太子構陷、流亡的史傳記載，確切證據，在於「溧陽瀨水」正位於今日江蘇省
常州市。詩中「常州」一詞，便是作者給予讀者的隱性指標。

值得注意的是，此處楊牧為了詩的戲劇張力，增加史傳中未有的情節。
將伍子胥與浣紗女的相遇，鋪衍成一段帶有悲劇色彩的愛情故事。此處「粗
糙腐朽再生的樹幹」，除了帶有前述鬱結、心牢之意，更象徵外在追跡、迫害
的政治黑手。我們的感情若要臻至圓滿，「你」必得急急穿過我的心牢；「我」
也必得排除現實中的威脅，結束流亡。此詩後段：「傷過一次便不再傷。我心
中的／樹幹被遠行的兵士寫字／被繫紮繩索，被晾曬衣裳／我讓你也能急急
穿過／有些倉皇，果若倉皇……／我們不會再經過任何古寺了／除非有人肯
為一匹弱馬吹簫／為死者吹簫；在常州的／一個沒有月光的夜晚」〔註6〕，雖
無明確指出「我」及「浣紗女」的後續發展。然而，中段出現兩次：「到船上
去等我」，則似乎逆轉浣紗女投水自盡的原初結局，為兩者攜手亡命天涯的選
擇埋下伏筆。亦是楊牧逸離史傳，增添情節，為詩中人物營造張力之所在。

寫於 1969 年的〈延陵季子掛劍〉亦屬相同情形。此作為楊牧以第一人稱
「我」契入季札內心，採用「獨白」形式，鋪陳季子守諾，重回徐君墓前贈劍
之史實。為了在倫理、道德的宣揚上，增添戲劇化轉折，楊牧曾自剖：

〔註4〕楊牧：《楊牧詩集I》，頁 279～280。

〔註5〕漢·趙曄原著，張覺譯注：《吳越春秋全譯·闔閭內傳》（貴州：貴州人民出
　　　版社，1993 年 9 月初版），頁 155。

〔註6〕楊牧：《楊牧詩集I》，頁 280。

此處為了創作，我擅自增加一枝節，即以季子北遊之餘既心嚮往於北地胭脂，和齊魯衣冠，更不期然為孔子講學所吸引，誦詩三百，變成「一介遲遲不返的儒者」。孔門弟子七十人獨不見季子之名，何況根據《左傳》，季子於襄公二九年觀樂於魯，孔子方八歲，所以延陵季子當然不可能是子路和子夏等人的同門。我增加這一節，純粹為戲劇張力的思考。〔註7〕

回頭檢視此詩，所謂「戲劇張力」，應指某種矛盾的對立、辯證隱含於詩意中。前二章：「異邦晚來的擣衣緊追著我的身影／嘲弄我荒廢的劍術。這手臂上／還有我遺忘的舊創呢」；「誰知北地胭脂，齊魯衣冠／誦詩三百竟使我變成／一介遲遲不返的儒者！」〔註8〕即呈顯「俠」和「儒」間的對位。緊接：

　　誰知我封了劍（人們傳說

　　你就這樣念著念著

　　就這樣死了）只有簫的七孔

　　猶黑暗地訴說我中原以後的幻滅

　　在早年，弓馬刀劍本是

　　比辯論修辭更重要的課程

　　自從夫子在陳在蔡

　　子路暴死，子夏入魏

　　我們都悽惶地奔走於公侯的院宅

　　所以我封了劍，束了髮，誦詩三百

　　儼然一能言善道的儒者了……〔註9〕

封劍、束髮、悽惶奔走於公侯院宅，「俠」與「儒」的對立，更延伸出「體制外自由」與「體制內規格化」、「理想」和「現實」……等等衝突。如此，便跳脫史傳中，季札重言諾的單一敘事層次，加入生命中可能遭遇的價值抉擇、牽扯等普遍共感。由此共感，又可映照出個人性的生命軌跡──若連結此詩寫作時間，正是楊牧於柏克萊攻讀博士時期。「荒廢的劍術」，指涉個人創作；「束髮、誦詩、能言善道的儒者」，為學術研究的具體化形，則不言而喻了。

　　綜覽上述二詩，〈歷霜〉將伍子胥的流亡鋪衍為情愛故事。究竟是捨棄情

〔註7〕楊牧：《奇萊後書》，頁233～234。

〔註8〕楊牧：《楊牧詩集I》，頁366～367。

〔註9〕楊牧：《楊牧詩集I》，頁367～368。

愛，獨自面對追跡；抑或攜手共度，然而使得愛人同涉危險之境，此即蘊有矛盾張力。〈延陵季子掛劍〉增加季札拜入孔子門下的虛構片段，亦呈顯同樣的抉擇衝突。原本，後出的「當前文本」與「原文本」間有著情節上的區別，本為互文性「同中求異」的核心要旨。而楊牧在這兩首詩中呈現的「求異」精神，著重在戲劇張力的安排上，便引申出另一值得探討的現象。由「史傳」（或是小說）擷取素材，過渡到「詩」的創作，即是一種「跨文類」現象。雖然在後現代觀點來看，文類的分野漸漸消弭。但從文學研究所需的分類角度觀之，仍肯定各自文類所具有的獨特性。尤其，詩於外部規格上，相比小說、散文較為精小；故其在敘事性上，對於語言的精密度更顯要求。故，自史傳（小說）體裁進入到詩，為了營造有效的張力結果，勢必得遭遇表達形式（比方語體風格）的抉擇與轉換。觀覽楊牧自剖：

> 我在使用一種詩的策略發展那特定的故事，但又不一定順頭中尾的次序呈現，而就像古來那些看似啟人疑竇，卻回味無窮的傳奇之類的敘事文學一樣，或發端於事件末而徐徐倒敘，或以跳躍的方式省略，銜接，有話則長，無話則短。……我們通過創作追求的是詩，還是詩人？我相當確定我要的是甚麼，所以才認清了一種合宜的結構，並加以實踐，在一種戲劇性的獨白體式裏一方面建立故事情節，促成其中的戲劇效果，……。〔註10〕

在表達上，楊牧打破線性敘事，作為「跨文類」創作上的起始選擇。再者，則選用「戲劇性的獨白方式」，促成詩意效果。以往論者多聚焦在「獨白」形式上的觀察，探討楊牧套上「面具」，襲用詩中角色所傳達的「聲音」，如何在「主觀」個人及「客觀」角色上游移、爭奪個性的主導權，以進行情節的推展。最後達至界線的消弭，「自我」與「他者」終於二合為一。然而，筆者此處嘗試將焦點由「獨白」轉移至「戲劇」，畢竟，單僅獨白仍無法構成情節的推動、與張力效果。借用英國戲劇家瓊斯（Henry Arther Jones）對於戲劇核心特點的看法：

> 亞契爾說：「一部戲劇係在命運或環境中，或多或少迅速發展的危機，而一個戲劇的場景，則是一個危機在另一危機之中，明顯地推向最後之事件。」我們似乎可以改寫為：「一部戲劇係在命運或環境中，或多或少迅速發展的衝突，而一個戲劇的場景，則是在一個

〔註10〕楊牧：《奇萊後書》，頁 232～233。

大的衝突設計中，一種自覺或不自覺的衝突，明顯地推向最後之事件。〔註11〕

故〈歷霜〉及〈延陵季子掛劍〉所增添的虛構情節，可說是楊牧提取、把握了戲劇的「危機」與「衝突」特質，於規格相對精小的詩體上，得到適切的「跨文類」取材、轉換及創造，以達至有效的詩意表述。

作於 1977 年的〈鄭玄寤夢〉，亦可觀覽楊牧心嚮文化典範的證明。詩中有關「我」的敘述：「我北海鄭康成，我曾／一拒何進之辟，再謝袁隗之表／耕讀東萊──」；「顏回居亂世，德行狷狷亦復如此／如此而已，至少我和閔子騫差不多。政事／我曾以籌術干扶風（前面說過了）／猜想不會輸給端木賜之流。七十歲那年／我在大將軍府中以一介儒生／飲酒一斛，奚落博學的汝南應劭──／『仲尼之門考以四科，』我笑／對他說：『回賜之徒不稱官閥』／拒收做過官的人為弟子。可見／我言語亦綽綽專對有餘。」〔註12〕透過對孔門弟子的品評，鄭玄自信、承繼儒家傳統的形象躍然紙上。而順此「獨白」，追溯到借鄭玄之口（或云面具）以發聲的楊牧，亦能體察詩人睥睨世俗、對於文化志業的堅持。

又，此作在「戲劇衝突」的張力上，不若前述二首詩作強烈。然而，仍可發現楊牧選擇、鋪陳情節上之細膩。首先，建安五年春天，鄭玄夢見孔子告知：「起，起，今年歲在辰，來年歲在巳」〔註13〕，醒後以數術自卜，而知壽命將近。而詩中的獨白，正是起於此「瞬間」片段。當聖人的現身，象徵死亡將近，本身即帶有某種弔詭張力；再者，楊牧鋪衍鄭玄的少年時期：「那時少年為小吏，在家鄉／聽訟收租──這豈是我北海鄭康成／千秋萬歲的事業？」〔註14〕也隱含世俗事業與文化志業的價值抉擇。詩末：

> 庭中一棵開花的奇樹站在微風中
> 芙蓉在池塘裏沉睡等待天明
> 中國在我的經業中輾轉反側。「起起」
> 孔子以杖叩我脛，說道：

〔註11〕引自姚一葦：《戲劇原理》（臺北：書林出版有限公司，1992 年 2 月初版），頁 54～55。

〔註12〕楊牧：《楊牧詩集Ⅱ》，頁 229。

〔註13〕《四史》第八冊（臺北：藝文印書館，1955 年 4 月初版），《後漢書》卷 35，頁 435。

〔註14〕楊牧：《楊牧詩集Ⅱ》，頁 227。

　　「今年遂在辰，來年歲在巳」

　　歲至龍蛇賢人嗟。以讖合之

　　知我當死〔註15〕

「開花的奇樹」、「池塘裏沉睡的芙蓉」，可映照前述鄭玄志業，為文化願景的具象彰顯。詩人此處再次安排孔子入夢的場景，不僅首尾呼應，更營造出個人生命有限、然而文化傳統可循環再生的對比張力。雖非強烈的衝突及拉扯，仍可觀覽楊牧如何借用戲劇原則，安排詩中的情節起伏。

　　前述三首詩，無論是伍子胥、季札、抑或鄭玄，楊牧之所以揀選此些人物入詩，在於他們的生命歷程皆蘊涵某種人類的共感、或值得追索的典範——如情愛、理想與現實的抉擇、及文化志業的傳承等。而觀察其餘諸作，例如：〈經學（夢遊儀徵阮大學士祠）〉〔註16〕，則向清代乾嘉學派經學家阮元致敬。楊牧自陳此詩：「儀徵阮大學士名元，乃一代大儒，我讀其書，深深傾倒，詩曰夢遊，乍看也近玄虛，但我蕭瑟讀經於異國之深夜，確實曾經悠然入夢，彷彿遨遊於阮大學士祠，這種經驗，當然很難與舉世滔滔於反傳統的現代詩人分享了。」〔註17〕而所謂「難於分享」，看似無奈，實也涵有某種拒斥世俗氣息的期許和自負，與詩的莊嚴內蘊：「蘭芷蒲葦一律驅逐／寡歡的湘夫人也請止步／惟有焚書以前的／題目鑴在四壁牆上／其他的訛異文章戰戰兢兢瀕臨／一口古井，吟哦給自己聽／吟罷似晨星，化作／苔蘚水沫」，亦相互映照。尤其，此詩結尾：「周南召南十五國風／小雅大雅周魯商頌」，全指涉詩經內容，代表經學、文化源流的象徵。且楊牧不避諱挪用現成套語的模式，更有一種「反」反傳統的態度寄寓其中，也形成一種特殊的表達語境。

第二節　虛構人物範型

　　前一小節所論述的人物典型，皆源自史傳。然而，楊牧另有一部分的戲劇獨白作品，則跨越現實界線，向虛構的小說人物取材、致意。〈林沖夜奔〉及〈妙玉坐禪〉即屬此類。

　　有關〈林沖夜奔〉，楊牧自述創作歷程：

〔註15〕楊牧：《楊牧詩集II》，頁230。

〔註16〕楊牧：《楊牧詩集I》，頁531～532。

〔註17〕楊牧：《楊牧詩集I》，頁623。

我很久以前就想寫林沖事蹟，也曾起頭數次，但都棄去了。這次再寫，想盡辦法把傳統的「林沖夜奔」情節忘記，因為怕落入老套。全詩以「林教頭風雪山神廟」為骨幹，故聲音也以林教頭，風，雪，山神廟四種為主，只增加了小鬼與判官，是想當然耳。我於水滸人物中最愛林沖，認為他的勇敢和厚道，實非其儕輩如武松，魯達之流所能比較。林沖之落草，是真正的走投無路，逼上梁山。〔註18〕

　　將傳統情節遺忘、嘗試增添新的要素，即契合互文性承繼傳統、予以創新的要旨。「林教頭風雪山神廟」出自《水滸傳》第十回，楊牧以此為主幹，鋪衍為 186 行的長詩。此回目中，林沖因大雪提前壓倒草廳、免於禍害；緊接又因暫棲古廟，不僅躲過陸謙等人的火攻，亦順勢聽聞他們的計謀。此際遇即帶有某種神異、及戲劇性〔註19〕。為了在已有的戲劇張力上變化，楊牧採取風、雪、山神、判官、小鬼等聲音，將其「擬人」化，使原本林沖、雪夜背景、全知敘事視角的小說結構，轉而成為眾多角色的發聲，從旁側擊，自不同觀看角度，參與了林沖的命運。例如第一折：「我是風，為他揭起／一張雪的簾幕，迅速地／柔情地，教他思念，感傷」；「我們是滄洲今夜最焦灼的／風雪，撲打他微明的／竹葉窗。窺探一員軍犯：／教他感覺寒冷／教他嗜酒，抬頭／看沉思的葫蘆」〔註20〕。或如第二折：「我枉為山神看得仔細／風雪猛烈，壓倒／他兩間破壁茅草廳／判官在左，小鬼在右／林沖命不該絕／林沖命不該絕／判官在左，小鬼在右／雪你快快下，風你／用力颳，壓倒他兩間破壁茅草廳」〔註21〕。以及第四折：「風靜了，我是／默默的雪。他在／渡船上扶刀張望／臉上金印映朝暉／彷彿失去了記憶／張望著煙雲：／七星止泊，火拼王倫／　　山是憂戚的樣子」〔註22〕。除了第三折為林沖自述，其餘三折皆透過原文本的背景物件，擬人化後加以發聲，推動情節發展。替原文本中，林沖一再化險為夷的奇遇，增補上超自然力量的協助。尤其，風、雪、山神等急切護衛的口吻，更為林沖「命不該絕」的個人魅力增添幾分傳奇。然而，最終林沖仍被逼上梁山，楊牧安排「風靜了」、「默默的雪」、及「憂戚的山」等

〔註18〕楊牧：《楊牧詩集I》，頁 625～626。
〔註19〕明・施耐菴撰，金聖嘆批：《水滸傳》（臺北：三民書局有限公司，1970 年 4 月初版），頁 181～184。
〔註20〕楊牧：《楊牧詩集I》，頁 588～589。
〔註21〕楊牧：《楊牧詩集I》，頁 594～595。
〔註22〕楊牧：《楊牧詩集I》，頁 601～602。

意象，讓此先積極介入的超自然角色退居幕後，彷彿他們亦同林沖，無能抗拒更為廣大的命運召喚。如此，便顯示出相異於原文本的戲劇張力。林沖的悲劇性格，亦獲得另一層次的彰顯。綜觀此詩，在情節架構上和原文本有所對應，且增添創新的故事要件，名為「聲音的戲劇」，符合跨文本性類型第四類的「承文本性」（hypertextuality）派生關係。

　　相同的派生關係，亦見於〈妙玉坐禪〉一詩。蓋《紅樓夢》裏，妙玉出場回數並不多。楊牧據有限的原文本內容，加以情節擴寫。首先，收攏《紅樓夢》中描摹妙玉形象的各回目，以冥思、回憶的形式，將事件貫串，聚焦於同一時空向度。再者，以獨白方式，契入妙玉內心，鋪衍她欲坐禪靜心，卻遭心魔反噬的過程。此作長達 200 多行，筆者列舉若干處，以窺楊牧承繼原文本後的改造、轉化。例如此詩第二章「紅梅」，即引自《紅樓夢》第五十回。此回敘述眾人於蘆雪庵即景聯句，賈寶玉被李紈罰至櫳翠庵妙玉居所，摘取紅梅一枝〔註23〕。實際上，曹雪芹並未明寫賈寶玉向妙玉乞梅之細節，楊牧捕捉此一空缺，詳細鋪衍：「此刻天地茫茫／惟獨我內心一點火光刁巧實存／青燈不過外在，我寡欲的表情後面／燃燒著沸騰的血，超越的／感性教灰燼衣裳來蓋／畸零落落必是眼神看慣了／木魚托托，杳渺空虛／托托在界外回響。我用眼睛聽／耳朵想，心是受傷的貔貅／在圍獵的人群中頑抗」〔註24〕。小說第三人稱的敘事觀點，對於人物內心的描繪，本有一定程度的限制。然而透過楊牧代言，妙玉內心的掙扎除去了敘事上的隔閡，直呈於讀者面前。

　　再者，第四章「斷絃」則衍伸自第八十七回。楊牧捕捉到妙玉、寶玉相互問答的機鋒處，以「你從何處來？」稍微鋪衍了蓼風軒下棋的情節。緊接，便過場至兩人途經瀟湘館，靜聽黛玉彈琴、斷絃的過程。小說中，妙玉、寶玉僅有一小段針對琴音：「忽作變徵之聲」、「音韻可裂金石」、「太過，君弦恐不能持久」的談話〔註25〕。二人分離後，便轉場至妙玉坐禪、心神不寧以致走火入魔的橋段。楊牧再次擷取短暫的對話片刻，詳細鋪陳妙玉的內心情境：

〔註23〕清・曹雪芹撰，饒彬校訂：《紅樓夢》（臺北：三民書局有限公司，1972 年 1月初版），頁 418～419。
〔註24〕楊牧：《楊牧詩集 II》，頁 486。
〔註25〕清・曹雪芹撰，饒彬校訂：《紅樓夢》，頁 779。

　　深奧的四疊早在我手掌握中

　　烏雲追趕著明月，瞬息間

　　星斗移換，銀河向西傾斜

　　我們曾坐聽屋裏或人撫琴

　　渲染生死籤，君絃升高了

　　激越地張開一面愛的羅網，又如利斧

　　以冷光照射鐐鍊，熔解一具心鎖

　　好似伏魔的寶劍帶萬仞鋒芒

　　狂潮向我的意志和情緒撲來，揚起

　　無限的怨憤：試探，譴責，報復

　　歌聲盡識我寒潭渡鶴的玄機

　　且以淒屬的變徵撕裂金石

　　攻打我的精神，劇烈地顫慄震撼——

　　我前胸熾熱如焚燒，背脊是潺潺冷汗

　　突然，卻在我迷醉顛倒的關口

　　蹦的一聲斷了〔註26〕

除了妙玉內心掙扎所突顯的戲劇性，另一處張力，則來自語言表達上的差異。《紅樓夢》雖用語白話，仍屬古典章回，自然不同於現代語境。楊牧此詩取材古典，但一些細部語言的操作卻充滿現代主義之精神。例如形容絃音的升高，彷彿「激越地張開一面愛的羅網」，以具象之「網」，賦予絃音無處不在的壟罩形勢；亦貫通了聽覺、與視覺間的感官接受。又，「利斧」用以「劈砍」的本質形象，楊牧並不落入常俗的窠臼，反倒捕捉利斧冰冷的「金屬」特質，說它：「以冷光照射鐐鍊，熔解一具心鎖」。此處另有一層詩意的翻越——「冷」如何能「熔解」？——將兩個相異性質的語彙並置，製造反差、矛盾，進而激揚讀者想像。這些充滿現代性的「詩的語境」，彷彿打破藩籬，將妙玉的內心獨白，由遙遠的古典挪移至現下場域。讀者一方面接收既有的原文本情節，同時，受到不同於白話章回的用語刺激。「古典」與「現代」的界線被取消；但自另一角度觀之，亦可說是兩個相異時空的並列、相抗。如此，即在戲劇性外，另有一種張力產生。

　　再來，此詩篇幅甚長，楊牧透過面具所代言的妙玉獨白，一連串內心情

〔註26〕楊牧：《楊牧詩集II》，頁492～493。

緒的流動，正如「意識流」手法般，自「烏雲」、「明月」、「星斗」、「銀河」、「絃音」、「愛的羅網」、「利斧」、「鐐鍊」、「心鎖」、「寶劍」、「狂潮」、「寒潭渡鶴」、「撕裂的金石」……等等，意象和意象急劇地相互取代、切換。此手法和前述第二章「紅梅」，尤有相應之處。當妙玉探索底心慾望之音的回響時：

> 那是甚麼聲音？
>
> 莫不是鼙鼓和號角
>
> 在神話世界齊鳴，在我不能感受的
>
> 幻境？又好像旍旗迎風旆旆
>
> 像快箭自三百步外呼呼中的
>
> 戰車如輕如軒碰撞著，激起火花
>
> 以雷霆的姿勢飛馳過莽原
>
> 鷹隼鼓翼盤旋於沼澤之上
>
> 俯視驚駭的大地，以凶猛之眼
>
> 看我疊手閉目，終於動搖委
>
> 倚無力地仰臥下來
>
> 等待利吻襲擊〔註27〕

此慾望之音既像「鼙鼓和號角」、又像「旍旗迎風旆旆」；又如「快箭呼呼中的」、「戰車碰撞激起火花」、「以雷霆的姿勢飛馳過莽原」、「鷹隼鼓翼盤旋於沼澤之上」。意象與意象間的連結，自同質的「聽覺」感觸，一路延伸、拓展至異質的「視覺」感通，環環相扣。且對比前述提到，此詩場景設定於坐禪之時，妙玉連串的內心獨白，在一限定的時空情境下，更顯其浮動、跳躍等超時空的特性。兩相頡頏，亦是張力之顯現。

《紅樓夢》第一百十二回，妙玉被闖入的賊人擄去，簡短的旁白敘述：「不知妙玉被劫，或是甘受污辱，還是不屈而死，不知下落，也難妄擬。」〔註28〕即深刻反映冰清女尼的可怖結局。但原文本描述妙玉受悶香薰住，遭賊人輕薄時，心中卻感到「如癡如醉」〔註29〕。楊牧詩掌握到此短小、卻蘊含巨大反差、及戲劇張力的內心描摹，以此鋪衍作結：「一顆星曳尾朝姑蘇飛墜。劫數……／

〔註27〕楊牧：《楊牧詩集 II》，頁 486～487。

〔註28〕清・曹雪芹撰，饒彬校訂：《紅樓夢》，頁 985。

〔註29〕清・曹雪芹撰，饒彬校訂：《紅樓夢》，頁 984～985。

靜，靜，眼前是無垠的曠野／緊似一陣急似一陣對我馳來的／是一撥又一撥血腥污穢的馬隊／踢翻十年惺惺寂寞」〔註30〕與「如癡如醉」相對照，可發覺此隱晦、曖昧的文字背後，隱含靈與肉、宗教修為和人本具有的情感慾望間，相互之拉扯及辯證。賴芳伶提到：「很少論者細究《紅樓夢》此處曖昧至極的文字，大多只聚焦在妙玉終陷泥淖的表象悲劇性，認為『事與願違』乃是最讓人欷歔慨嘆的人生本質；當然這麼說並無大錯，只是可能會漏失掉生命中某種難以言傳的慾望隱情。反倒是楊牧的詩篇，舉重若輕地端及了。」〔註31〕正是此「舉重若輕」之舉，透析出原文本隱而未明的深層意蘊。「當前文本」不僅承繼「原文本」的內容架構，更有了另一層情節意義的開展，從而深化、豐富了原文本《紅樓夢》的內蘊。「原文本」及「當前文本」置於同一平面，進行文本意義的雙向、甚至是多重的相互交流，非僅為上對下的單向「影響關係」，即是互文性積極的核心意旨。

本節析理至此，筆者嘗試再納入楊牧寫於 1969 年 11 月的〈流螢〉。此詩不若前述六首詩作，向史傳、抑或小說文本中的人物典型進行取材及鋪衍。然而綜觀全詩，不僅映照著古典傳奇章回的意境，且在語調上，亦富有說書人、及戲曲口白的特徵。與〈林沖夜奔〉的氛圍與情調，實可相聯繫、對照。

〈流螢〉全詩：

（上）

　　蜈蚣的毒液，荊棘的

　　陰涼佈滿了退潮後的膚色

　　斷橋以東是攤開的黑髮

　　我偽裝成疲倦的歸人

　　打著雙槳

　　划進這個彷彿陌生的河灣

　　懷裏揣著破舊的星圖

　　今夜風大

　　葉密如許我還能窺見

　　酒菜完畢坐著飲茶的仇家

〔註30〕楊牧：《楊牧詩集 II》，頁 497。

〔註31〕賴芳伶：〈《時光命題》暗藏的深邃繁複〉，《興大中文學報》第十四期（臺中：中興大學，2002 年 2 月），頁 309～310。

（中）

這橘花香的村子合當

焚落：煙霧要繞著古井

直到蛙鳴催響。我們從

灰燼上甦醒

鳥逸入雲。寂

靜

我的白骨已經風化成缺磷的窘態

雨前雨後，卻也

十分憂鬱十分想家。這時

總有一點螢火從廢園舊樓處流來

輕巧地，羞怯地

是我仇家的

獨生女吧，我誤殺的妻

（下）

故事是沒有結尾的故事

鐃鈸敲打著亡魂的

節日。桃樹照常生長

當我因磨刀出汗

山坡泛白，水為沉舟而蕩漾

酒在壺底變酸，淚映照

好一隊隊候鳥遷徙於新降，熟悉的霜

我的悼祭者流落在外地

有的打鐵，有的賣藥〔註32〕

　　細觀此作，（上）章集中描寫刺客埋伏的過程。「退潮後的膚色」，或可隱喻人情緒緊張，冷汗直冒的當下使得寒意襲來，原本正常肌膚失去紅潤的膚色。更可視為對刺客面容的間接描繪，尤其「蜈蚣的毒液」、「荊棘的蔭涼」，似乎直指其面色鐵青、陰毒之感。下句：「斷橋以東是攤開的黑髮」，誠如劉正忠所言，楊牧於此處彰顯現代詩特有的壓縮、跳躍、象徵的技法，造成尺

幅千里的效果。僅用一個「是」字，便連結了兩個敘述元素，留下多角度的詮釋空間〔註33〕。

（中）章可謂此詩的高潮轉折，透過「我」的獨白，使讀者得知刺客行兇後的慘烈，「我的白骨已經風化成缺磷的狀態」，不僅自身殞命、屍骨難存，且竟然誤殺摯愛之妻。以「輕巧地，羞怯地」比喻化作「螢火」的妻子魂魄，盡顯其生前的可人形象，更加深刺客錯殺的悲劇性。

（下）章依筆者解析，類似電影戲劇的倒敘手法，〈流螢〉最後一幕，時間畫面切換至（上）章開始之前，回到刺客尚未行兇的日常景象。「磨刀」代表他正為復仇做準備，「山坡泛白，水為沉舟而蕩漾／酒在壺底變酸，淚映照／好一隊隊候鳥遷徙於新降，熟悉的霜」，代表過往這一切生活的寧靜與美好，作為復仇者的「我」，都必須與他告別了，正是寓悲戚之情於外在景緻。最後，「我的悼祭者流落在外地／有的打獵，有的賣藥」，此詩結束在一個預言示現的手法。可釋為：作為刺客之「我」，知曉此去復仇，全身而退、平安歸來的機會微乎其微。在個人渺小天地內，已能預感自身的死亡；但是外在一切仍舊不為所動，依照各自的法則生活著、運作著——那些未來將會悼念我的人，如今依然安詳地在為生活張羅。倒敘手法將情節帶往過去，定格、結束於刺客尚未走向悲劇之前，與此詩前兩章相互映照，更增添主角無能迴避命運般的莫可奈何。

〈流螢〉全詩的第二種詮釋〔註34〕，敘事者「我」在（上）章可解讀為徘徊現世的孤魂。其富有戲劇張力之處，在於讀者需等到（中）章：「我的白骨已經風化成缺磷的狀態」，方可恍然大悟，原來楊牧拋棄線性的敘事方式，開頭即以被仇家所殺、成為孤魂的敘事者，進行戲劇獨白。至於「我」為何要「偽裝成疲倦的歸人」，正是因為我已亡故，因而才需偽裝成生人模樣。「蜈蚣的毒液」、「荊棘的蔭涼」、及「退潮後的膚色」，則側面烘托死者非人、陰冷的特質。至於從廢園舊樓處流來的螢火，「我誤殺的妻」，除了揭示敘事者結仇、殞命的原因；若加深、扣合「流螢」的意象，則不僅是妻子化為螢火，同

〔註33〕楊牧：《楊牧詩集I》，頁299。「斷橋以東是攤開的黑髮」，依劉正忠詮釋，至少有如下三種：其一、我在斷橋以東，攤開黑髮，偽裝為浪人。其二、斷橋以東，河流幽黑而漫長，如攤開的黑髮。其三、到了斷橋以東，我的心情（或命運）就像攤開的黑髮，綿密而陰暗。

〔註34〕將〈流螢〉開頭的「我」，視作已化為螢火的孤魂，此詮釋角度蒙陳義芝老師於口考時的提點與補充。

樣成為孤魂的「我」，亦是那輕巧、羞怯的「流螢」。

（下）章「當我因磨刀出汗」，可釋為刺客尚未放下悔恨，靈魂依舊徘徊人世。「桃樹照常生長」，意味個人的無常命運，對於廣大自然宇宙的運行，並無產生任何影響。「我的悼祭者」，也許從前曾是我的追隨者，而「我」既已殞落，他們也必得另謀出路，回歸新的秩序。

此詩除了映照古典傳奇章回的氛圍，從筆者二種詮釋路徑來觀察，更可看出楊牧採取新穎的敘事角度，打破線性時間軸，使此詩各章情節，能有迴環呼應的效果。不僅增添詩意，更在傳統說書人、及戲曲口白的特徵中，透露現代性的技法。後出「當前文本」所產生的「新變」效果，亦是互文性積極的核心意旨。

第陸章　結　論

本文研究目標，藉熱奈特（Gérard Genette）五種「跨文本性」類型，以探索楊牧詩與中國古典的互文關係。析理楊牧如何出入龐雜的傳統脈絡，以詩的創作實踐，承繼古典，融入自我情志，並開展出新的面貌。此核心課題，為筆者期許自前人論述的視野上，再度尋索切入、立足之位置。

第一節　研究成果

歷來論者皆能體察楊牧對於中國古典傳統的高度把握。然而，以單篇論文形式進行探究，礙於篇幅侷限，所呈顯的成果多僅偏於一隅。而筆者對楊牧詩集進行爬梳，揀選出與中國古典互文之要素，進一步的歸類中，發覺楊牧取材傳統並不限於單一朝代、文人、及作品。故，筆者首先以文學史朝代分類，依序以「先秦文學」、「六朝文學」、「唐宋文學」等作為劃分，形成論述章節，即可視為初步之研究成果——此現象體現楊牧對於中國古典跨代、全面性的掌握，並以創作作為呼應、頡頏之企圖。

但不可諱言，考察文本與文本間的互涉關係，容易淪為字句表層的指認；或者，僅著重分析「原文本」如何對「當前文本」產生單向之「影響」。對此，李玉平指出互文性的研究價值與精神，應在於：

> 兩個文本之所以具有互文性關係，它們之間一定有某種相同之處，即相互指涉、相互映射的部分。但是，互文性的研究價值並不在於「同」，而在於「異」——「同中之異」。亦即，原文本的一部分進入當前文本，這一部分必須獲得不同於原文本的新的意義，這樣才

有研究的價值。當原文本的一部分進入當前文本時，產生了哪些新的意義？這些意義與所進入文本其餘部分的意義形成了怎樣的對話關係？新的意義和對話關係是怎樣生成的？其中有無規律可循？這些問題才是互文性研究所關注的。〔註1〕

是以，「古典」傳統如何受到承繼，且結合現代語境，產生「新變」的過程及效果；以及此「新變」結果，映照詩人何種生命歷程、個人情志、與現世關懷，才是本研究能具有積極意義之關鍵。由此觀之，熱奈特五種「跨文本性」類型，不僅作為「門檻」和「指標」，導引研究者邁向較符合作者意圖的「文本本意」。同時，亦如一面明鏡，映照出「當前文本」之創作者，如何在「原文本」材料之上，進行一番改造；抑或，僅是了無新意之承繼、挪用、拼貼。此中即隱含文本評價的規準。

　　楊牧雖出身外文系，仍心繫中國古典；雖獻身學院研究，依然致力於創作實踐。詩人以行動，體證學問不必有中文、外文之分；而繁縟的學術研究，也不一定妨害創作之靈思。此番推論，可見於本文第貳章第二節始。筆者藉熱奈特理論，結合楊牧生命歷程，契入詩人作品與其學術研究素材如《尚書》、《詩經》、與《楚辭》間的互文關係。通過五種跨文本性理論檢驗，可發現同一文本中，往往存有複數的跨文本關係——舉凡〈武宿夜組曲〉存有「狹義互文性」（intertextuality）的引語共在關係，及「承文本性」（hypertextuality）的「派生」關係；〈南陔〉更是同時具足「副文本性」（paratextuality）、「狹義互文性」、及「承文本性」。一文本同時含納多重跨文本性，一來反映作者取材廣泛；一來反映創作技法的多樣性。其中，又以深入「原文本」精隨，進行「語言使用風格」、「語言深處的組織原則」、及「章法結構」的摹仿、改造、與轉化等「承文本性」，於書寫操作上最具難度（同理，亦是論述、分析上頗具考驗的所在。若評論者學識涵養不及文本作者，則容易忽略隱性的派生關係）。筆者此處將〈武宿夜組曲〉有意省去殺戮場景的章法結構，連結《詩經》及《尚書‧武成》；將〈南陔〉裏，意中人「你」處於「夢」、「憂慮」、「綠草叢」、「逸詩」這些虛實相映、縹緲難尋的所在，聯繫〈蒹葭〉伊人「在水一方」、「宛在水中央」；「在水之湄」、「宛在水中坻」；「在水之涘」、「宛在水中沚」的複沓章法。這些文本皆可見楊牧結合學術研究之創作實踐。且融入自

〔註1〕李玉平：《互文性：文學理論研究的新視野》（北京：商務印書館出版，2014年7月初版），頁60。

我生命情志，與古典愛情母題相互輝映。甚至進行變化，以同樣的情人之眼，將觀看視角轉向故鄉花蓮。除了上述〈南陔〉，筆者第貳章所論〈水之湄〉、〈俯視〉、與〈仰望〉，皆為詩人情志彰顯的例證。

本文第參章，首先自跨文本性類型的「元文本性」（metatextuality）評論關係切入，分析楊牧作品與陸機〈文賦〉的互文關係。根據楊牧《陸機文賦校釋》的書寫時間，推論此段時期應當有受校釋工作所啟發、進而影響內蘊之作品。相關論述見於此章第一節後半。第二節至第四節，則是筆者擷取「承文本性」的其一特徵：契入「作者的觀察與思考」此「神韻」式的摹仿，由此融會中國文學自古有之的「擬作」與「和詩」傳統。將楊牧詩與陶淵明詩的互文關係，從作品呈顯的生命情態著手，發現兩者精神層次上的「神似」之處。進一步探究「神似」的具體內涵，筆者認為即是「晚期風格」的呼應。經由一系列和陶詩分析，可發覺楊牧晚期風格中有關「雍容、圓熟」的開展，體現在以近似淡漠、疏離的視角，契入廣袤空間與時間向度，思索神與人、永恆與剎那、以及自我學識和創作追索……等等抽象之命題。然而，如此疏離、高度個人化的意象及語法經營，亦可能使一般讀者落入詮釋上的困境。因此相對「雍容與圓熟」，楊牧晚期風格所呈顯的「矛盾、放逐」，其一來自文本內部意象之隱晦，以及詩所蘊含的矛盾張力；外部則是句構、語法上的安排，造成讀者閱讀時的遲疑、懸宕、和疏離感。

此外，晚期風格在薩依德屬於「一種放逐的形式」，但是他亦提到作家的晚期風格與其所處時代，亦有另一面「奇怪地既即又離」的關係。楊牧晚期風格的詩作，時常突破表象世界，遠離現實人群，耽溺於自我表述，進入哲學性的追尋與冥合。然而自詩人視角出發，最終目的，乃是藉由「疏離」現實，以達客觀、抽象、與普遍的真理，為了對現世能有更精準的判斷與介入；但是此朝向圓熟真理的意向，卻在透過隱喻和象徵的多義性表述時，因語境的晦澀與難解，而成為一種「反圓熟」的表徵。意即，楊牧詩作中晚期風格的呈現，並非能二元劃分「圓熟」和「矛盾」之界線，而往往是圓熟與反圓熟的交互辯證。

本文第肆章，筆者著重探究楊牧詩的樂府情韻，並透過「新樂府」此一體裁，連結楊牧《有人・新樂府輯》裏的詩作。筆者發現這些作品還可區分為兩種書寫脈絡。其一為承續舊有古題，則其開創之義，著重呼應古典語境的同時，如何與寫作當時的社會情勢相互映照，形成「古典──現代」此多重

內蘊的交織與辯證。其中，將古典視角切換，進行現代語境的鎔鑄、再造，最大特點，在於對原文本情節進行延伸、擴寫，明其未言的隱性脈絡。筆者所論〈出門行〉、〈大子夜歌〉、〈大堤曲〉可為例證。「原文本」與「當前文本」非單純上對下的單向「影響」關係；由於新變、轉化，後出的「當前文本」，反倒可以豐富「原文本」裂縫、空白之處。兩者可置於同一平面，文本的意義網絡相互交織，進行雙向、多重的流動，此即互文性的核心內蘊。至於〈烏夜啼〉、〈行路難〉等舊題，則涉及「刺美見事」，呈顯楊牧介入歷史、社會等現實面向的創作特點。亦屬於「古典──現代」視角、語境之切換。

其二：則循「即事名篇，無復依傍」之義，自鑄現代性的「新題樂府」。〈班吉夏山谷〉即屬此類；而〈悲歌為林義雄作〉，則遙契新樂府「為時而著」，及「為事而作」的核心內蘊。其中，筆者特舉〈有人問我公理和正義的問題〉一詩。緣於此作關照、省思臺灣現實，既有縱深的切入，亦有橫向的連結、旁通。所涵蓋之議題，即使移到三十年後的現今社會，依然有其值得思索的普遍性。自廣義面向觀察，實亦呼應樂府詩的核心精神。且此詩更引發當代諸多青年詩人以同題之作相和，呼應原詩思想與關懷，將「公理和正義」的叩問持續散播。此同題「互文」的文本傳播，與樂府詩自漢代以降，多有同題、變題之作的現象，亦有某種程度的相似性。而無論是樂府、或楊牧〈有人〉，原文本與後起同題之作，既共同指涉一跨代的普遍議題，亦有所處時代的個殊性，二者交織。此承繼、創造反覆交融的過程，本是文學隨時代推移，演化而常新的現象。

本文第伍章，筆者分別從「史傳人物」及「小說虛構人物」切入，探索古典人物範型於楊牧詩中的象徵意義。一來，在於他們的生命歷程蘊涵某種人類共感；或者面對命運交會的當口，其精神、態度值得吾輩省思和追索。其中，筆者藉由「承文本性」的「派生」關係作為分析導引，捕捉楊牧為了詩的戲劇張力，如何擴寫、改編史傳及古典章回的情節，透析出原文本隱而未明的深層意蘊。此亦屬於原文本與當前文本間，意義的雙向、甚至是多重交流的互文現象。

至於，如第貳章第四節所論楊牧詩與楚辭，可觀覽詩人藉「招魂」之意，向眾聲喧嘩的時代，表明創作的心志與依歸；第參章第四節所論楊牧詩與謝朓詩，也可觀覽詩人如何受到六朝詩聲韻節奏的感發，藉由韻母的發音特性，加強詩中情緒氛圍的起伏高低；第肆章第三節所論楊牧詩與唐、宋詩詞的互

文關係，無論是年少時期對於私密情愛的表述，抑或藉由韓愈〈琴操〉內蘊及希臘神話意象所鋪衍、顯示其「晚期風格」的組詩，皆可一窺詩人各時期的詩風展演，與生命情態的變化軌跡。

> 我們下筆頃刻，展開於心神系統前的是無垠浪漫的文學傳統，我們紙上任何構造，任何點，線，面，任何內求和外發的痕跡，聲音無論高低，色彩縱使是驚人的繁複，狂喜大悲，清明朗淨，在在都有傳統的例證，卻又與過去的文學迥異，卻又如此確切地屬於現代，和今天的社會生息相應。惟有一個理解傳統，認知過去的詩人，始能把握到他與他的時代的歸屬關係。〔註2〕

一位偉大詩人追隨傳統，承繼傳統，進而以創作實踐，進行全面性的應和，頡頏，與超越。其箇中緣由，以及途中所付出的心血磨難，透過楊牧作品與個人自剖，吾輩應當能感同其一二。且自另一角度觀察，楊牧鍾情古典傳統的宏闊胸襟，不僅是作為詩人、作為創作者需具有的態度。他揭示的，更是現代知識分子理當具備的視野及自覺。

第二節　研究限制與未來展望

《奇萊後書》結尾，楊牧寫道：

> 但假若我們凝目仰望木瓜山且繼續想像層疊瀰漫的峰巒在它背後更遠處滋長，分裂，並且專心一意追索民謠歌曲以外的故事神話，那些秘密王國的興起和衰亡，我們就發現，原來從海岸一線西側兩萬公尺的是木瓜山，白堊紀時代發生自大島脊樑東側傾斜，這時正開始大幅度下降的片岩結構；從木瓜山繼續向西側三萬公尺，越過太魯閣大山，柏托魯山，磐石山，嚴峻拔升於合歡山，能高山，安東軍山環繞的中心，北與南湖大山，中央尖山，南與秀姑巒山，玉山相睥睨，堅持不下的就是奇萊山。〔註3〕

作為當代華語世界的頂尖詩人，楊牧在後繼創作者，及評論者心目中的地位，就如同他以一生文學心志，所追隨的奇萊山。筆者有感於探索楊牧詩，及他所心繫，獻身的古典傳統，其過程宛若攀越那睥睨群峰，旂旗三辰的奇萊。

〔註2〕楊牧：《一首詩的完成》，頁64～65。
〔註3〕楊牧：《奇萊後書》，頁397。

此中艱困，未易以一二之語，為他人言也。

　　而本文探討楊牧詩與中國古典的互文關係，成果呈顯之際，不免有幾點缺失、限制之處。首先，作為論述的文本材料，雖已反覆精讀楊牧詩集，以最大範圍蒐羅囊括。但一來為了論述分類上的整合，及文氣的統一，確實割捨一些仍存有古典要素的文本。另一種疏漏的情況，原因則來自筆者學識之淺薄。當爬梳文本時，極可能對古典材料的把握程度不如楊牧，因而錯失詩人字裡行間的隱性古典要素。

　　再者，前述提到一文本中有複數的跨文本關係，其一原因，則反映詩人取材來源的廣泛。楊牧兼擅中、西古典，故作品時常涵攝兩者之要素。此現象在《長短歌行》中尤為常態。筆者為了本文論述方便，將中國古典要素置於分析的第一序位，西方古典則附屬之。然而如此主、從之分，確實存有文本意義掌握偏差的隱憂。箇中緣由，則是依筆者目前學識所及，無論是作品的熟稔程度、文學史脈絡剖析、抑或是外文能力，皆無法用以掌握，處理西方古典的相關素材。因此，某些詩作的分析，及探究上仍不夠細膩全面。本文略陳固陋，未能盡善之處，則有待往後筆者，及更多研究者的投入與補充。

徵引文獻

一、楊牧著作（以徵引版本年份先後排列）

1. 葉珊：《傳說》，臺北：志文出版社，1971 年。

2. 楊牧：《葉珊散文集》，臺北：洪範出版社，1977 年。

3. 楊牧：《楊牧詩集 I》，臺北：洪範出版社，1978 年。

4. 楊牧：《搜索者》，臺北：洪範出版社，1982 年。

5. 楊牧：《陸機文賦校釋》，臺北：洪範出版社，1985 年。

6. 楊牧：《一首詩的完成》，臺北：洪範出版社，1989 年。

7. 楊牧：《楊牧詩集 II》，臺北：洪範出版社，1995 年。

8. 楊牧：《隱喻與實現》，臺北：洪範出版社，2001 年。

9. 楊牧：《失去的樂土》，臺北：洪範出版社，2002 年。

10. 楊牧：《人文蹤跡》，臺北：洪範出版社，2005 年。

11. 楊牧：《掠影急流》，臺北：洪範出版社，2006 年。

12. 楊牧：《奇萊後書》，臺北：洪範出版社，2009 年。

13. 楊牧：《楊牧詩集 III》，臺北：洪範出版社，2010 年。

14. 楊牧：《長短歌行》，臺北：洪範出版社，2013 年。

二、古籍文獻（以年代先後排列，同朝代則按姓氏筆劃）

1. 〔秦〕呂不韋：《呂氏春秋》，上海：上海古籍出版社，1989 年。

2. 〔漢〕班固《漢書》，北京：中華書局，1964 年。

3. 〔漢〕趙曄原著，張覺譯注：《吳越春秋全譯》，貴州：貴州人民出版社，1993 年。

4. 〔漢〕鄭玄箋，〔唐〕孔穎達疏：《毛詩正義》，臺北：新文豐出版公司，1977 年。

5. 〔南朝宋〕范曄：《後漢書》，收錄於《四史》第八冊，臺北：藝文印書館，1955 年。

6. 〔南朝齊〕謝脁著，郝立權注：《謝宣城詩注》，臺北：藝文印書館，1967 年。

7. 〔南朝梁〕蕭統編，〔唐〕李善注：《文選》（上冊），臺北：五南圖書，1991 年。

8. 〔唐〕韓愈：《韓昌黎集》，上海：商務印書館，1933 年。

9. 〔唐〕韓愈著，錢仲聯集釋：《韓昌黎詩繫年集釋》，上海：上海古籍出版社，2007 年。

10. 〔唐〕韓愈著，劉真倫、岳珍校注：《韓愈文集彙校箋注》，北京：中華書局，2010 年。

11. 〔南唐〕馮延巳：《重校陽春集馮正中年譜》，臺北：世界書局，1970 年。

12. 〔宋〕朱熹，〔清〕姚鼐等：《五家楚辭注合編》（上），臺北：廣文書局有限公司，1972 年。

13. 〔宋〕范成大：《石湖居士詩集》（上），上海：商務印書館，1937 年。

14. 〔宋〕郭茂倩：《樂府詩集》，北京：中華書局，1979 年。

15. 〔宋〕張炎撰，吳則虞校輯：《山中白雲詞》，北京：中華書局，1983 年。

16. 〔宋〕歐陽修著：《歐陽脩全集》，臺北：華正書局，1975 年。

17. 〔明〕施耐菴撰，金聖嘆批：《水滸傳》，臺北：三民書局有限公司，1970 年。

18. 〔清〕曹雪芹撰，饒彬校訂：《紅樓夢》，臺北：三民書局有限公司，1972 年。

19. 〔清〕彭定求等編著：《全唐詩》，臺北：文史哲出版社，1978 年。

三、近人著作（按姓氏筆畫排列）

1. 王瑾：《互文性》，桂林：廣西師範大學出版社，2005 年。

2. 王叔岷編：《陶淵明詩箋證稿》，臺北：藝文印書館，1999 年。

3. 李玉平：《互文性——文學理論研究的新視野》，北京：商務印書館出版，2014 年。

4. 李星瑩：《楊牧詩及其晚期風格探究》，國立政治大學國文教學碩士在職專班論文，2016 年。

5. 李建崑：《韓孟詩論叢》下冊，臺北：秀威資訊 2005 年。

6. 何寄澎：《永遠的搜索——台灣散文跨世紀觀省錄》，臺北：聯經出版社，2014 年。

7. 屈萬里：《尚書集釋》，臺北：聯經出版社，1983 年。

8. 柯思仁、陳樂著：《文學批評關鍵詞：概念・理論・中文文本解讀》，新加坡：八方文化創作室，2008 年。

9. 姚一葦：《戲劇原理》，臺北：書林出版有限公司，1992 年。

10. 唐圭璋編：《全宋詞》，北京：中華書局，2009 年。

11. 馬持盈註：《史記今註》（第四冊），臺北：臺灣商務印書館，1979 年。

12. 徐復觀：《中國人性論史》，臺北：臺灣商務印書館，1988 年。

13. 陳芳明：《深山夜讀》，臺北：聯合文學，2001 年。

14. 梅家玲：《漢魏六朝文學新論・擬代與贈答篇》，臺北：里仁書局，1997 年。

15. 張惠菁：《楊牧》，臺北：聯合文學出版社，2002 年。

16. 陳義芝：《聲納——台灣現代主義詩學流變》，臺北：九歌出版社，2006 年。

17. 陳義芝：《風格的誕生——現代詩人專題論稿》，臺北：允晨文化，2017 年。

18. 黃麗明：《搜尋的日光——楊牧的跨文化詩學》，臺北：洪範出版社，2015 年。

19. 楊勇編：《陶淵明集校箋》，臺北：正文書局，1999 年。

20. 裴普賢編著：《詩經評註讀本》（上），臺北：三民書局，1983 年。

21. 蔡英俊：《文學、文化與世變》，臺北：中央研究院中國文哲研究所，2002 年。

22. 鄭樹森編：《世界文學大師選》，臺北：洪範出版社，1999 年。

23. 謝旺霖：《論楊牧的「浪漫」與「台灣性」》，國立清華大學台灣文學研究所碩士論文，2009 年。

24. 羅秀美：《宋代陶學研究──一個文學接受史個案的分析》，臺北：秀威資訊，2007 年。

四、外文譯作（按外文姓氏順序排列）

1. 熱奈特著（Gérard Genette），史忠義譯：《熱奈特論文選·批評譯文選》，河南：河南大學出版社，2009 年。

2. 史泰司（W. T. Stance）著、楊儒賓譯：《冥契主義與哲學》，臺北：正中書局，1998 年。

3. 蒂費納·薩莫瓦約（Tiphaine Samovault）著，邵煒譯：《互文性研究》，天津：天津人民出版社，2003 年。

4. 艾德華·薩依德（Edward W. Said）著，彭懷棟譯：《論晚期風格──反常合道的音樂與文學》，臺北：麥田出版，2010 年。

五、期刊論文（按姓氏筆畫排列）

1. 丁旭輝：〈楊牧現代詩中的樂府書寫〉，《樂府學》第七輯，2012 年 4 月，頁 219～234。

2. 李玉平：〈互文性新論〉，《南開學報》第 3 期（哲學社會科學版），2006 年，頁 111～117。

3. 李貞慧：〈典範、對位、自我書寫：論蘇軾集中的《和陶擬古》九首〉，《清華學報》新三十六卷第二期，2006 年 12 月，頁 427～463。

4. 李錫鎮〈論鮑照仿古樂府詩的文類慣例與風格特性──由篇題有無「代」字的區辨述起〉，《台大中文學報》第三十四期，2011 年 6 月，頁 137～182。

5. 何寄澎、許銘全：〈模擬與經典之形成、詮釋──以陸機〈擬古詩〉為對象之探討〉，《成大中文學報》第十一期，2003 年 11 月，頁 1～36。

6. 周明儀：〈古典詩文中的桐樹意象與文化意涵〉，《明新學報》第 32 期，2006 年 08 月，頁 35～50。

7. 奚密：〈楊牧：台灣現代詩的 Game-Changer〉，《台灣文學學報》第十七期，2012 年 12 月，頁 1～26。

8. 郝譽翔：〈抒情傳統的審思與再造——論楊牧《奇萊後書》〉，《國立臺北教育大學語文集刊》第 19 期，2011 年 1 月，頁 209～236。

9. 張晶、周曉琳：〈試論中國古代文學的橋意象〉，《新學術》，2009 年，頁 106～109。

10. 陳信安：〈以山水體道——從冥契觀點考察現代學者詩人的山水經驗〉，《彰化師大國文學誌》第二十七期，2013 年 12 月，頁 155～205。

11. 泰海鷹：〈互文性理論的緣起與流變〉，《外國文學評論》第 3 期，2004 年，頁 19～30。

12. 曾珍珍：〈從神話構思到歷史銘刻：讀楊牧以現代陳黎以後現代詩筆書寫立霧溪〉，《城鄉想像與地誌書寫：第二屆花蓮文學研討會論文集》，花蓮：花蓮縣文化局，2000 年，頁 31～53。

13. 曾珍珍：〈生態楊牧——析論生態意象在楊牧詩歌中的運用〉，《中外文學》第 31 卷・第 8 期，2013 年 1 月，頁 161～191。

14. 黃偉倫：〈論蘇軾〈和陶詩〉中的「本色」意義〉，《高雄師大學報》第二十一期，2006 年，頁 33～48。

15. 程錫麟：〈互文性理論概述〉，《外國文學》第 1 期，1996 年，頁 72～78。

16. 劉正忠：〈楊牧的戲劇獨白體〉，《臺大中文學報》第三十五期，2011 年 12 月，頁 289～328。

17. 鄭智仁：〈寧靜致和——論楊牧詩中的樂土意識〉，《台灣詩學學刊》第二十號，2012 年 11 月，頁 127～160。

18. 賴芳伶：〈《時光命題》暗藏的深邃繁複〉，《興大中文學報》第十四期，2002 年 2 月，頁 21～64。

19. 賴芳伶：〈有限的英雄主義，無盡的悲劇意識——楊牧〈卻坐〉與〈失落的指環〉的深沉內蘊〉，《興大人文學報》第三十二期，2002 年 6 月，頁 55～88。

20. 賴芳伶：〈楊牧〈近端午讀 Eisenstein〉的色／空拼貼〉，《中外文學》第 31 卷第 8 期，2003 年 1 月，頁 217～233。

21. 賴芳伶：〈孤傲深隱與曖昧激情——試論《紅樓夢》和楊牧的〈妙玉坐禪〉〉，《東華漢學》第 3 期，2005 年 5 月，頁 281～316。

22. 〈緬懷：羅杰瑞教授紀念特稿〉，《東華漢學》第 18 期，2013 年 12 月，頁 425～428。

六、報章雜誌（按姓氏筆畫排列）

1. 何雅雯：〈楊牧——詩演化而常新〉，《誠品好讀》第 22 期，臺北：誠品股份有限公司，2002 年 6 月，頁 62～64。

2. 奚密、葉佳怡：〈楊牧斥堠：戍守藝術的前線，尋找普世的抽象性——2002 年奚密訪談楊牧〉，《新地文學》第 10 期，臺北：新地文化藝術，2009 年 12 月，頁 277～281。

3. 楊牧：〈和陶詩三首〉，《自由時報》第 D9 版，2011 年 4 月 11 日。

4. 楊照採訪，王妙如記錄整理：〈一位詩人的完成——專訪楊牧〉，《中國時報》第 37 版，1999 年 12 月 18 日至 23 日。

七、電子資源

1. 曾珍珍：〈英雄回家——冬日在東華訪談楊牧〉，《人社東華》第 1 期（花蓮：東華大學，2014 年），http://journal.ndhu.edu.tw/e_paper/e_paper_c.php?SID=2。

2. 《每天為你讀一首詩》，http://cendalirit.blogspot.tw/2015/06/20150624.html。

3. 《每天為你讀一首詩》，http://cendalirit.blogspot.com/2016/07/20160718.html。

附錄：論楊牧生態意象詩歌中的晚期風格[*]

摘要

　　楊牧（1940～2020）詩作中多樣的生態意象書寫，與他生長花蓮，深受山海薰陶，及原住民文化之啟迪有著深厚關聯。在〈右外野的浪漫主義者〉一文，詩人自述浪漫主義的第二層次即為「向自然農村擁抱及向赤子之心學習」。在晚近詩集《介殼蟲》與《長短歌行》裏，亦能發現楊牧持續以生態意象為詩作基底，或指涉現實，呈顯積極的現世介入與人文關懷；或反映個人哲思，指向一超越的抽象真理。

　　楊牧追求抽象，乃有鑑於因具象而造成的各類對立。因此割捨鮮明的題材和元素，避免落入表象世界的言筌，藉由客觀、抽象，從而把握普遍真理。然而筆者發現，楊牧超脫表象，追求完滿抽象的過程，並非一致表現出「圓熟」、「靜穆」的晚境風格。藉薩依德（Edward W. Said）之言，是呈顯一種「難解、高度個人化」，且與既有秩序形成「矛盾、疏離的關係」。

　　本文首先界定楊牧詩風轉向「晚期風格」的時間點，發現寫於千禧年左右的詩作，隱含詩人感於世紀末將臨的衰敗、與新世紀將啟的未知。由此作為詩風轉向的基準點，析論其後多樣的生態意象詩作，所呈顯的「晚期風格」。並且自二大主軸切入，其一表現為「雍容、圓熟」；其一則是帶有「離異、放逐、不合時代之矛盾感」。二者交織，既即又離，形成楊牧富有深度與張力的晚期詩風。

　　關鍵詞：楊牧、生態意象、圓熟、矛盾、晚期風格

---

* 本文初稿〈反常與合道──論楊牧生態意象詩歌中的晚期風格〉，原發表於2017年，臺北市立大學中國語文所研究生學術論文研討會。後於2020年修稿，部分內容為前文第參章第四節所參照、引用。

一、前言

　　楊牧〈右外野的浪漫主義者〉〔註1〕一文，為「浪漫主義」提出四層正面的積極意涵。依序為：「捕捉中世紀氣氛和情調的精神，這主要是對於新古典主義的反抗」；華滋華斯「指出向自然農村擁抱及向赤子之心學習才是正途」；「山海浪跡上下求索的精神，此於拜倫最可見及」；「向權威挑戰，反抗苛政和暴力的精神」。楊牧詩作中大量的自然意象書寫，與他生長花蓮，深受山海薰陶，與原住民文化之啟迪有著深厚關聯。然而追根究柢，最重要因素乃楊牧為一終生追隨「浪漫主義」的信徒。他曾言：「對我而言，文學史裏最令人動容的主義，是浪漫主義。」〔註2〕故以自然與生態意象的建立為基底，或指涉現實，呈顯積極的現世介入與人文關懷；或反映個人哲思，指向一超越且抽象的真理。便是身為浪漫主義詩人所富含的標誌。

　　關於楊牧詩作中自然與生態意象的論述，前人已有曾珍珍〈生態楊牧──析論生態意象在楊牧詩歌中的運用〉〔註3〕一文。分別從「萌芽期」、「生長期」、「成熟期」和「解構期」，為楊牧創作做一全面性的考察，分析各時期中，詩人以自然與生態入詩的代表作，以及此些意象如何生成龐大象徵系統，進而與抽象思維產生關係。在「解構期」中，曾珍珍以《時光命題》與《涉事》兩本收錄 1992 年至 2000 年間的詩作為例，提到楊牧「開始對自己所創造出來的象徵結構之必然性、恆定性與完整性，提出反思與質疑，同時卻仍然持續運馭這套得之於心的象徵系統寫出巔峰之作，其中不乏含納著自我解構的因子。」〔註4〕這樣的變化，隱含詩人向晚期詩風的過渡，筆者將於後面章節詳加論述。

　　由於曾珍珍此文寫作時間較早，所論楊牧最晚期作品為千禧年初的《涉事》。《涉事》之後，楊牧集結出版的詩集有兩冊，分別為 2006 年《介殼蟲》〔註5〕，以及 2013 年《長短歌行》。而寫作時間橫跨向度，為 2001 年至 2013

〔註1〕楊牧：《葉珊散文集》（臺北：洪範書店有限公司，1995 年 11 月初版 18 印），頁 1～11。

〔註2〕楊牧：《疑神》（臺北：洪範書店有限公司，1996 年 3 月初版 4 印），頁 168。

〔註3〕曾珍珍：〈生態楊牧──析論生態意象在楊牧詩歌中的運用〉，《中外文學》第 31 卷第 8 期（2003 年 1 月），頁 161～191。

〔註4〕曾珍珍：〈生態楊牧──析論生態意象在楊牧詩歌中的運用〉，《中外文學》第 31 卷第 8 期（2003 年 1 月），頁 182。

〔註5〕楊牧：《介殼蟲》（臺北：洪範書店有限公司，2006 年 4 月初版）。本文筆者所論《介殼蟲》有關詩篇，則取自 2010 年 9 月出版之《楊牧詩集 III》，共收錄作者 1986 年至 2006 年作品總集，《介殼蟲》為其中一卷。

年，包含楊牧步入古稀之年，此階段對創作者來說，已能為個人寫作風格與成就定音，更要面對生理血氣衰頹，連帶影響創作能量的顯現。故本文論述重點集中《介殼蟲》與《長短歌行》，觀覽詩人晚期生態意象詩歌，在承繼過往，以及面對年歲流逝的逼仄，如何再次開展、超拔的過程。

二、楊牧「晚期風格」的開展點

何謂「晚期風格」（Late Style）？據艾德華・薩依德（Edward W. Said）之言，乃偉大藝術家人生漸近尾聲之際，當肉體衰朽，健康開始轉壞，他們的作品和思想所生出的一種新語法，即是晚期風格〔註6〕。而晚期風格所指涉的二種特性，一為：「反映一種特殊的成熟、一種新的和解與靜穆精神」；一為：「並非表現為和諧與解決，而是冥頑不化、難解，含有未解決的矛盾。」〔註7〕

初步理解晚期風格的二種要素後，亦有另一根本問題尚待釐清：舉凡藝術家的閱歷、創作過程、與生理年歲皆不相同，則「晚期」之「晚」於藝術家生命史中該如何界定？首先，薩依德晚期風格論是承繼阿多諾（Theodor Ludwig Wiesengrund Adorno）之說，而阿多諾對於「晚」、「遲」之詮釋，似乎「非必指此風格出現於漫長人生或藝術生涯晚年、遲暮、末年之謂」，而是「構成一種本質有異的風格」。與前述薩依德「當肉體衰朽，健康開始轉壞」此偏重客觀生理變化的定義，認為「晚期」即是「人生的最後或晚期階段」似有所不同。但薩依德亦指出，藝術家的生理變化，最終仍得指向思想或作品所呈顯的「新語法」，而此「新語法」便是阿多諾所言「本質有異的風格」。綜合阿多諾與薩依德，二者對於晚期風格的詮釋、引申雖有所差異，然而皆指向一核心概念——「晚」不僅只是客觀時間上，藝術家生涯之末期；「晚」、「遲」，應當包含某種作品的體式、格調、特色，甚至是藝術家心理情境的變化。故藝術家亦有可能於中年、或更早時期，即進入晚期的心境與風格。如同「貝多芬生涯中期有晚期風格的影子或種子，晚年有中期風格的殘跡或重現。」〔註8〕

楊牧晚期風格的開端，或云晚期風格的種子於何時埋藏他的心底？集結

〔註6〕艾德華・薩依德（Edward W. Said）著、彭懷棟譯：《論晚期風格——反常合道的音樂與文學》（臺北：麥田出版，2010年3月），頁85。

〔註7〕艾德華・薩依德（Edward W. Said）著、彭懷棟譯：《論晚期風格——反常合道的音樂與文學》，頁84～85。

〔註8〕艾德華・薩依德（Edward W. Said）著、彭懷棟譯：《論晚期風格——反常合道的音樂與文學》，頁49。

1992 年至 1996 年間的作品《時光命題》，也許即提供我們些許切入的線索。
其中〈樓上暮〉：

甚麼事情發生著彷彿又是知道

海水潮汐如恆肯定我知道

這個世界幾乎一個理想主義者都

沒有了，縱使太陽照樣升起，我說

二十一世紀只會比

這即將逝去的舊世紀更壞我以滿懷全部的

幻滅向你保證

我孱弱的肩向盆景那邊傾斜

影子靜靜伏在花下，一隻憂鬱的貓……

開口說點甚麼吧乘著柚子的香，說點

歡喜的話讓我樂觀；我已經太焦慮

疲憊過了，我想要寧靜，平安〔註9〕

此詩作於 1992 年，楊牧正任教於香港清水灣科技大學，那時夏天已近尾聲，
一日黃昏眺望南中國海之際，有感舊世紀的耗損與衰敗，而生發焦慮、疲憊
之情，甚至對於新世紀將啟的未知，抱以幻滅的保證。根據利文祺的說法，
此世紀末的失落情懷，「將時間視為直線朝向終點行進、認為理想主義不再的
幻滅感」〔註10〕，一再映現於《時光命題》中。如〈致天使〉：

透過枯萎的鐵欄杆思想

凡事變得瑣碎。去年的

水痕殘留在冥漠的空間

我的視線裏裏非常疲倦——

天使，倘若你不能以神聖光榮的心

體認這織錦綿密的文字是血，是淚

我懇求憐憫

天使，倘若你已決定拋棄我

〔註 9〕楊牧：《楊牧詩集 III》（臺北：洪範書店有限公司，2010 年 9 月初版），頁 159
〜160。

〔註10〕利文祺：《每天為你讀一首詩》，http://cendalirit.blogspot.com/2016/07/20160718.
html。

> 告訴我那些我曾經追尋並以為擁有過的
> 反而是任意游移隨時可以轉向的，如
> 低氣壓凝聚的風暴不一定成型
> 倘若你不能以持久，永遠的專注閱讀
> 解構我的生死〔註11〕

文學作品是個人和外在世界互動的感觸，更是理想的體現，與情志的投射。這樣血與淚的心志，在這由「枯萎的鐵欄杆」所築起的世界，一再遭受耗損、折逆。詩人不免於疲倦中，渴望一知音、或超越主宰的體認與憐憫。然而曾經堅執的理想，在現實裏卻是被迫游移、轉向。而懇求的知音，那「理想主義」的救贖者，亦不曾降臨來到。

如此疲憊、傷感，對於新世紀不懷任何期待的心境，反覆出現在其他詩作中。〈客心變奏〉：「灰白的頭髮朝一個方向飄泊，隨那漸次／轉黯的天色而模糊，終於妥協／肯定一切擁有的和失落的無非虛無」；「大江流日夜／不要撩撥我久久頹廢的書和劍」〔註12〕，此處灰白的頭髮未必指涉現實中的生理樣貌，而是心境的老朽與寂滅。此時甫過知命之年的楊牧，或許更多感嘆，是來自於象徵理想的「書」、「劍」的衰頹，與妥協。如同〈心之鷹〉：「於是我失去了它／想像是鼓翼亡走了／或許折返山林／如我此刻竟對真理等等感到厭倦」〔註13〕。而正值中年，心境已然衰老的慨嘆，亦如〈歸北西北作〉：「暑氣直接向正南方退卻，一天／比一天稀薄，如午夜壁爐裏的餘燼／在我孤獨的注視下無聲無息化成灰／如悄然老去的心情懸掛在纍纍瓜棚上」〔註14〕。

前述楊牧所呈顯的世紀末頹然，或可視為「晚期風格」的開端。由於對現實處境深感疲倦，於是期盼超越那些使人憂憫、傷感的時刻與經驗，企圖擺脫表象對立，進入事物的原初本質。如賴芳伶指出《時光命題》：「在現實指涉方面明顯減弱，或許可以說愈朝抽象境域逸出，擴大，深植，至於原已匿藏的曖昧蒼茫感，則更見冷凝幽邃。」〔註15〕然而這並非代表楊牧拋棄現實，試圖隱遁於抽象的心靈或藝術境界的探求。如陳芳明所述：「現實的指涉

〔註11〕楊牧：《楊牧詩集III》，頁169。
〔註12〕楊牧：《楊牧詩集III》，頁145。
〔註13〕楊牧：《楊牧詩集III》，頁148～149。
〔註14〕楊牧：《楊牧詩集III》，頁162～163。
〔註15〕賴芳伶：〈《時光命題》暗藏的深邃繁複〉，《興大中文學報》第十四期（2002年2月），頁30。

與心靈的鑑照，是楊牧文學思維的兩個面向。在他的創作歷程上，這雙軌的
發展頗有辯證的意味，相剋相生，互為表裡。」〔註16〕於是看似疏離現實，
朝向抽象境域的追求，楊牧實際上亦是藉此立足更高的境地，從而對現實能
有更客觀、完整的把握。然而正是這超越具象，企及抽象的過程，使楊牧詩
作於表現上益顯「冷凝幽邃」。集結 1997 年至 2001 年的詩集《涉事》，亦承
繼了這樣的風格。如〈野薑花〉跳脫一般寫景詠物詩的具象描摹方式，而契
入一抽象、廣袤的空間向度：「智能／喪失了企圖邏輯的力／思維在海水深處
溶解／心在高空滴血」〔註17〕；並藉由「北極光」、「曙色」、「太陽光」、「晚
霞」等自然意象的變化，帶出時間蘊藏的剎那和永恆的命題。

> 我斜靠著搖椅看山
>
> 太陽光顯著游移到相反的
>
> 方向了，晚霞色的雲層
>
> 已經解凍退冰如我的胸襟
>
> 而所有關於美麗和
>
> 憂鬱的辯證，衝突
>
> 都在漸合的宇宙大幕裏融化為
>
> 虛無。花開在草原向水處〔註18〕

「太陽光」的移動，「晚霞」的變化，象徵時間不間斷的流逝。而美麗和憂鬱
等抽象的思維，我們以為這些經得起時間考驗、能觸及永恆的象徵，最終還
是在靠近永恆的過程裏，徹底的消逝於虛無。而一切終結的剎那，唯有野薑
花仍靜謐盛開，以其嬌嫩之姿，映照大時空之綿亙與虛無，此中隱含一辯證
的張力。楊牧有意在詩作中疏離自我鮮明的個性，透過自然、生態等有限生
命的意象，企圖消融剎那與永恆間的歧異性。如〈回歸〉：「烏雲自天外掩至，
對準我們／兩相關照的顏色，追逐的年輪──／凡發光的，今夜都將全蝕如
美目／設定大黑暗為了將一切回歸渾沌」〔註19〕；但楊牧有時又對自我以文
字創作所追逐的具象和抽象、剎那和永恆等命題，產生了懷疑，似乎這樣有
意識的價值追求，有如〈蠹蝕〉中所徵引的《莊子》典故，渾沌在南海儵與北

〔註16〕陳芳明：《深山夜讀》（臺北：聯合文學，2001 年 3 月初版），頁 172。
〔註17〕楊牧：《楊牧詩集 III》，頁 307。
〔註18〕楊牧：《楊牧詩集 III》，頁 308～309。
〔註19〕楊牧：《楊牧詩集 III》，頁 314。

海忽為其鑿七竅後而死。楊牧如是形容在創作過程中，自我也將因「追尋」
的本身而迷失，甚至消亡：

> ……或就是光
>
> 它燃燒照明的自己也死
>
> 如豹為月暈所蠱
>
> 如巨川沒入沙漠石磧，光
>
> 它自己也曾經在乖離的時與地
>
> 和畢塔哥拉斯的手勢相違，如音樂
>
> 旋律飄流，在數學原理中浪跡──
>
> 在無窮熱能環抱之下迷入
>
> 黑洞，追尋之盲
>
> 絕對的靜〔註20〕

故楊牧詩作中所呈顯的張力，是有限生命映照永恆時間、是追尋抽象真理的
肯定或懷疑等多重面向的辯證，其中喻有圓熟與靜穆，更喻有自我難以調和
的矛盾，這些形成了詩人的晚期風格。尤以表現在詩作思想上和語法表達上，
一種難解的「高度個人化」，造成讀者詮釋上的困境。

三、楊牧的生態意象詩──圓熟、靜穆

以下二節論述承接《涉事》，以後來出版的《介殼蟲》與《長短歌行》為
重心，析理楊牧多樣的生態意象詩作。並分別自「雍容、圓熟」，「離異、矛
盾」二大主軸切入，剖析楊牧的晚期詩風。

首先，楊牧的「雍容、圓熟」，其一表現在嚮往質樸童趣，與歸返童真的
盼望。不僅實踐浪漫主義「向自然農村擁抱及向赤子之心學習」的信念，亦
是詩人由中年步入老年，生理血氣漸衰之際，欲再次突破創作界線，所做的
思索與反省。在《介殼蟲》的詩集後序，楊牧援引華滋華斯（William
Wordsworth，1770～1850）的理論，提到自然、宇宙山川的離合變化，看似與
我們的創作心靈交接，注定產生無窮力量。然而事實卻是：「詩人自己有一天
發現，他半生警覺最依恃的自然，他的單純和好奇，忽忽焉已對他中止啟迪，
不淡超越的神蹟渺茫，甚至草木鳥獸的系統象徵也為之潰散，陵夷，而他期
期追求，嘗試通過童年記憶以接近永恆之榮光的努力證明是空虛，失去了意

〔註20〕楊牧：《楊牧詩集 III》，頁 356～357。

義。」〔註21〕當詩人面臨創作瓶頸與倦怠；面臨生理衰老所帶來思考上的遲滯。更甚，年歲的增長雖代表閱歷之深、心智穩健與應對人事臻於圓熟。然相對應的，便是趨於世故、視一切生發殞落為理所當然。如此，則創造力消逝，謬思之神不再啟迪眷顧。

　　而兒童的樸質率真，乃最近於詩意萌發，那靈光般直覺、純淨的片刻。然年歲增長遞嬗，卻使我們益發遠離曾經的「天真」。對於詩人來說，直覺、創造力、及思維天真的結束，便是文學生命的結束與危機。楊牧敘述華滋華斯的探索歷程，實藉他者經歷，省思自身創作：「大凡詩人感悟創作力之升沉與有無率屬尋常，但華茲華斯歎息自責至於無所適從的時候，也還未到四十歲；奇怪的是他直覺或思維的天真竟提早結束，消滅，造成文學生命的危機，所以才想到試探以通過童年追憶去接近永恆的途徑，在一首轉折無窮的頌詩裏深刻自剖，耆然嚮往，為自己的精神世界再創前景，辭藻結構之不足……。」〔註22〕為了常保謬思之神眷顧，為了詩藝的永恆追尋，不斷關注、擁抱自然生命僅是初步。更重要，藉由探索自然生命的同時，保有童真的嚮往與歸返。通過童真童趣，接近永恆的「詩的途徑」；認知「追尋」的無盡無邊，乃值得、且必須一生投入——「但願老來也不至於改變，否則寧死而後已」〔註23〕。

　　楊牧寫作〈介殼蟲〉，時值他回返臺灣，任職於中研院文哲所。詩人出入研究室途徑中有一小花圃，幾顆蘇鐵似乎生病，上頭鋪掩一層白粉。雖曾約略翻書、認識蘇鐵樹上的蟲害，然因遲暮肉眼之侷限，故也並不特別留心。直至一天下午，附近小學剛放學，他看見幾個學童蹲踞人行道上，彎腰緊盯一株生病蘇鐵旁的地面。楊牧加入觀察的行列，原來是一隻介殼蟲掉落混凝土上。而學童好奇的童心，也深深感染了詩人。

　　〈介殼蟲〉〔註24〕開篇以「蘇鐵不動在微風裏屏息」揭序，引出「遲緩的步伐」、「學院堂廡之上／一個耳順的資深研究員」等詩人自況。接續，「我駐足，聽到鐘聲成排越過／頭頂飛去又被一一震回」；「那悠遠的鐘，這時撞擊到我的／無非一種回聲猶不免誇誕，張揚？」此處鐘聲，可喻為詩人過往生命片段的突然召喚、和此刻之返回；或作為提醒、宣揚某種神性的啟示即

〔註21〕楊牧：《楊牧詩集 III》，頁 512～513。
〔註22〕楊牧：《楊牧詩集 III》，頁 513。
〔註23〕楊牧：《楊牧詩集 III》，頁 513。
〔註24〕楊牧：《楊牧詩集 III》，頁 438～441。

將到來：「就在我失神剎那，音波順萬道／強光氾濫，我看到成群學童／自早先的大門擁出來」。敘事至此，作為本詩重要指路人的學童出場。緊接「三角旗搖動的顏彩」、「他們左右奔跑」，和「將熄未熄的日照」、與詩前段「三兩座病黃的山巒」形成鮮明對照——歡樂學童對比遲暮詩人；奔放的好奇想像，對比遲滯思想。「一個忽然止步，彎腰看地上／其他男孩都跟著，相繼蹲下／圍成一圈，屏息」。此刻，兩股相異的生命情態即將匯聚：

> 偉大的發現理應在猶豫
>
> 多難的世紀初率先完成，我
>
> 轉身俯首，無心機的觀察參與
>
> 且檢驗科學與人文徵兆於微風
>
> 當所有眼睛焦點這樣集中，看到
>
> 地上一隻雌性蘇鐵白輪盾介殼蟲〔註25〕

縱使身處猶豫、多難、繁忙的世紀初，然而只要有一「偉大發現」，即可使人獲得成就和慰藉。當讀者順從詩人敘事脈絡，仿若也跟著學童與詩人，蹲踞圍成小圈，擁抱好奇，疑惑那橫跨科學與人文的「偉大發現」究竟為何物？謎底揭曉，原來是「一隻雌性蘇鐵白輪盾介殼蟲」，詩至此嘎然結束。或許在他人眼底，區區「介殼蟲」稱不上所謂「偉大發現」。然誠如一周知的小道理——比起最終目標物，有時探索、發現的過程，反倒更值得玩樂與回味。何況於楊牧來說，如此好奇湧發，進而參與孩童觀察，實為詩人重拾童真的過程。故「介殼蟲」的寓意，便是那失落已久的「童趣」，「童心」。

　　楊牧另一「雍容、圓熟」的表現，如前述〈野薑花〉一詩，跳脫一般寫景詠物詩的具象描摹方式，而契入廣袤的空間與時間向度，消弭剎那、永恆間看似永無交集的對立。他捨棄鮮明題材，且不使自我主觀的情緒過度干擾詩中意象，那近似冷凝、淡漠、疏離的視角，為的是能更客觀掌握他所關切的現實。楊牧生於花蓮，奇詭秀麗的山水，浪漫淒美的原民生活與傳說，自詩人年幼，即提供無盡創作靈思。〔註26〕日後身於海外求學、教職，楊牧仍舊持續關注家鄉及臺灣社會處境，並體現於詩、文創作上。如〈臺灣欒樹〉〔註27〕一詩，彰

〔註25〕楊牧：《楊牧詩集III》，頁440～441。

〔註26〕《葉珊散文集》裡〈綠湖的風暴〉、〈劫〉、〈最後的狩獵者〉等多篇散文，含有濃厚的原住民文化意象。

〔註27〕楊牧：《長短歌行》（臺北：洪範書店有限公司，2013年8月初版），頁94～98。

顯遠古情調，詩人彷彿造物主立於全知觀點，觀覽萬物生發、海水浮湧、星辰升落明滅。羅列飛鼠、鳥類、螢光、抹香鯨、魚貝珊瑚、遲到的爬蟲、恐龍、菇菌、豐草和巨木，以豐富的生態意象，營造史詩般自寒武紀以降之創生。有創生，必然迎來毀滅，楊牧在詩末援引漢樂府〈上邪〉，這預言終將實現的煎熬世代；這僅剩「山無陵，江水／為竭，冬雷震震，夏雨雪／天地合」的世代；當毀滅過境，再迎新生之際，唯一挺拔不搖的存在將是：

> 這海上渺茫的邊緣，日光
> 輻輳，深淺的風雨過境
> 赤石罅中競生著絕無僅有
> 一系列宛轉變色的欒樹林〔註28〕

欒樹為臺灣原生特有種。楊牧在詩尾令欒樹現形，予其歷經創生與終結的輪迴，卻依然屹立之形象，實亦隱喻詩人心目中，擁有剛毅、堅強特質的「臺灣性」。

〈成年禮〉〔註29〕則是楊牧關注原住民文化之作。這也是「花蓮」意識之延伸；詩中並不特別為哪一特定原住民族發聲，而是呈顯各族群可能遭遇、面對的普遍議題。開頭「沙地上只剩幾顆野檳榔」，點出濃厚原住民文化標誌。現今社會對檳榔有著負面印象，然而於原住民來說，檳榔是生活裡重要的食材與藥材。如在阿美族社會或者擁有檳榔文化的地區，檳榔是祭祀、婚姻、及親友間互贈的禮品。此神聖之物，如今在沙地僅存，文化的衰頹寓意其中。然而在此狀況下，仍有一群人睜大雙眼，向望遠的亭、遠方的海、及祖先的魂靈——將這些遺留的文化產物、所有的神秘與不神秘皆納入眼裏。代表有少數人仍堅持、守護傳統。緊接第二節：

> 暫時的雨將黑髮淋溼，傾向
> 回歸線的西北雨，貼到眉毛上
> 於是咬緊嘴唇不笑表示決心，即使
> 盛裝的新婦被保護著從水芋田那邊
> 斑鳩那樣隨鈴聲小步小步走來〔註30〕

詩中主角面對盛裝新婦，竟「咬緊嘴唇不笑表示決心」。除了顯示成年禮之莊

〔註28〕楊牧：《長短歌行》，頁97～98。
〔註29〕楊牧：《楊牧詩集III》，頁418～419。
〔註30〕楊牧：《楊牧詩集III》，頁418～419。

嚴、肅穆，也隱含主角認為在個人幸福之上，有更待完成的巨大使命。便是承繼傳統，進而彰顯、延續。第三節「我們一字排開，拳頭握緊」、「隨時預備將惡鬼戰勝」，則延續上一節慎重、底定決心的氛圍。不僅要戰勝惡鬼，更需克服復興傳統文化將面臨的困難。接著：「大腿上刺青的飛魚」、「吐信的百步蛇」，楊牧引用達悟與排灣二族聖物，顯示詩人實立足宏觀角度，為普遍原住民發聲。詩末節：

> 背後的背後恐怕只是些日漸萎縮的
>
> 圖騰禁忌，和傳說，縱使我們都以為我們
>
> 曾經記住一些英雄的名字，不確定的
>
> 故事，在盲者的歌辭和竹葉
>
> 笛聲裏調整，隨風修改〔註31〕

曾經被視為神聖的圖騰禁忌、先民的神話傳說，在現代化、科學化社會中，其神秘性不斷面臨理性的釋疑、挑戰、甚至剔除。且面對過往漢民族普遍的忽視與壓迫；及原住民內部，青年族人外流他鄉，傳統文化面臨式微與斷層的命運。昔時英雄事蹟，也被迫在風裡流轉，修改，遺忘。

楊牧的「雍容、圓熟」，一方面除了閱歷、學識涵養之深，而在詩作上表現出一種跨越現實，探究事物抽象本質的靜穆、和圓融。另一方面則是發揮文學作品深沉蘊藉的特點，替代世俗口號、標語的疾呼。以詩的醇厚、宏觀的視角，表達對現實的介入、省思。這些是他晚期風格的其一樣貌。

四、楊牧的生態意象詩——矛盾、放逐

相較雍容和圓熟，楊牧晚期風格下的另一風貌，則是表現為「變成一種難解、高度個人化，而且（對聆聽者，甚至對他當代人）有點不吸引人，甚至令人嫌惡的語法，彷彿早先的外向者轉向內心，產生滿是節瘤疙瘩的作品。」〔註32〕承續上節楊牧生態意象詩歌裏，有關「花蓮」或「臺灣」形象的描繪，更多作品實有如陳義芝所說：「即使有地名可對照，卻不易照出清晰的風景，他似乎不在意一般讀者能否掌握他的寫作語境，他割捨鮮明的花蓮題材、元素、意象，而做『一種追尋的自我表述』，『掌握個人的記憶，想像，和信仰』，

〔註31〕楊牧：《楊牧詩集 III》，頁 419。

〔註32〕艾德華・薩依德（Edward W. Said）著、彭懷棟譯：《論晚期風格——反常合道的音樂與文學》，頁 57。

『捉摸一些飄渺的感覺和知識經驗』，那是他參與而亟於表現的『神話世界』，唯恐詩筆『趕不上那神話世界所期望於我們的，所以就難免顯得隱晦而陰暗。』〔註33〕對照楊牧的詩作，如〈臺南古榕〉〔註34〕一詩，雖以明確地名為題，然細觀之，則非尋常寫景狀物的地誌詩。「中斷的劫數」、「在地理板塊遷移，產生／擠壓現象以前」。這些詩句呈顯洪荒氛圍，彷彿欲描摹的「鉅大孤獨」，遠超越人類意識所能覺察之處。「因心魔造次尋不到出路：累積的憂鬱世紀曆法上重疊」，楊牧似以擬人手法，將古榕形塑一修道者，觀盡萬物興衰、與人事「浮波洶湧似血」的紛擾。歷經累世的孤獨和憂鬱，仍無法脫盡煩惱得道：

> ——且被多次造訪，隔著
>
> 著火的柵欄呼喚，使用臨時的
>
> 名字，一些有聲符號，和手語
>
> 教我分心墮落如生澀的菩提〔註35〕

從古榕視角出發，那些「多次造訪」與「隔著火柵欄的呼喚」，可指浸淫在多難人間，卻不自知、仍無醒悟之人；也可泛指成道路途的誘惑與考驗。「臨時的名字」、「有聲符號」、「手語」，示意世間名相的不確定性，是隨時而易、是證道菩提的阻礙。

　　薩依德論述晚期風格時，以貝多芬為例，指出其晚期作品的隱晦、抗拒社會，絕不單純是怪癖反常、無關宏旨的現象，而是具有原型意義的現代美學形式，甚至，這形式與資產階級保持距離、拒斥資產階級，從而獲得更大

〔註33〕陳義芝：〈家鄉的想像與內涵——楊牧詩與花蓮語境〉，《風格的誕生——現代詩人專題論稿》（臺北：允晨文化，2017年9月），頁160～161。又，陳義芝接續分析幾首楊牧花蓮詩，分別為：〈佐倉：薩孤肋〉（現址大略在慈濟醫院後那大片起伏的丘陵地，地名為日語「櫻花」之訛），有關阿美族人狩獵和捕魚，帶著血痕，以憟人的氛圍重建消逝的時空；〈沙婆礑〉（阿美族人及撒基拉雅人稱這片土地為 Savado），寫美崙溪源頭，以星光下吐納的蜥蜴為意象；〈照地〉寫十六股（在今花蓮美崙山西北隅，從前為撒基拉雅人竹窩宛社），以交配的紅蜻蜓、泥中的土虱、絳紅繡穗的金龜子為意象；〈池南莙溪〉寫鯉魚潭一帶（阿美族人遷移地），以穿越湖面的黃雀、鼯鼠的夢囈、蜈蚣的手勢為意象；〈松園〉寫松木林立、日據時代的徵兵部門（傳說「神風特攻隊」出征前最後宴飲處），以螢火、蜻蟣、紅鳩為意象。上述詩作皆出自《介殼蟲》詩集。

〔註34〕楊牧：《楊牧詩集III》，頁416～417。

〔註35〕楊牧：《楊牧詩集III》，頁417。

的意義與挑釁性格。〔註36〕細察之，楊牧關切現實之作，實不若貝多芬如此抗拒資產階級，甚至是劇烈的鬥爭性。但從抗拒資產階級這一現象，可推論貝多芬晚期作品的疏離、反骨，不完全是思想、及藝術技法隨著生理血氣一同衰頹，而是有意識的經營、抗拒，以求打破固有的藩籬，重新探索藝術的可能性。於是從這現象，我們可以推斷相對於「抗爭階級」來說，較為柔性、卻也同樣顯示出「矛盾」與「放逐」的晚期風格：

> 西方文學有一派作者鄙夷「普通讀者」（the commonreader），作品不
> 欲人人能讀喜讀，宋詩有一派要去組麗而求平淡，除雕琢而顯骨力，
> 極端至於東坡謂「凡詩，須做到眾人不愛、可惡處，方為工」，陸放
> 翁進一步直言「俗人猶愛不為詩」。斷章取義套用的話，貝多芬大有
> 還有人愛，就不算音樂之意。〔註37〕

這與前述陳義芝所說楊牧「似乎不在意一般讀者能否掌握他的寫作語境」，實有異曲同工之處。細觀下述幾首詩，〈砉然〉：

> 豆類是一種壓抑的思想
> 始終如此，重複的露水使它
> 瀕於崩潰，當星星成群向西傾斜
> 模仿它纍纍的姿態，示意俱亡
> 我指的是我親眼目睹，關於
> 卷鬚和蒴莢，一首上升的歌
> 在鐵皮屋頂散發的餘溫裏堅持
> 那激進的表達方式，中間偏左
> 遂砉然迸裂〔註38〕

此詩標題──「砉然」一詞，源頭出自《莊子‧養生主》庖丁解牛一文。本意為屠宰時，刀入牛身，皮骨相離的聲音。詩人在此，則用以形容豆莢成熟時，倏忽迸發之景象與聲響，情聲交融。以「壓抑的思想」指涉慾望；「重複的露水」則是外在綿密而至、無能抵禦的誘惑，故「瀕於崩潰」。而詩中的「慾望」雖可指涉「情慾」，亦可泛指人生於世，一切本有本具的「生之欲求」。而「星

〔註36〕艾德華‧薩依德（Edward W. Said）著、彭懷棟譯：《論晚期風格──反常合道的音樂與文學》，頁93。
〔註37〕艾德華‧薩依德（Edward W. Said）著、彭懷棟譯：《論晚期風格──反常合道的音樂與文學》，頁57。此段引文為彭懷棟的導讀序文。
〔註38〕楊牧：《楊牧詩集III》，頁390。

星成群示意俱亡」對照「纍纍結實的豆莢」，隱含人之欲求和死亡間，實僅一線之隔，實為一體兩面的辯證。而無論是性愛的極度激進、慾望的過度競逐；抑或如苦行僧般的抑制，兩種極端皆是皮骨相離的痛苦。楊牧此詩以「眘然」為題，似乎亦遙契《莊子·養生主》，隱含「保身」、「全生」之處世意義。

〈零時差〉〔註39〕裡以女性形容車前草二次開花的意象，隱喻「有關生殖／神話的詮釋」；〈心動〉開篇藉由「苔癬的繁殖」、「蛇莓的盤行」、「曩昔濕熱擁抱的杜梨樹蔭」等意象，帶出一連串情慾描摹的場景：

> 在熱帶離海不遠的山區
>
> 比夢更深邃，長年高溫
>
> 隨月暈開闊的地層多次陷落的
>
> 弧狀地帶，在果核屆時的爆裂聲中
>
> 啟示地流血
>
> 昨夜微雨一說是殘餘的記憶
>
> 霎時領悟，隨即透過沉沉垂落的
>
> 薔薇形象意識到欲望在雙唇間
>
> 膨脹，料峭晨寒檔不住
>
> 求救的眼光〔註40〕

「熱帶」、「高溫」，為詩中角色情慾生發、高漲的顯現；「山區」的高聳、「地層多次陷落的弧狀地帶」，不僅隱含情慾消長跌幅的刺激，亦是女體凹凸形象的表現。「啟示地流血」、「果核的爆裂」，隱喻初夜、與交媾之激烈達至高點。下節筆鋒一轉，場景回到敘事者孤獨驚醒的清晨，原來昨夜雲雨皆是殘餘記憶，盡是過往之夢。然而「慾望在雙唇間膨脹」，眼下情慾之發仍是不可抗拒、不可否認的現實，即使在此孤寒晨間，依舊無法平息那擺盪於清淨和慾望間的痛苦、矛盾；「檔不住求救的眼光」。

又如〈替身〉〔註41〕以食蟻獸舌尖的纏繞、加熱的棉花糖、潮汐的交替、天鵝的暴力之吻等意象，指出性愛的美妙與暴烈，亦即快樂與痛苦僅有的一線之距；〈木魅〉〔註42〕開篇描述鬼魅般、浮動的女體，現形於深邃山寺。詭

〔註39〕楊牧：《楊牧詩集 III》，頁 396。

〔註40〕楊牧：《楊牧詩集 III》，頁 398～399。

〔註41〕楊牧：《楊牧詩集 III》，頁 400～401。

〔註42〕楊牧：《楊牧詩集 III》，頁 402～404。

謔的氛圍，宛若《聊齋》故事中，狐仙鬼怪幻化人形之情節。「粉頰恰若其份／一條淺淺的血痕／抽搐的味蕾如花／盛開在甜蜜的漩渦。」精巧點出女體帶有驚悚的妖嬈樣態。進入第二節，場景一轉而到下午茶前，鬱金香氣、菟絲或女蘿、肚臍以上的破綻、閃光的腳趾如蜜蜂飛過棉花田，此些意象構築一曖昧、挑逗的氣氛。詩末以「蟬蛻」示意，為「血脈僨張」的情挑追逐做一收束：

> 當鳴蟲漸漸沉寂，契闊的
> 露點依照天上設計的光譜
> 循序發亮，滴落
> 蟬在秋風枝頭甦醒
> 獨自進行最後一次私密之蛻，痙攣
> 放鬆，從事族類必須的輪迴
> ——無重量的壓迫，浩瀚俯襲
> 以鬼的姿勢〔註43〕

引須文蔚之語，此詩充滿「神鬼的隱喻以及物狀奇怪的意象」〔註44〕這些是楊牧晚期風格所呈顯的難解、與高度個人化的徵象。而所謂「矛盾」，指的是作品當中兩股朝相反方向拉扯、僵持之張力。如前述〈眷然〉呈現的生之欲求和死亡、慾望的競逐和保身全生；〈零時差〉裏清淨和慾望間的痛苦擺盪；〈替身〉中性愛的美妙與暴裂。而更巧妙的是，這些作品內部關於「性」的未解二元對立，連結當時已過耳順之年的楊牧，其中的騷動、不安，所構成的另一層矛盾張力，亦於此顯現。

另有一點值得關注，楊牧晚期風格的難解，除了個人化的意象及隱喻，可能還源自「語法」上的安排，造成讀者閱讀上的懸宕。例〈池南莒溪〉的末段：

> 方向偏南
> 午後最明亮的水生木筆
> 稀落的圖像兀立，等候
> 日光在我心跳動靜的過程裏

〔註43〕楊牧：《楊牧詩集III》，頁404。
〔註44〕須文蔚：〈深刻與多樣的抒情聲音：評介楊牧詩集《介殼蟲》〉，《中國時報》E2版開卷周報，2006年5月29日。

> 轉暗淡而留下一隻黃雀領先
> 穿越無數折斷的倒影飛臨
> 遂降落在特定而更多羽類隨後
> 亦復靜止各據木柵一桿圍水呼應
> 的痕跡，而我雙槳起落若有歌
> 而聚焦的霞光遲遲照在背上
> 溫暖，未來之歸屬
> 反射的永遠的追逐〔註45〕

「黃雀」為詩人意識的象徵，當「日光」在時間的驅策中轉為暗淡，意指自然界事物無法免於時間主宰的同時，唯有黃雀，正飛越「無數折斷的倒影」，隱喻詩人追求永恆、欲突破時間限制的心志。然而，有些「跨行長句」的嘗試，在某些不習慣於此種句法安排的讀者眼中，確實需要暫緩閱讀節奏，花費更多心思，仿若在長跑中途須不斷調整呼吸與步伐，重新找到詩行節奏，和語意的中段、結束、以及起始點。如此，讀者感知、閱讀時，由「延遲」、「中斷」、及「懸宕」，再至掌握節奏後的「輕快」、「靈動」，便可能是其思維變化的過程。

　　例如標誌黃雀一連串飛越動作的場景：「……等候／日光在我心跳動靜的過程裏／轉暗淡而留下一隻黃雀領先／穿越無數折斷的倒影飛臨／遂降落在特定而更多羽類隨後／亦復靜止各據木柵一桿圍水呼應／的痕跡」，作為名詞的「痕跡」，乍看之下，因前述的修飾語而顯得頭重腳輕。需細觀，暫緩閱讀節奏，才知曉楊牧為了營造黃雀飛行、穿越的輕快感，使用跨行句式，讓「的痕跡」脫離前行，使語意連綿延續。又例如〈松園〉末段：

> 關於記憶和遺忘比例尺的兩面
> 證明分毫無差距：螳螂夢中翻身
> 將紅鳩吵醒遂一口被它吃了的同時
> 另外一種鳥開始以複疊音彼此呼叫
> 太陽快速射入林地上方，美術與
> 詩轉透明為秘密全部〔註46〕

詩中呈顯自然界剎那間，物種的互動、生滅。但「將紅鳩吵醒遂一口被它吃了的同時／另外一種鳥開始以複疊音彼此呼叫」，初步觀察，似有落入散化語

〔註45〕楊牧：《楊牧詩集III》，頁 483～484。
〔註46〕楊牧：《楊牧詩集III》，頁 489～490。

調的隱憂。讀者亦需要不斷調整呼息，尋找到新的閱讀步伐，才可感受楊牧以「長句」的「快節奏」，營造自然界物種互動、生滅的「剎那」過程。此外，「美術與／詩轉透明為秘密全部」，此處「秘密全部」無論是維持原句式，或倒置為「美術與／詩轉透明為全部秘密」，兩種釋讀，皆是顯得費解的個人語法。或如前述〈替身〉末二句：「戲謔在纖纖細葉蔭裏，或裝病／換取對方，也即是我，的同情」。逗號的連續使用，斷裂語句，亦造成閱讀上的懸宕與中斷。又如〈連雨一〉：「這一次眾樹各自接受了指定的音域／完美的合唱曲，持續震動於瀰漫／水色之中，並以古典長調和聲喧譁」，開頭描繪雨滴擊打樹葉的聲響，形成一和諧的自然界樂章。然而緊接下句：「歌頌遲疑的我心臟之雙魚／時空循環與命運倚伏一類的秘密」﹝註47﹞，再度進入詩人個人有關「時空」、「命運」等隱密的抽象思考。但何謂「心臟之雙魚」？此隱喻顯得晦澀，且與前述「遲疑的我」連結，無論是句構、語法上皆顯突兀。

綜合觀之，楊牧的高度個人化，內部來自意象之隱晦，以及詩的內文所蘊含的矛盾張力；外部則是句構、語法上的安排，造成讀者閱讀時的中斷、懸宕、和疏離感。這些因素結合成為詩人晚期風格的樣貌。

五、圓熟與反圓熟——既即又離的辯證意義

誠如本文前述，晚近楊牧詩作不易解讀，除了文本中遺留許多迷人的詮釋空隙，再之，則是詩人亟欲「追尋一種自我表述」、「掌握個人的記憶，想像，和信仰」，「捉摸一些飄渺的感覺和知識經驗」。當知識分子對於表象世界的介入、搜索、以至抵抗達到極致之餘，便是嘗試突破表象，以契入事物本源，探討超越的根據與本質。故由自然生態上溯宇宙；由有形、能感知的表象世界，上升到無形、意識所無法企及的抽象真理，便是楊牧晚近詩作特顯之處。

如〈脫序〉﹝註48﹞開篇首句「然而有些情節始終不可預測」，點出萬化運行的準則，遠超於人類智識以外。即使某一環節偶然「脫序」，也非人類能清楚知曉、介入。「或如魚類不得已／進化為爬蟲的過程被人的夢囈打斷」，詩人在此以一巧妙比喻，似乎唯有身在夢境，吾輩方能參與大化，透徹感悟「只剩宇宙洪荒搖動在一隻碗裏」；〈時運〉﹝註49﹞以秧苗、春風、羽翼、魚鱗跳躍於清

﹝註47﹞楊牧：《長短歌行》，頁 46～47。
﹝註48﹞楊牧：《長短歌行》，頁 28～29。
﹝註49﹞楊牧：《長短歌行》，頁 40～41。

溪、秋光逡巡門外等鮮活意象，對照詩人獨坐薄暮，苦尋不著方法以回應宇宙賦予的浩蕩主題；〈阻風〉〔註50〕首句「在想像不可及的前方高處」，再度映現詩人超越表象的追求，在「渺茫宇宙的盡頭」，任自我孤獨的心「展翅飛行如鶩」；〈有會而作〉〔註51〕以「迷路的星辰曾經不期而遇／在宇宙傾斜的邊緣」為喻，即使來不及發光照亮便已怔忡失色，也要繼續這看似徒勞的努力，繼續「下定決心趕赴／更遠的未知」；〈榮木〉〔註52〕以詩人窗外種植的一顆樹木開篇，「其奧秘仍然不是我所能／盡知，卻在殘夢那一頭繁瑣生長／以洪水的形勢洶湧朝向預言的現場」，指涉自然萬化運行的深妙，非現世肉身得以感應。

> 如超越的視聽重拾遠方傳達來到的
> 號音，當他悠然隨之定向盤旋
> 且維持一種接近神聖的面容不改
> 閃擊我微微顫抖的心，提醒我
> 亢倉子能以耳視而目聽〔註53〕

楊牧援引道家寓言人物亢倉子，以示若欲上達、契合萬化運行的深妙——那「超越的視聽」，則需脫卻一般感官與智識的束縛，「以耳視而目聽」。在這看似錯亂、不合常理邏輯的狀態中，方能破除現象界的桎梏和迷惑，進而感知更高層次的運行秩序：

> 我們比誰都知道季節推移可以延伸
> 為死生輪迴的象徵只是耳聰目明
> 運作之餘事，錯亂的感官無時
> 不試探著宇宙天光沛然莫之能禦的
> 秩序，弗顧陰陽鑿鑿迭代的規律〔註54〕

　　上述列舉詩作，不斷出現「宇宙」一詞，表超越的、一般知識無法企及的狀態。顯示晚近楊牧所關懷焦點，更多乃是跳脫現世，轉而關注形上世界。這近似於一種「冥契主義」〔註55〕式的體驗狀態——一種在世的體驗狀態，

〔註50〕楊牧：《長短歌行》，頁50～51。
〔註51〕楊牧：《長短歌行》，頁58～59。
〔註52〕楊牧：《長短歌行》，頁42～43。
〔註53〕楊牧：《長短歌行》，頁42～43。
〔註54〕楊牧：《長短歌行》，頁43。
〔註55〕關於冥契主義的研究、理論，眾說紛紜。簡潔來說，為一種超越表象，克服個體與絕對之間的所有障礙，進而與絕對真理冥合的學問和實踐。史泰司（W.

非邏輯思辯所能及，體驗者運用自身的感官體證，卻又是超越經驗的感知。人與我、我與物的界線在剎那間被泯除了。〔註56〕但冥契主義「不可言傳」的基調，於創作者角度觀之，雖其本人臻於和自然、宇宙相合一的圓融境地，然而於讀者角度，卻未必能夠參與、契合創作者的體驗感受，於是又成為閱讀上的晦澀與難解。

晚期風格在薩依德屬於「一種放逐的形式」，但是他亦提到作家的晚期風格與其所處時代，亦有另一面「奇怪地既即又離」的關係〔註57〕。此辯證意義，恰好呼應前述「冥契主義」的內涵：「許多冥契者想用語言傳達他們的體驗或洞見給別人時，發現語言很不管用，甚至全然無用。」〔註58〕畢竟直觀語言容易落入表象言筌，僅能照見事物一方，而無法全然指涉精微的真理和心理感受。冥契主義有一派「隱喻論」者，認為冥契者的經驗，是不可能用普通的概念語言表達。〔註59〕而「隱喻」和「象徵」則為我們開啟窺測真理，似於「因指見月」的可能途徑──故詩提供我們深入事物本質的一種洞見或直覺。〔註60〕但是，隱喻和象徵的多義性，本該指向作者圓融的體悟，卻也因為這多義性造就讀者詮釋的歧異，甚至感到解讀上的晦澀與困難。意即，作家的晚期風格並非要完全離異、放逐於現實，仍有追求「圓熟」的意向；然而此朝向圓熟的意向，卻在透過隱喻和象徵的多義性表述時，成為一種「反圓熟」的表徵。

T. Stance）將紛雜的冥契者與其體驗，做一整理後，分為「外向型」和「內向型」二類：「外向型是藉著感官，向外觀看；內向型則是往內看，直入心靈。兩者都要證得終極的聯合，柏拉提諾稱此為『太一』，在此境界中，學者知道自己合而為一，甚至化為同一。只是外向型的冥契者使用他的肉體感官，感知到外界事物紛紜雜多，海洋、天空、房舍、樹木不一而足，他們冥契而化，終至『太一』，或說『統體』。統體穿過這些雜多，獨耀其光。內向型的冥契者剛好相反，他們竭力關閉感官，將形形色色的感官、意象、思想從意識中排除出去，他們思求進入自我的深處。他看到的一體不是藉著雜多而得（外向型的體驗卻是如此），而是除去掉任何的雜多，純粹一體所致。」引自史泰司（W. T. Stance）著、楊儒賓譯：《冥契主義與哲學》（臺北：正中書局，1998年12月初版），頁67。

〔註56〕陳信安：〈以山水體道──從冥契觀點考察現代學者詩人的山水經驗〉，《彰化師大國文學誌》第二十七期（2013年12月），頁162。

〔註57〕艾德華・薩依德（Edward W. Said）著、彭懷棟譯：《論晚期風格──反常合道的音樂與文學》，頁72。

〔註58〕史泰司（W. T. Stance）著、楊儒賓譯：《冥契主義與哲學》，頁382。

〔註59〕史泰司（W. T. Stance）著、楊儒賓譯：《冥契主義與哲學》，頁403～406。

〔註60〕陳信安：〈以山水體道──從冥契觀點考察現代學者詩人的山水經驗〉，《彰化師大國文學誌》第二十七期（2013年12月），頁168。

　　隨著詩人年歲、閱歷、學識的增長，對現世有一透徹觀照之餘，必然向上求索、體證終極的根源。進而在過程中，持續與自我對話、辯證。或有人認為，冥契主義實類於神秘主義，抑或宗教般的天啟，實屬高度個人化、主觀化的心理產物。然而自詩人視角出發，隱含期許自身不斷懷疑、躍進，抽離表象世界，試圖立足超越至高點的追尋精神。如〈歸鳥〉〔註61〕所陳述：「聽到／年輪崩潰的聲音。我躊躇彳亍／懷疑長久累積於心的知識和意念／奈何遽爾破碎如浮冰在春陽日照裏／正對著前生那曾經的位置流澌紛兮來下」，體現不被既有的常識、規則所限制、迷惑。且向內則窮索內心，向外則觀照世界，透過不斷逼視，以接近詩的真理。

> 我知道我持續在這些詩裏追求的是甚麼，在詩的系列創作裏追求一種準確，平衡的表達方式以維繫頡頏上下的意念，將個性疏離，為了把握客觀，執著，抽象，普遍，但即使當我深陷在駁雜紊亂的網狀思維中，欲求解脫，我知道我耿耿於懷的還是如何將感性的抒情效應保留，使它因為知性之適時照亮，形式就更美，傳達的訊息就更立即，迫切，更接近我們嚮往的真。〔註62〕

觀覽楊牧的自剖，再對照郝譽翔所言，她認為楊牧所界定的「詩」與「真實」之間的準則：「與其落入政治革命或意識形態之言詮，還不如堅持詩歌藝術的曖昧與多義性，『寓確定於游離』，以保留給讀者更多想像的餘地，反倒才更能揭露出所謂看不見的『真相』。」〔註63〕故詩人的「晚期風格」看似逸離現實人群，進入一種哲學性或是宗教性的冥合，並耽溺於自我語境的表述。然而最終目的，乃是藉由「疏離」，以達普遍、明朗的真理。縱使這樣的努力幾盡徒勞，畢竟在廣大自然和宇宙前，人之有限性仍是不爭的事實。但無妨我們以微軀，持續向未知的幽冥探索：

> 我不確定甚麼時候開始對時空綿亙之為物產生懷疑，從巨大的無知所以轉為恐懼狀態一變而有了排斥的心理，但卻也因此更時常為其無邊不盡的玄黃幽明所羈絆，干擾，嘗試將它反過來籠絡於文字之中，深知這一切注定愚蠢，比起西息弗斯的徒勞還更不值得同情，

〔註61〕楊牧：《長短歌行》，頁52～56。
〔註62〕楊牧：《奇萊後書》（臺北：洪範書店有限公司，2009年4月初版），頁241。
〔註63〕郝譽翔：〈抒情傳統的審思與再造──論楊牧《奇萊後書》〉，《國立臺北教育大學語文集刊》第19期（2011年1月），頁228。

　　畢竟他是神譴所以致之，於我似乎是個人意志的選擇。〔註64〕

人類對於蒼茫時空下的巨大無知，或可能出於恐懼轉而向宗教式的皈依。祈求心靈平靜，進而往「無盡的未知」靠攏些許。亦可能如楊牧，以文字追尋、攏絡，在試圖冥合那超越的根據與本質時，依舊不忘懷有批判精神。畢竟那是人之所以為人的，「意志的選擇」。倘若真正抵達那抽象制高點，與環伺的諸神並行，想必楊牧仍會持續「疑神」。因為真理永遠是在質疑、明辨中實現；因為搜索是永恆，沒有終點。僅能在追尋過程裡盼望某天：

　　　我們
　　　終於深入從未來到過的，無夢的
　　　虛領域之實境，
　　　六翮傾斜且左右翱翔
　　　超越矰繳窺伺的極限〔註65〕

六、結論

　　本文欲探討楊牧生態意象詩歌中的晚期風格，綜合阿多諾與薩依德的理論，晚期之「晚」不僅只是客觀時間上，藝術家生涯末期；「晚」、「遲」，應當包含某種作品的體式、格調、特色，甚至是藝術家心理情境的變化。而根據筆者考察，楊牧集結1992年至1996年間的《時光命題》，有感舊世紀的耗損與衰敗，而生發焦慮、疲憊之情，甚至對於新世紀將啟的未知，抱以幻滅的保證。此世紀末的頹然與失落情懷，即是詩人晚期風格的開端。包含以下二種特性，一為：「反映一種特殊的成熟、一種新的和解與靜穆精神」；一為：「並非表現為和諧與解決，而是冥頑不化、難解，含有未解決的矛盾。」

　　楊牧的「圓熟、靜穆」，其一表現在嚮往自然、質樸童趣，與歸返童真的盼望。另一方面，則在詩作中疏離自我鮮明的個性，透過自然、生態等有限生命的意象，企圖消融剎那與永恆間的歧異性，表現出一種跨越現實，探究事物抽象本質的圓融。

　　而相對來說，楊牧晚期風格所呈顯的「矛盾、放逐」，在於他經常割捨鮮明的題材與元素，於信仰、記憶、與想像中，進行自我表述。其中蘊含的高度個人化，內部來自意象之隱晦，以及詩的內文所蘊含的矛盾張力；外部則是

〔註64〕楊牧：《長短歌行》〈跋〉，頁139。
〔註65〕楊牧：《長短歌行》〈跋〉，頁56。

句構、語法上的安排,造成讀者閱讀時的中斷、懸宕、和疏離感。

晚期風格在薩依德屬於「一種放逐的形式」,但是他亦提到作家的晚期風格與其所處時代,亦有另一面「奇怪地既即又離」的關係。楊牧晚期風格的詩作,時常突破表象世界,遠離現實人群,耽溺於自我語境的表述,進入哲學性的追尋與冥合。然而自詩人視角出發,最終目的,乃是藉由「疏離」現實,以達客觀、抽象、與普遍的真理,為了對現世能有更精準的判斷與介入;但是此朝向圓熟真理的意向,卻在透過隱喻和象徵的多義性表述時,因語境的晦澀與難解,而成為一種「反圓熟」的表徵。意即,楊牧詩作中晚期風格的呈現,並非能二元劃分「圓熟」和「矛盾」之界線,而往往是圓熟與反圓熟的往復辯證。

然而在這樣往復、無終止的辯證歷程中,楊牧是否仍有一依歸的核心理念?或許仍可回到浪漫主義的核心內蘊,尋索詩人追尋的足跡:

> 我所強調的浪漫主義,並非如〈歸來〉詩中所呈現偏重於人的感
> 情的浪漫主義,我真正嚮往的是浪漫主義反抗的精神,以抵抗、
> 反抗的方式去求新求變,有時是向大自然回歸,或是對古代社會
> 的某一理想、制度回歸,主要是像華滋華斯、雪萊、歌德等的浪
> 漫主義。〔註66〕

由人的關懷起始,向自然萬物推擴,達至抽象真理,雖然過程中不免因追尋標的過於崇遠,而與現世人群相隔閡。但是最終,仍要帶著圓熟智識與廣闊胸懷,重新觀照現實的人生處境。楊牧對於生命及詩藝的體察,揭示一位知識分子須具有的精神與價值。縱使朝向真理的道路總是崎嶇,縱使——

> 古來所有排行,定位的天體
> 都已在無意識中紛紛流失,朝向
> 極暗的氣層飛去,惟我勉強抵抗著
> 四面襲到,累積的黑,端坐幻化的
> 樹下,把人間的心事一併劃歸屬我有
> 警覺孤獨成型〔註67〕

詩人依舊會選擇孤獨,擁抱孤獨,在無窮的搜索進程,持續朝向一首詩的完成。

〔註66〕楊照採訪,王妙如記錄整理:〈一位詩人的完成——專訪楊牧〉,《中國時報,》第37版,1999年12月18日至23日。引言中〈歸來〉一詩,為楊牧詩集所收錄的第一篇作品,作於16歲。

〔註67〕楊牧:《長短歌行》,頁16。

徵引文獻

1. 郝譽翔：〈抒情傳統的審思與再造——論楊牧《奇萊後書》〉，國立臺北教育大學語文集刊，第 19 期，2011 年 1 月，頁 209～236。

2. 陳芳明：《深山夜讀》（臺北：聯合文學，2001 年 3 月初版）。

3. 陳信安：〈以山水體道——從冥契觀點考察現代學者詩人的山水經驗〉，《彰化師大國文學誌》第二十七期，2013 年 12 月，頁 155～205。

4. 陳義芝：〈家鄉的想像與內涵——楊牧詩與花蓮語境〉，《風格的誕生——現代詩人專題論稿》（臺北：允晨文化，2017 年 9 月初版）。

5. 須文蔚：〈深刻與多樣的抒情聲音：評介楊牧詩集《介殼蟲》〉，《中國時報》E2 版開卷周報，2006 年 5 月 29 日。

6. 楊牧：《葉珊散文集》（臺北：洪範書店有限公司，1995 年 11 月初版 18 印）
　　——：《疑神》（臺北：洪範書店有限公司，1996 年 3 月初版 4 印）。
　　——：《奇萊後書》（臺北：洪範書店有限公司，2009 年 4 月初版）。
　　——：《楊牧詩集 III》（臺北：洪範書店有限公司，2010 年 9 月初版）。
　　——：《長短歌行》（臺北：洪範書店有限公司，2013 年 8 月初版）。

7. 曾珍珍：〈生態楊牧——析論生態意象在楊牧詩歌中的運用〉，《中外文學》第 31 卷第 8 期，2003 年 1 月，頁 161～191。

8. 楊照採訪，王妙如記錄整理：〈一位詩人的完成——專訪楊牧〉，《中國時報》第 37 版，1999 年 12 月 18 日至 23 日。

9. 賴芳伶：〈《時光命題》暗藏的深邃繁複〉，《興大中文學報》第十四期，2002 年 2 月，頁 21～64。

10. 史泰司（W. T. Stance）著、楊儒賓譯：《冥契主義與哲學》（臺北：正中書局，1998 年 12 月初版）。

11. 艾德華‧薩依德（Edward W. Said）著、彭懷棟譯：《論晚期風格——反常合道的音樂與文學》（臺北：麥田出版，2010 年 3 月初版）。

12. 《每天為你讀一首詩》，http://cendalirit.blogspot.com/2016/07/20160718. html。